Der Rechtsschutz gegen unmittelbar
wirkende Rechtsverordnungen des Bundes

# Europäische Hochschulschriften

Publications Universitaires Européennes
European University Studies

**Reihe II**
**Rechtswissenschaft**

Série II Series II
Droit
Law

**Bd./Vol. 3074**

PETER LANG
Frankfurt am Main · Berlin · Bern · Bruxelles · New York · Oxford · Wien

Christoph Kuntz

# Der Rechtsschutz gegen unmittelbar wirkende Rechtsverordnungen des Bundes

PETER LANG
Europäischer Verlag der Wissenschaften

Die Deutsche Bibliothek - CIP-Einheitsaufnahme

Kuntz, Christoph:

Der Rechtsschutz gegen unmittelbar wirkende Rechtsverordnungen des Bundes / Christoph Kuntz. - Frankfurt am Main ; Berlin ; Bern ; Bruxelles ; New York ; Oxford ; Wien : Lang, 2001
(Europäische Hochschulschriften : Reihe 2, Rechtswissenschaft ; Bd. 3074)
Zugl.: Regensburg, Univ., Diss., 2000
ISBN 3-631-37510-7

D 355
ISSN 0531-7312
ISBN 3-631-37510-7

*Meinen Eltern*

# V o r w o r t

Die vorliegende Arbeit wurde im Sommersemester 2000 von der Juristischen Fakultät der Universität Regensburg als Dissertation angenommen. Rechtsprechung und Literatur sind bis Ende Dezember 1999 berücksichtigt.

Mein aufrichtiger und herzlicher Dank gilt an erster Stelle meinem Doktorvater, Herrn Professor Dr. Udo Steiner, Richter des Bundesverfassungsgerichts, für seine Anregung zu diesem Thema und die Betreuung der Arbeit. Trotz immenser Arbeitsbelastung fand er neben der fachlichen Auseinandersetzung immer auch Zeit für ein aufmunterndes, zwischenmenschliches Wort.

Herrn Professor Dr. Rainer Arnold danke ich für die zügige Erstellung des Zweitgutachtens.

Ein besonderer Dank gilt meinen Eltern, die mich während meiner gesamten Ausbildung in jeder Hinsicht unterstützt haben.

Danken möchte ich auch allen anderen, die mir geholfen und die Arbeit in ihrer Entstehung begleitet haben, vor allem Herrn Rechtsanwalt Stefan Krätschmer und Herrn Rechtsreferendar Stephan Wagner, M.A. Besonderen Dank schulde ich Herrn Franz Lachermeier, Webmaster beim Bayerischen Rundfunk, für seine wertvolle Unterstützung in allen Fragen der EDV.

Regensburg, im Oktober 2000 *Christoph Kuntz*

# Inhaltsverzeichnis

# Abkürzungsverzeichnis

| | |
|---|---|
| a.A. | andere Ansicht |
| a.a.O. | am angegebenen Ort |
| AGVwGG | Ausführungsgesetz zum Verwaltungsgerichtsgesetz |
| AGVwGO | Ausführungsgesetz zur Verwaltungsgerichtsordnung |
| a.E. | am Ende |
| a.F. | alter Fassung |
| Alt. | Alternative |
| Anm. | Anmerkung |
| AöR | Archiv des öffentlichen Rechts |
| Art. | Artikel |
| AR-Verfahren | Allgemeines Register-Verfahren |
| Aufl. | Auflage |
| Ausschußdrucks. | Ausschußdrucksache |
| BAnz. | Bundesanzeiger |
| BauGB | Baugesetzbuch |
| BayVBl. | Bayerische Verwaltungsblätter |
| BayVerfGH | Bayerischer Verfassungsgerichtshof |
| BayVGH | Bayerischer Verwaltungsgerichtshof |
| Bd. | Band |
| Beschl. | Beschluß |
| BGBl. | Bundesgesetzblatt |
| BGH | Bundesgerichtshof |
| BK | Kommentar zur Bonner Grundgesetz (Bonner Kommentar) |
| BR-Drucks. | Bundesrats-Drucksache |
| BT-Drucks. | Bundestags-Drucksache |
| BV | Bayerische Verfassung |
| BVerfG | Bundesverfassungsgericht |
| BVerfGE | Entscheidungen des Bundesverfassungsgerichts |
| BVerfGG | Bundesverfassungsgerichtsgesetz |
| BVerwG | Bundesverwaltungsgericht |
| bzw. | beziehungsweise |
| ders. | derselbe |
| DGB | Deutscher Gewerkschaftsbund |
| d.h. | das heißt |
| Diss. | Dissertation |
| DÖV | Die Öffentliche Verwaltung (Zeitschrift) |
| DVBl. | Deutsches Verwaltungsblatt |

| | |
|---|---|
| Entsch. | Entscheidung |
| EMRK | Europäische Menschenrechtskonvention |
| erg. | ergänze |
| EVwPO | Entwurf einer Verwaltungsprozeßordnung |
| f. | folgende (Seite) |
| ff. | folgende |
| FGO | Finanzgerichtsordnung |
| Fn. | Fußnote |
| FS | Festschrift |
| FStrG | Fernstraßengesetz |
| GerBesch. | Gerichtsbescheid |
| GerOrG | Gerichtsorganisationsgesetz |
| gg. | gegen |
| GG | Grundgesetz für die Bundesrepublik Deutschland |
| h.A. | herrschende Ansicht |
| HbdStR | Handbuch des Staatsrechts der Bundesrepublik Deutschland (herausgegeben von Isensee/Kirchhof) |
| h.M. | herrschende Meinung |
| hrsg. | herausgegeben |
| Hrsg. | Herausgeber |
| HS. | Halbsatz |
| HS Speyer | Hochschule Speyer |
| i.d.R. | in der Regel |
| insbes. | insbesondere |
| i.S. | im Sinne |
| i.S.d. | im Sinne des/r |
| i.V.m. | in Verbindung mit |
| JA | Juristische Arbeitsblätter (Zeitschrift) |
| JöR | Jahrbuch des öffentlichen Rechts |
| JURA | Juristische Ausbildung (Zeitschrift) |
| JuS | Juristische Schulung (Zeitschrift) |
| JZ | Juristenzeitung |
| MDR | Monatsschrift des Deutschen Rechts |
| M/S/K/U | Maunz/Schmidt-Bleibtreu/Klein/Ulsamer, Bundesverfassungsgerichtsgesetz, Kommentar |
| m.w.N. | mit weiteren Nachweisen |
| n.F. | neue Fassung |
| NJW | Neue Juristische Wochenschrift (Zeitschrift) |

| | |
|---|---|
| NK | Nomos-Kommentar zur Verwaltungsgerichtsordnung (herausgegeben von Sodan/Ziekow) |
| Nr. | Nummer |
| NVwZ | Neue Zeitschrift für Verwaltungsrecht |
| NVwZ-RR | NVwZ-Rechtsprechungs-Report-Verwaltungsrecht |
| o.g. | oben genannte(n/r/s) |
| OVG | Oberverwaltungsgericht |
| PdW | Prüfe dein Wissen (Buchreihe im C.H.Beck-Verlag) |
| PR | Verordnung auf dem Gebiet des Preisrechts |
| RGZ | Entscheidungen des Reichsgerichts in Zivilsachen |
| Rn. | Randnummer |
| RVO | Reichsversicherungsordnung |
| S. | Seite |
| s. | siehe |
| SGG | Sozialgerichtsgesetz |
| sog. | sogenannte(n/r/s) |
| st.Rspr. | ständige Rechtsprechung |
| u. | und |
| Urt. | Urteil |
| u.U. | unter Umständen |
| v. | von |
| VGH | Verwaltungsgerichtshof |
| vgl. | vergleiche |
| VO | Verordnung |
| Vorb. | Vorbemerkung |
| VSSR | Vierteljahresschrift für Sozialrecht |
| VVDStRL | Veröffentlichungen der Vereinigung der Deutschen Staatsrechtslehrer |
| VVG | Gesetz über den Versicherungsvertrag |
| VwArch | Verwaltungsarchiv |
| VwGO | Verwaltungsgerichtsordnung |
| VwVfG | Verwaltungsverfahrensgesetz |
| WHG | Wasserhaushaltsgesetz |
| z.B. | zum Beispiel |
| z.T. | zum Teil |
| zugl. | zugleich |
| ZZP | Zeitschrift für Zivilprozeß |

# A. Einleitung

## I. Einführung in die Problemstellung

Im Zentrum der Problematik des Rechtsschutzes gegen verwaltungsrechtliche Normen steht seit Jahrzehnten die Regelung der verwaltungsgerichtlichen Normenkontrolle in § 47 VwGO. Dieser nach dem Vorbild des § 25 VGG[1] gestalteten und im Jahre 1960[2] eingeführten Vorschrift hat sich die Rechtsprechung und die rechtswissenschaftliche Literatur mit großer Aufmerksamkeit gewidmet[3]. Unumstritten ist die Bewährung der verwaltungsgerichtlichen Normenkontrolle in der Praxis[4]. Ihr Anwendungsbereich umfaßt jedoch gemäß § 47 I Nr. 1 und 2 VwGO nur untergesetzliches *Landes*recht. Wird der Einzelne durch untergesetzliche Normen des *Bundes* unmittelbar in seinen Rechten beeinträchtigt, kann Rechtsschutz nur durch andere Verfahren gewährleistet werden. In Betracht kommen hierfür die verwaltungsgerichtlichen Klagen der VwGO und die Verfassungsbeschwerde gemäß Art. 93 I Nr. 4 a GG.

Der Rechtsschutz des Bürgers im Falle einer unmittelbaren Beeinträchtigung durch Rechtsverordnungen des Bundes wirft eine Reihe von Fragen auf, deren Klärung Ziel der vorliegenden Untersuchung ist. Zunächst ist darauf einzugehen, welche Folgerungen sich für den Rechtsschutz gegen Normen aus der verfassungsrechtlichen Garantie effektiven Rechtsschutzes in Art. 19 IV GG ergeben. Von Bedeutung ist insbesondere, ob Art. 19 IV GG eine allgemeinverbindliche Nichtigerklärung der Norm i.S. einer prinzipalen Kontrolle erfordert. Beim Rechtsschutz mittels prinzipaler Normenkontrolle erweist sich zudem als problematisch, ob es sich bei derartigen Verfahren nicht um „materielle Verfassungsgerichtsbarkeit“ handelt und diese somit verfassungsrechtliche Streitigkeiten i.S.d. § 40 VwGO darstellen. Bei der anschließenden Frage, welche konkrete Rechtsschutzform dem Bürger nach bestehender Rechtslage zur Verfügung steht, sind aufgrund des Grundsatzes der Subsidiari-

---

1 Die Verwaltungsgerichtsgesetze (VGG) aus den Jahren 1946 und 1947, die in den der amerikanischen Besatzungszone angehörenden Ländern Bayern, Hessen und Baden-Württemberg sowie der Stadt Bremen galten, enthielten in § 25 VGG ein ähnlich ausgestaltetes Normenkontrollverfahren; zur Entstehungsgeschichte vgl. Mößle, BayVBl. 1976, S. 609 (613 ff.); Ziekow in NK, § 47 Rn. 1 ff.

2 Gesetz v. 21.01.1960 (BGBl. I S. 17).

3 Vgl. die umfangreichen Literaturhinweise zu § 47 VwGO bei Schoch/Gerhardt oder Ziekow in NK.

4 Vgl. Bickel, NJW 1985, S. 2441 (2446); Paetow, NVwZ 1985, S. 309 (316); trotzdem haben die Länder Berlin, Hamburg und Nordrhein-Westfalen von der Ermächtigung in § 47 I Nr. 2 VwGO noch keinen Gebrauch gemacht (zu den Regelungen der anderen Bundesländer vgl. Fn. 101).

tät der Verfassungsbeschwerde primär Lösungen im Bereich der Klagearten der VwGO zu suchen. Da - wie zu sehen sein wird - der erforderliche Rechtsschutz durchaus mittels einer verwaltungsgerichtlichen Klage gewährleistet werden kann, ist im Folgenden auf das Verhältnis der verwaltungsgerichtlichen Klage zur Verfassungsbeschwerde einzugehen und der Grundsatz der Subsidiarität genauer zu untersuchen. Zuletzt soll schließlich eine Möglichkeit aufgezeigt werden, wie sich de lege ferenda eine klare und praktikable Lösung dieses Rechtsschutzproblems bewerkstelligen ließe.

## 1. Rechtsverordnungen des Bundes

Rechtsverordnungen des Bundes sind Verordnungen, die auf der Grundlage eines Bundesgesetzes ergehen und von einem Organ des Bundes erlassen werden. Gemäß Art. 80 I S. 1 GG können die Bundesregierung, ein Bundesminister oder die Landesregierung Adressaten einer bundesrechtlichen Verordnungsermächtigung sein. Hat eine Landesregierung aufgrund einer bundesrechtlichen Ermächtigung eine Verordnung zur Ausführung von Bundesrechten erlassen, handelt es sich der rechtlichen Natur nach um untergesetzliches Landesrecht[5], das der verwaltungsgerichtlichen Normenkontrolle des § 47 VwGO unterfällt. Nur die von einem Organ des Bundes erlassenen Verordnungen stellen auch Verordnungen des Bundesrechts dar, die nicht von § 47 VwGO erfaßt werden und daher von o.g. Problematik betroffen sind.

## 2. Unmittelbar wirkende Rechtsverordnungen

Im Zentrum dieser Untersuchung stehen die unmittelbar wirkenden Verordnungen. Der Begriff der „unmittelbar wirkenden" Norm ist bedeutungsgleich mit dem Begriff der „self-executing-Norm" oder „Vollzugsnorm"[6]. Es handelt sich dabei um Normen, durch die der Bürger unmittelbar betroffen wird, ohne daß es eines Vollzugsaktes bedarf. Den Gegensatz dazu bildet der Begriff der vollziehbaren Norm, die erst durch einen Vollzugsakt eine rechtliche Beeinträchtigung des Bürgers auslöst. Der Bürger kann sich in diesen Fällen erst gegen den Vollzugsakt wenden, der mittels einer Anfechtungsklage gemäß § 42 I Alt. 1 VwGO nach den allgemeinen Regeln angreifbar ist.
Die unmittelbare Wirkung einer Norm ist daher eng mit dem Problemkreis der unmittelbaren Betroffenheit verbunden.

---

5 BVerfG, Beschl. v. 23.03.1965, BVerfGE 18, 407 (414); Maunz in Maunz/Dürig, Art. 80 Rn. 45; Ossenbühl in HbdStR III, § 64 Rn. 27.

6 Stern, FS für Schäfer, S. 59 (65); vereinzelt findet sich auch der Begriff der „sich selbst vollziehenden Norm" (z.B. BayVGH, GerBesch. v. 30.11.1993, NVwZ-RR 1995, S. 114, 116); zur Begrifflichkeit vgl. auch Obermayer, HS Speyer, S. 142 (144) und Siemer, Feststellungsklage, S. 12.

Das Bundesverfassungsgericht hat als Voraussetzung einer unmittelbar gegen einen Rechtssatz gerichteten Verfassungsbeschwerde die Formel des „gegenwärtigen und unmittelbaren Selbstbetroffenseins“ entwickelt[7], die es nicht nur bei der Behauptung der Rechtsverletzung durch Normen anwandte[8], die dort aber hauptsächlich von Bedeutung ist. Nach der Rechtsprechung des Bundesverfassungsgerichts ist der Beschwerdeführer dann durch eine Norm unmittelbar betroffen, wenn die Vorschrift ohne das Erfordernis eines weiteren Vollzugsaktes in seinen Rechtskreis dergestalt einwirkt, daß konkrete Rechtspositionen unmittelbar kraft Gesetzes zu einem dort festgelegten Zeitpunkt erlöschen oder eine zeitlich und inhaltlich hinreichend genau bestimmte Verpflichtung begründet wird, die bereits jetzt für den Betroffenen spürbare Rechtsfolgen mit sich bringt[9]. Der Regelungsgehalt der Norm besteht in diesen Fällen nicht bloß in einer Eingriffsermächtigung an die Verwaltung. Vielmehr wird durch die Norm selbst dem Beschwerdeführer eine Pflicht auferlegt oder ein Recht bzw. eine Rechtsstellung entzogen[10]. Entscheidend ist somit der Eingriffscharakter der Norm[11]. Daß die Norm der Vollziehung fähig oder bedürftig ist, schließt die Möglichkeit, daß sie selbst bereits dem Bürger Pflichten auferlegt oder Rechte entzieht, nicht aus[12]. Zu den unmittelbar beeinträchtigenden Normen gehören zum einen die Verbots- und Gebotsnormen, nach denen eine bestimmte Tätigkeit nicht mehr oder nur auf eine bestimmte Art und Weise ausgeübt werden darf und dadurch grundrechtlich gewährleistete Freiheiten eingeschränkt werden; zum anderen fallen darunter Rechtsnormen, die Rechtspositionen des Einzelnen aufheben, verändern oder begründen[13].
Die umfangreiche[14] und in ihrer Dogmatik schwankende[15] Rechtsprechung des Bundesverfassungsgerichts zum Erfordernis der unmittelbaren Betroffenheit ist

---

7 St. Rspr. seit BVerfG, Beschl. v. 19.12.1951, BVerfGE 1, 97 (101 ff.); vgl. z.B. Beschl. v. 15.12.1970, BVerfGE 29, 402 (407 f.); Beschl. v. 04.12.1979, BVerfGE 53, 1 (14 f.); Beschl. v. 25.03.1980, BVerfGE 53, 366 (389); Beschl. v. 05.05.1987, BVerfGE 75, 246 (262).

8 Z.B. BVerfG, Beschl. v. 20.12.1979, BVerfGE 53, 30 (48) (Verfassungsbeschwerde unmittelbar gegen Verwaltungsakte); Beschl. v. 08.02.1967, BVerfGE 21, 139 (143 f.) (Verfassungsbeschwerde unmittelbar gegen Zwischenentscheidungen).

9 BVerfG, Beschl. v. 25.03.1980, BVerfGE 53, 366 (389); vgl. auch Beschl. v. 19.12.1951, BVerfGE 1, 97 (101 f.).

10 Vgl. BVerfG, Beschl. v. 25.03.1980, BVerfGE 53, 366 (389).

11 Bettermann, AöR 86 (1961), S. 129 (134); v.d. Hövel, Diss., S. 111.

12 Bettermann, AöR 86 (1961), S. 129 (134).

13 Vgl. Chung, S. 225 f.

14 Kley/Rühmann (in Umbach/Clemens, § 90 Rn. 100) spricht in diesem Zusammenhang von einer „nahezu unüberschaubaren Kasuistik“.

15 Zur Entwicklung der Rechtsprechung vgl. Chung (S. 200 ff.) und v.d. Hövel (Diss., S. 97 ff.).

in vielen Punkten auf z.T. heftige Kritik durch das Schrifttum gestoßen[16]. Dagegen vorgebracht wurde vor allem die Vermischung von Aspekten der Beschwerdebefugnis mit solchen des Subsidiaritätsgrundsatzes. Die Verwendung des Unmittelbarkeitserfordernisses zur Durchsetzung des Grundsatzes der Subsidiarität der Verfassungsbeschwerde wird später[17] noch einer kritischen Prüfung unterzogen. Eine darüber hinausgehende Erörterung der komplexen Problematik der unmittelbaren Betroffenheit würde den Rahmen dieser Arbeit jedoch sprengen[18]. Insoweit soll hinsichtlich des Erfordernisses der unmittelbaren Betroffenheit die oben angesprochene Linie der Rechtsprechung des Bundesverfassungsgerichts zugrundegelegt werden. Im Zentrum der hier erfolgenden Untersuchung steht nicht der Begriff der unmittelbar wirkenden Norm, sondern das mit der unmittelbaren Wirkung verbundene Rechtsschutzproblem. Die Beschränkung auf die Kategorie der unmittelbar beeinträchtigenden Normen bezweckt, die Frage des Rechtsschutzes gegen die Norm selbst in den Mittelpunkt der Prüfung zu stellen. Die in den anderen Fällen mit der Existenz eines Vollzugsakts einhergehenden Probleme bleiben somit außer Betracht. Die hier sich stellenden Fragen werden nur insoweit berücksichtigt, als sie auch für den Rechtsschutz gegen die Norm selbst von Bedeutung sind.

## II. Bedürfnis einer Klärung

Im Rahmen einer „fortschreitenden Vor- und Vernormung“[19] der Verwaltung häufen sich auch diejenigen Verwaltungsnormen, die ohne Vollzugsakt unmittelbar in Rechte des Bürgers eingreifen[20]. Dies gilt in gleicher Weise für Landesrecht wie für Bundesrecht. Daß die Frage des Rechtsschutzes generell gegen Bundesverordnungen bisher nur geringe Beachtung fand, liegt maßgeblich darin begründet, daß diese gegenüber der großen Anzahl von Satzungen

---

16 Vgl. Bettermann, AöR 86 (1961), S. 129 (134); Büsser, S. 68 ff.; Chung, S. 199 ff.; Gusy, Rn. 120; Henning, S. 92 ff. u. 187 ff.; v.d. Hövel, Diss., S. 97 ff.; Klein Eckart, FS für Zeidler, S. 1305 (1308 ff.); Klein Harald, FS für Zeidler, S. 1325 (1331 ff.); Motzer, S. 118 ff.; Posser, S. 122 ff.; Schenke, NJW 1986, S. 1451 (1452 ff.); Schmidt-Bleibtreu in M/S/K/U, § 90 Rn. 99 ff.; Warmke, Diss., S. 99 ff.

17 Vgl. unten E I 3 b.

18 Sie ist auch deswegen nicht angezeigt, als sich das Kriterium der unmittelbaren Betroffenheit bei einer genaueren Untersuchung des Subsidiaritätsgrundsatzes als überflüssig herausstellt (vgl. unten E I 3 b).

19 Siemer, FS für Menger, S. 501 (503) m.w.N.; zur steigenden Bedeutung der Handlungsform Norm vgl. auch unten III 1.

20 Vgl. Hufen, § 19 Rn. 5; Klein Harald, FS für Zeidler, S. 1325 (1326); Obermayer, HS Speyer, S. 142 (144); Schenke, Rechtsschutz, S. 41; Stern, FS für Schäfer, S. 59 (67).

und Verordnungen des Landesrechts eine Minderheit darstellen[21]. Trotzdem ist ihre Bedeutung nicht zu unterschätzen[22]. Folgende Beispiele zeigen, daß auch der Bundesverordnungsgeber von der Regelungsmöglichkeit durch unmittelbar wirkende Verordnungen durchaus Gebrauch gemacht hat:

- § 17 III der Verordnung über die Zulassung von Personen zum Straßenverkehr (Fahrerlaubnis-Verordnung) vom 18.08.1998[23]:

Nach § 17 III der Fahrerlaubnis-Verordnung hat der Bewerber um eine Fahrerlaubnis die praktische Prüfung am Ort seiner Hauptwohnung oder am Ort seiner schulischen oder beruflichen Ausbildung, seines Studiums oder seiner Arbeitsstelle abzulegen. Er hat dabei gemäß § 17 I S. 3 der Fahrerlaubnis-Verordnung für die praktische Prüfung ein der Anlage 7 zur Fahrerlaubnis-Verordnung entsprechendes Prüfungsfahrzeug bereitzustellen. Regelmäßig kann dies faktisch jedoch nur durch die Fahrschule erfolgen. Die durch § 17 III der Fahrerlaubnis-Verordnung eingeschränkte Wahl des Prüfungsortes kann – wie im Falle einer Ferien-Fahrschule[24] – dann zu einer unmittelbaren Beeinträchtigung des Betreibers der Fahrschule führen, wenn er sich aus zeitlichen oder wirtschaftlichen Gründen außerstande sieht, den Fahrerlaubnisbewerbern an deren jeweiligen Wohnorten ein geeignetes Prüfungsfahrzeug zur Verfügung zu stellen. Ist eine Fahrschule dadurch erheblich beschwert, kann der Betreiber die unmittelbare Beeinträchtigung seiner Rechte aus Art. 12 I und Art. 14 GG geltend machen. Dem steht nicht entgegen, daß gemäß § 17 III S. 3 der Fahrerlaubnis-Verordnung die Fahrerlaubnisbehörde auch zulassen kann, daß der Bewerber die Prüfung an einem anderen Prüfort ablegt, da ein derartiger Antrag nur durch den Fahrerlaubnisbewerber gestellt werden kann und somit der Disposition des Betreibers der Fahrschule entzogen ist.

- § 1 und § 2 I der Verordnung über das Verbot der Verwendung bestimmter Stoffe zur Herstellung von Arzneimitteln (Frischzellen-Verordnung) vom 04.03.1997[25]:

Gemäß § 1 I der Verordnung ist es verboten, bei der Herstellung von Arzneimitteln, die zur Injektion oder Infusion bestimmt sind, Frischzellen zu verwenden. Ein Verstoß gegen diese Vorschrift wird in § 2 II der Verordnung i.V.m. § 96 Nr. 1 des Arzneimittelgesetzes unter Strafe gestellt. Ärzte, die zellthera-

---

21 Vgl. Stern, FS für Schäfer, S. 59 (69).

22 Zur Bedeutung gerade von unmittelbar wirkenden untergesetzlichen Normen des Bundesrechts vgl. auch Siemer, FS für Menger, S. 501 (503); Stern, FS für Schäfer, S. 59 (69); anders Meyer Klaus (S. 161, 176), der untergesetzlichem Bundesrecht nur geringe Bedeutung zumißt; generell zu untergesetzlichen bundesrechtlichen Normen vgl. Schenke, DÖV 1982, S. 709 (721).

23 BGBl. I S. 2214; vgl. dazu BVerfG, Beschl. v. 24.02.1999, NJW 1999, S. 2031.

24 Vgl. BVerfG, Beschl. v. 24.02.1999, NJW 1999, S. 2031.

25 BGBl. I S. 432; vgl. dazu BVerfG, Beschl. v. 18.03.1997, NJW 1997, S. 3086.

peutische Behandlungen durchführen, werden durch diese Vorschrift unmittelbar in ihrer Therapiefreiheit betroffen, ohne daß es noch eines besonderen Vollzugsaktes bedürfte[26]. § 1 II der Verordnung verbietet, derartige unter Verwendung von Frischzellen hergestellte Arzneimittel in den Verkehr zu bringen. Die entsprechende Strafsanktion bei Verstoß findet sich in § 2 I der Verordnung i.V.m. § 95 I Nr. 2, II bis IV des Arzneimittelgesetzes. Damit wird die Gewerbefreiheit (Art. 12 I GG) der von der Regelung betroffenen Personen ohne das Erfordernis eines Umsetzungsaktes unmittelbar berührt.

- Vierte Verordnung zur Änderung der Hundertachtunddreißigsten Durchführungsverordnung zur Luftverkehrs-Ordnung (Festlegung von Flugverfahren für An- und Abflüge nach Instrumentenflugregeln zum und vom Flughafen Hannover) vom 08.08.1995[27]:

Derartige Verordnungen über die Festlegung von Abflugstrecken von Flughäfen[28] führen zu einer unmittelbaren Beeinträchtigung derjenigen Bürger, die im Bereich der Abflugstrecke wohnen. Durch die Festlegung der Flugrouten und den damit verbundenen Fluglärm können die Rechte der dort wohnenden Bürger (maßgeblich Art. 2 II S. 1 GG und Art. 14 GG) unmittelbar berührt werden. Der Flugbetrieb wird unmittelbar durch die Rechtsverordnung ohne Umsetzung durch einen Verwaltungsakt geregelt.

- § 3 I der Verordnung über die Kennzeichnung von Tabakerzeugnissen und über die Höchstmengen von Teer im Zigarettenrauch (TabKTHmV) vom 29.10.1991[29], zuletzt geändert durch Verordnung vom 05.07.1994[30] und 08.03.1996[31]:

§ 3 I TabKTHmV bestimmt, daß Zigaretten und Tabak zum Selbstfertigen von Zigaretten[32] nur dann in Packungen gewerbsmäßig in den Verkehr gebracht

---

26 BVerfG, Beschl. v. 18.03.1997, NJW 1997, S. 3086.

27 BAnz. 1995 Nr. 162, S. 9633; vgl. dazu BVerfG, Beschl. v. 02.04.1997, NVwZ 1998, S. 169; vgl. auch Peters, NVwZ 1999, S. 506 und Sachs, JuS 1999, S. 292.

28 Gleiches gilt z.B. für § 3 II der Hundertvierzehnten Durchführungsverordnung zur Luftverkehrsverordnung (Festlegung von Flugverfahren für die An- und Abflüge nach Instrumentenflugregeln zum und vom Flughafen München) vom 19.02.1992 (BAnz. Nr. 45 S. 1609); vgl. dazu BayVGH, GerBesch. v. 30.11.1993, NVwZ-RR 1995, S. 114; ebenso auch: Verordnung über die Festsetzung des Lärmschutzbereichs für den militärischen Flugplatz Memmingen vom 23.06.1975 (BGBl. I S. 1490); vgl. dazu BVerfG, Beschl. v. 07.10.1980, BVerfGE 56, 298.

29 BGBl. I S. 2053; vgl. dazu BVerfG, Beschl. v. 22.01.1997, BVerfGE 95, 173.

30 BGBl. I S. 1461.

31 BGBl. I S. 460.

32 Diese Erweiterung des Tatbestandes erfolgte durch Verordnung vom 05.07.1994 (BGBl. I S. 1461); durch sie wurde auch ein § 3 II eingefügt, der die gleichen Warnhinweise auf das gewerbsmäßige Inverkehrbringen von Zigarren, Zigarillos, Pfeifentabak und anderen zum Rauchen bestimmten Tabakerzeugnissen erweitert (§ 3 II Nr. 1 und 2 TabKTHmV).

werden dürfen, wenn sie neben dem Warnhinweis „Rauchen gefährdet die Gesundheit“ (vgl. § 2 I TabKTHmV) den Warnhinweis „Rauchen verursacht Krebs“ (§ 3 I Nr. 1 TabKTHmV) oder „Rauchen verursacht Herz- und Gefäßkrankheiten“ (§ 3 I Nr. 2 TabKTHmV) tragen[33]. Durch diese Regelung werden Hersteller von Tabakerzeugnissen unmittelbar belastet[34], so daß es sich um eine Verordnung des Bundes mit unmittelbarer Wirkung handelt.

- §§ 4 ff. der Milch-Garantiemengen-Verordnung (MGV) in der Fassung vom 25.05.1984[35]:

Die Festlegung von Referenzmengen – wie in §§ 4 ff. der Milch-Garantiemengen-Verordnung geschehen - betrifft die Milcherzeuger unmittelbar in ihren Grundrechten[36]. Möglich ist dabei insbesondere ein Eingriff in das Recht des eingerichteten und ausgeübten Gewerbebetriebs (Art. 14 GG) als auch ein Eingriff in die Freiheit der Berufsausübung (Art. 12 GG).

- Gebührenordnung für Ärzte (GOÄ) in der Fassung vom 12.11.1982[37]:

Durch die Gebührenordnung für Ärzte werden die Angehörigen dieses Berufsstandes unmittelbar ohne die Notwendigkeit eines Umsetzungsaktes in einer grundrechtlich geschützten Position berührt[38]. Die Frage, für welche Leistungen und in welcher Höhe Ärzte von Privatpatienten Honorare fordern können, betrifft ein zentrales Element der ärztlichen Berufsausübung, so daß der Schutzbereich des Art. 12 I GG eröffnet ist.

- Verordnung PR Nr. 1/77 über die Preise bei öffentlichen Aufträgen für Schulbücher vom 21.01.1977[39] und Verordnung PR Nr. 1/78 zur Änderung der Verordnung PR 1/77 über die Preise bei öffentlichen Aufträgen für Schulbücher vom 30.11.1978[40]:

---

33 Insgesamt sind vier verschiedene Warnhinweise möglich, die vom Hersteller abwechselnd verwendet werden müssen (§ 3 Abs. 3 TabKTHmV 1991 bzw. Abs. 5 TabKTHmV 1994).

34 BVerfG, Beschl. v. 22.01.1997, BVerfGE 95, 173 (180). Eröffnet ist der Schutzbereich des Art. 12 GG (BVerfGE 95, 173, 181 ff.); Gleiches muß dementsprechend auch für die Regelungen in § 3 II Nr. 1 und 2 TabKTHmV gelten.

35 BGBl. I S. 720; vgl. BVerfG, Beschl. v. 18.12.1985, BVerfGE 71, 305; das Folgende läßt sich übertragen auf §§ 3 ff. der derzeit geltenden Milch-Garantiemengen-Verordnung in der Fassung vom 21.03.1994 (BGBl. I S. 586), zuletzt geändert durch Verordnung vom 25.03.1996 (BGBl. I S. 535).

36 Vgl. BVerfG, Beschl. v. 18.12.1985, BVerfGE 71, 305 (334).

37 BGBl. I S. 1522; vgl. BVerfG, Beschl. v. 12.12.1984, BVerfGE 68, 319; zu den ähnlichen aktuellen Vorschriften vgl. §§ 3 ff. der Gebührenordnung für Ärzte in der Fassung vom 09.02.1996 (BGBl. I S. 210).

38 Vgl. BVerfG, Beschl. v. 12.12.1984, BVerfGE 68, 319 (325, 327).

39 BAnz. Nr. 16 vom 25.01.1977.

40 BAnz. Nr. 227 vom 05.12.1978; zu beiden vgl. BVerfG, Beschl. v. 04.12.1979,

Die Verordnungen beschränkten zum Schutz von nicht auf den Schulbuchhandel spezialisierten Sortimentsbuchhändlern die Nachlaßgestaltung bei öffentlichen Aufträgen für Schulbücher. Sie verletzten damit unmittelbar die durch Art. 12 I GG gewährleistete Freiheit der Berufausübung[41].

- §§ 1 und 3 der Verordnung über die Auszeichnung der Qualitäten von Ottokraftstoffen und die Bekanntgabe der Anforderungen an Ottokraftstoffe (Benzinqualitätsangabeverordnung – BzAngabV) vom 16.01.1976[42]:

Gemäß § 1 BzAngabV mußte derjenige, der in geschäftlichen Verkehr Kraftstoffe an den Verbraucher veräußert, die gewährleisteten Qualitäten an den Zapfsäulen oder sonst an der Tankstelle deutlich sichtbar kenntlich machen. Dies sollte dem Verbraucher ermöglichen, klar zu erkennen, welches Benzin ihm verkauft wird[43]. § 3 BzAngabV verbot die Auszeichung mit Hinweis auf einen höheren Bleigehalt als den nach § 2 des Benzinbleigesetzes vorgeschriebenen. Diese Vorschriften regelten in unmittelbarer Weise die Berufsausübung der Betreiber von Tankstellen und griffen somit unmittelbar in deren durch Art. 12 I GG gewährleistete Rechte ein[44].

- § 2 I, § 3 IV, § 6 VI, § 9 I S. 1, 3 und 4 der Verordnung über das öffentliche Direktrufnetz für die Übertragung digitaler Nachrichten (DirRufV) vom 24.06.1974[45]:

Mit der DirRufV wurde die Benutzung des öffentlichen Direktrufnetzes für die Übertragung digitaler Nachrichten geregelt. Die o.g. Vorschriften legten fest, unter welchen Voraussetzungen und unter welchen Bedingungen Teilnehmer von dem durch die Deutsche Bundespost bereitgestellten Netz Gebrauch machen können und berührten diese unmittelbar in ihren Rechten aus Art. 12 I und Art. 2 I GG[46].

---

BVerfGE 53, 1.

41 Demzufolge wurden sie vom Bundesverfassungsgericht auch für nichtig erklärt (BVerfG, Beschl. v. 04.12.1979, BVerfGE 53, 1, 14).

42 BGBl. I S. 135; vgl. BVerfG, Beschl. v. 25.04.1979, BVerfGE 51, 166.

43 Ähnlich der heute gültige § 6 der Zehnten Verordnung zur Durchführung des Bundes-Immissionsschutzgesetzes (Verordnung über die Beschaffenheit und die Auszeichnung der Qualitäten von Kraftstoffen – 10. BImSchV) vom 13.12.1993 (BGBl. I S. 2036), zuletzt geändert durch Verordnung vom 08.12.1997 (BGBl. I 2858).

44 Vgl. BVerfGE, Beschl. v. 25.04.1979, BVerfGE 51, 166 (172).

45 BGBl. I S. 1325; vgl. BVerfG, Beschl. v. 12.10.1977, BVerfGE 46, 120; die DirRufV wurde aufgehoben durch die Verordnung über die Bedingungen und Gebühren für die Benutzung der Einrichtungen des Fernmeldewesens (Telekommunikationsordnung – TKO) vom 05.11.1986 (BGBl. I S. 1749), neugef. durch Verordnung vom 16.07.1987 (BGBl. I S. 1761).

46 BVerfG, Beschl. v. 12.10.1977, BVerfGE 46, 120 (135).

- § 3 der Verordnung über die Verteilung von Frachtgut im Binnenschiffsverkehr (FrachtvertVO) vom 06.06.1967[47]:

Diese Vorschrift verpflichtete Frachtschiffer im Binnenschiffsverkehr, einen bestimmten Anteil des zu befördernden Frachtgutes einem Schifferbetriebsverband anzudienen, um so eine angemessene Beteiligung der Kleinschiffer am Binnenschiffsverkehr sicherzustellen. Schiffahrtsverbände und Schiffahrttreibende, insbesondere Reedereien, wurden dadurch unmittelbar betroffen und konnten die Verletzung von Grundrechten (z.B. Art. 14, 3 I und Art. 2 I GG) rügen[48].

- §§ 2 und 3 der Verordnung über die Zulassung von Arzneimitteln, die mit ionisierenden Strahlen behandelt worden sind oder die radioaktive Stoffe enthalten, vom 29.06.1962[49]:

Gemäß § 7 I des Gesetzes über den Verkehr mit Arzneimitteln (Arzneimittelgesetz, AMG)[50] ist es verboten, radioaktive Arzneimittel oder Arzneimittel, bei deren Herstellung ionisierende Strahlen verwendet worden sind, in den Verkehr zu bringen, es sei denn, daß dies durch Rechtsverordnung nach Absatz 2 zugelassen ist. Die auf § 7 II AMG beruhende Verordnung enthielt in §§ 2 und 3 Bestimmungen über die Verkehrsfähigkeit derartiger Arzneimittel[51]. Dadurch wurde der Hersteller eines derartigen Arzneimittels unmittelbar ohne Zwischenschaltung eines Vollzugsaktes in seinen Rechten aus Art. 3, 12 I und 14 GG berührt[52].

- Verordnung über die Beimischung inländischen Rüböls vom 07.07.1964[53] und Verordnung über die Beimischung inländischen Rüböls vom 29.07.1965[54]:

Die Verordnungen legten einen bestimmten Beimischungssatz von Rüböl zu Reinfetten fest, das zu Margarine, Speiseöl oder Speisefetten verarbeitet wird.

---

47 BAnz. Nr. 119 vom 30.06.1967, aufgeh. durch Aufhebungsverordnung v. 21.05.1969 (BAnz. Nr. 97 vom 29.05.1969); vgl. dazu BVerfG, Beschl. v. 10.07.1968, BVerfGE 24, 68.

48 BVerfGE, Beschl. v. 10.07.1968, BVerfGE 24, 68 (73).

49 BGBl. I S. 439; vgl. BVerfG, Beschl. v. 18.10.1966, BVerfGE 20, 283.

50 Gesetz vom 24.08.1976, BGBl. I S. 2448, neugef. durch Gesetz vom 19.10.1994 (BGBl. I S. 3018).

51 Die Verordnung wurde gemäß § 8 der Verordnung über radioaktive oder mit ionisierenden Strahlen behandelte Arzneimittel (AMRadV) vom 28.01.1987 (BGBl. I S. 503), zuletzt geändert durch Verordnung vom 23.09.1990 (BGBl. II S. 1086), außer Kraft gesetzt; in §§ 1 und 2 AMRadV finden sich jedoch ähnliche Vorschriften.

52 Vgl. BVerfGE, Beschl. v. 18.10.1966, BVerfGE 20, 283 (290).

53 BAnz. Nr. 124 vom 10.07.1964, außer Kraft getreten nach § 5 am 30.06.1965.

54 BAnz. Nr. 141 vom 31.07.1965, außer Kraft getreten nach § 5 am 30.06.1966; zu beiden vgl. BVerfG, Beschl. v. 11.03.1968, BVerfGE 23, 208.

Hersteller derartiger Produkte wurden diese Verordnungen unmittelbar in ihren Rechten aus Art. 2 I, 3 I, 12 I und 14 GG berührt.

## III. Die Formenwahlfreiheit der Verwaltung

Die Frage des Rechtsschutzes gegen unmittelbar wirkende Verordnungen des Bundes gewinnt auch unter dem Aspekt an Bedeutung, daß die Handlungsformen Norm und Einzelakt zunehmend austauschbar werden und der Verwaltung sich dadurch eine immer größer werdende Freiheit der Formenwahl bietet. Dabei stellt sich zum einen das Problem des Formenmißbrauchs - insbesondere wegen Umgehung des Rechtsschutzes gegen Einzelakte -, zum anderen aber auch die Frage, welche Konsequenzen sich aus einer fehlerhaften Formenwahl für die Wahl der Rechtsschutzform ergeben.

### 1. Formenmißbrauch als Grenze der Formenwahlfreiheit

Nur in wenigen Fällen ist die Wahl der Handlungsform für die Verwaltung gesetzlich vorgeschrieben. Liegen die materiellen Voraussetzungen sowohl für den Erlaß einer Verordnung als auch eines Verwaltungsakts vor, kann die Verwaltung daher regelmäßig frei wählen, ob sie mittels eines Verwaltungsakts oder einer Verordnung vorgeht[55]. Auch Einzelfallregelungen können in die Form eines Rechtssatzes gekleidet werden[56]. Die Formenwahlfreiheit findet ihre Grenze jedoch im Institut des Formenmißbrauchs. Der Formenmißbrauch stellt sich als Unterfall des Rechtsmißbrauchs dar und ist dann zu bejahen, wenn die Behörde von dem ihr zustehenden Recht der Formenwahl in einer Treu und Glauben widersprechenden Weise Gebrauch gemacht hat[57]. Durch die Wahl der Handlungsform muß ein materieller Rechtsverstoß eintreten, der nicht gerechtfertigt werden kann[58]. Folge eines derartigen Verstoßes ist grundsätzlich die Nichtigkeit der Verwaltungshandlung[59].
Davon zu unterscheiden ist die (nur) fehlerhafte Formenwahl durch die Verwaltung. Hier entspricht lediglich der Inhalt der Verwaltungsentscheidung nicht der gewählten äußeren Form. Es handelt sich nur um einen formellen Mangel, nicht um die Verletzung einer materiellen Rechtsposition. Die Verwaltungsentschei-

[55] Kopp, VwVfG, § 35 Rn. 29.

[56] BayVGH, GerBesch. v. 30.11.1993, NJW-RR 1995, S. 114 (115).

[57] Pestalozza, Formenmißbrauch, Vorwort.

[58] Goerlich, DÖV 1985, S. 945 (949).

[59] Vgl. Obermayer in Mang/Obermayer/Berg/Knemeyer, S. 154, der den Mißbrauchstatbestand jedoch nicht näher abgrenzt; differenzierend nach Begriffs-, Verfahrens- und Organisationsnormen Pestalozza, Formenmißbrauch, S. 152 ff.

dung bleibt grundsätzlich wirksam, problematisch ist jedoch die Wahl der richtigen Rechtsschutzform[60].

Zur Klärung der Frage, wann die Behörde bei der Wahl ihrer Handlungsform rechtsmißbräuchlich gehandelt hat, sind zunächst die Formen des Verwaltungsaktes und der Rechtsverordnung voneinander abzugrenzen. Ein Formenmißbrauch ist dann indiziert, wenn eine Maßnahme der Verwaltung aus materiellen Gründen in Form einer Verordnung oder eines Verwaltungsaktes ergehen muß, die Behörde jedoch davon abgewichen ist. Es kommt daher darauf an, welche inhaltlichen Anforderungen bestehen, die die Wahl einer bestimmten Form zwingend erfordern.

Maßstab für eine Abgrenzung von Norm und Einzelakt ist die Definition des Verwaltungsakts in § 35 VwVfG[61]. Das entscheidende Kriterium zur Abgrenzung gegenüber der Norm bildet die Wirkung der Maßnahme: Ist der Personenkreis bestimmt oder bestimmbar, handelt es sich um einen Verwaltungsakt, möglicherweise in der Form einer Allgemeinverfügung (vgl. § 35 S. 2 Alt. 1 VwVfG); bei einem unbestimmten bzw. nicht bestimmbaren Kreis von Betroffenen liegt nach materiellen Kriterien dagegen eine Norm vor. Bei der Entscheidung, ob eine Maßnahme im Gewand einer Einzelfallregelung oder einer Norm zu ergehen hat, sind die mit Rechtssetzungsbefugnissen versehenen Verwaltungsbehörden an diese inhaltliche Vorgabe gebunden und können nicht nach Belieben die Regelungsform der Norm - hier der Rechtsverordnung - mit derjenigen des Verwaltungsaktes vertauschen.

Diese Einschränkung der Wahlfreiheit verliert jedoch dadurch an Bedeutung, daß die Unterschiede zwischen den Handlungsformen Rechtsnorm und Einzelakt sowohl hinsichtlich ihrer Voraussetzungen als auch hinsichtlich ihrer Wirkungen in der Rechtspraxis immer mehr verwischen[62] und die Handlungsformen dadurch in beträchtlichem Umfang austauschbar geworden sind[63]. Dies hat eine immer größer werdende Wahlmöglichkeit der Verwaltung zwischen den verschiedenen Handlungsformen zur Folge[64]. Der Grund für eine derartige Entwicklung liegt maßgeblich in den Anforderungen an den modernen Sozialstaat: Während sich der Staat früher darauf beschränkte, den rechtlichen Rahmen für eine freie Entfaltung des Bürgers abzustecken und durch einzelne Maßnahmen abzusichern, kommen der Verwaltung heute umfangreiche wirtschaftslenkende

---

60 Vgl. dazu unten 2 a.

61 Zu Recht weist Schenke (Verwaltungsprozeßrecht, Rn. 231) darauf hin, daß der Inhalt häufig auch von der Form einer Maßnahme beeinflußt wird. Die grundsätzliche Weichenstellung, ob die Maßnahme in Form einer Norm oder eines Verwaltungsaktes zu ergehen hat, wird jedoch durch die materiellen Kriterien bestimmt.

62 Brohm, VVDStRL 30 (1972), S. 245 (283); Frenz, BayVBl. 1993, S. 483 (484); Meyer Klaus, S. 176.

63 Lorenz, S. 165; Mayer, FS für Heydte, S. 1067 (1078); Schenke, Rechtsschutz, S. 55 ff.

64 Vgl. auch Würtenberger, BayVBl. 1980, S. 662.

und sozialgestaltende Aufgaben zu, die eine größere Formenvielfalt erforderlich machen als dies die herkömmlichen Kategorien der generell-abstrakten bzw. individuell-konkreten Regelung zulassen[65]. Die Unzulänglichkeit der „klassischen" Handlungsformen zeigt sich nicht nur darin, daß die Unterschiede zwischen Norm und Verwaltungakt in der Praxis mehr und mehr abgeschliffen werden[66]. Auch das Phänomen der Maßnahmegesetze[67] und die zunehmende Bedeutung des Plans[68] verdeutlichen die Problematik der überkommenen Klassifizierung. Pläne können nach h.M.[69] in den verschiedenen herkömmlichen Rechtsformen auftreten, aber auch eine Zwischenform oder einen Akt sui generis darstellen. Maßgeblich sind dabei - falls eine gesetzliche Einordnung fehlt - die jeweiligen Umstände, insbesondere Plangeber, Inhalt und Bindungswirkung der Regelung[70].
Die zunehmende Auflösung der herkömmlichen Kategorien Verwaltungsakt und Rechtsnorm eröffnet der Verwaltung somit eine Vielzahl von Gestaltungsmöglichkeiten. Eine echte Beschränkung der Formenwahlfreiheit kann durch die materiellen Kriterien daher nicht erfolgen.

Stehen nun der Verwaltung mehrere Handlungsformen zur Verfügung, so kann der Mißbrauch der gewählten Form darin bestehen, daß bei der Wahl der Form sachfremde Erwägungen im Vordergrund stehen, welche die Ausübung des Wahlrechts als mißbräuchlich erscheinen lassen. Dies wäre insbesondere dann der Fall, wenn die Behörde versuchen würde, auf diesem Wege Rechtsschutzmöglichkeiten des Bürgers zu umgehen. Da das Rechtsschutzsystem der Verwaltungsgerichtsordnung primär auf den Schutz gegen staatliche Einzelakte ausgerichtet ist und der Schutz gegen Rechtsverletzungen durch Normen erst in jüngerer Zeit durch Rechtsprechung und Literatur seine Ausprägung fand, wurde von vielen Seiten auf die Gefahr hingewiesen, die Verwaltung könnte durch die Wahl einer Norm statt eines Verwaltungsaktes bezwecken, eine (unmittelbare) gerichtliche Nachprüfung zu verhindern[71]. Unabhängig von der

65 Brohm, VVDStRL 30 (1972), S. 245 (281 f.); ders., Wirtschaftverwaltung, S. 230 ff.; Schenke, Rechtsschutz, S. 55 ff.; ders. in BK, Art. 19 IV Rn. 257.

66 Ausführlich zur Angleichung hinsichtlich der Anforderungen an die Bestimmtheit der gesetzlichen Ermächtigung, in den Formen der Bekanntgabe und in den Fehlerfolgen vgl. Brohm, Wirtschaftverwaltung, S. 231 ff.

67 Vgl. dazu z.B. BVerfG, Beschl. v. 17.07.1996, BVerfGE 95, 1 (Südumfahrung Stendal) und Ronellenfitsch, DÖV 1991, S. 771.

68 Vgl. Erichsen in Erichsen/Martens, § 21; Schenke, Rechtsschutz, S. 56.

69 Erichsen in Erichsen/Martens, § 22; Maurer, Allgemeines Verwaltungsrecht, § 16 Rn. 18 ff.

70 Maurer, Allgemeines Verwaltungsrecht, § 16 Rn. 23.

71 Deutlich Stern (FS für Schäfer, S. 59, 63), der von einer „Flucht in die Rechtsnorm" spricht; ähnlich Besler, S. 49; Blümel, DVBl. 1972, S. 122 (123); Maurer, FS für Kern, S. 275 (285); Obermayer, DVBl. 1965, S. 625 (627); Schenke in BK, Art. 19 IV Rn. 257;

Frage, ob der Rechtsschutz gegen Normen derzeit qualitativ hinter dem Rechtsschutz gegen Einzelakte zurücksteht, ist der Normgeber jedoch grundsätzlich nicht dazu verpflichtet, die Form der hoheitlichen Maßnahme so zu wählen, daß dem Einzelnen der bestmögliche Rechtsschutz zur Verfügung steht[72]. Ein Formenmißbrauch unter Rechtsschutzgesichtspunkten beginnt erst dort, wo der Zugang zu den Gerichten aus sachlich nicht mehr vertretbaren Gründen oder in einer für den Betroffenen unzumutbaren Weise beschränkt worden ist[73]. Der Nachweis eines derartig mutwillig verkürzten Rechtsschutzes wird nur selten gelingen. Die Wahl einer Rechtsnorm statt eines Verwaltungsaktes kann zumeist mit dem Aspekt der sozialstaatlich gebotenen Effizienz staatlichen Handelns gerechtfertigt werden[74], so daß sich der Formenmißbrauch auf extreme Fallgestaltungen beschränken wird.

## 2. Bedeutung für die Wahl der Rechtsschutzform

Zu klären sind nun die Auswirkungen eines derartigen Formverstoßes auf die Wahl der richtigen Rechtsschutzform.

### a) Formenwahl ohne Formenmißbrauch

Es ist strittig, wonach sich die richtige Rechtsschutzform bestimmt, wenn kein Formenmißbrauch durch die Verwaltung vorliegt. Zu klären ist die Frage, ob der Rechtsschutz ausschließlich durch die äußere Form der Verwaltungsentscheidung bestimmt wird oder ob auch deren materieller Charakter eine Rolle spielt.
Die überwiegende Ansicht in Rechtsprechung[75] und Literatur[76] betrachtet grund-

---

Würtenberger, BayVBl. 1980, S. 662 (663); Schmidt-Aßmann (in Maunz/Dürig, Art. 19 IV Rn. 93) hält eine Intensivierung des Individualrechtsschutzes auch gegen formelle Gesetze wegen in den letzten Jahrzehnten eingetretener „normstruktureller Verschiebungen" für geboten.

72 BVerfG, Beschl. v. 29.07.1959, BVerfGE 10, 89 (104 f.); Beschl. v. 14.05.1985, BVerfGE 70, 35 (62); BayVGH, GerBesch. v. 30.11.1993, NJW-RR 1995, S. 114 (115).

73 BayVGH, GerBesch. v. 30.11.1993, NJW-RR 1995, S. 114 (115); Czybulka/Wandres, DÖV 1990, S. 1033 (1037); Schmidt-Aßmann in Maunz/Dürig, Art. 19 IV Rn. 68; vgl. auch BVerfG, Beschl. v. 06.08.1992, NJW 1993, S. 1380 (1381); OVG Hamburg, Beschl. v. 14.09.1984, NVwZ 1985, S. 51 (52).

74 Schenke in BK, Art. 19 IV GG Rn. 257.

75 BVerwG, Urt. v. 08.11.1986, BVerwGE 75, 109 (117); BayVGH, Urt. v. 30.06.1982, BayVBl. 1983, S. 17 (18); VGH Kassel, Beschl. v. 15.11.1982, NJW 1983, S. 2895 (2896); OVG Lüneburg, Beschl. v. 28.10.1983, NJW 1984, S. 627; a.A. VGH Mannheim, Beschl. v. 29.11.1985, NVwZ 1986, S. 855.

76 Bickel, NJW 1985, S. 2441 (2446); Eyermann/Schmidt, § 47 Rn. 24; Kopp, VwGO, § 47 Rn. 13; Meyer/Helbig, BayVBl. 1975, S. 163; Renck, BayVBl. 1994, S. 457 (458); a.A.: Czybulka/Wandres, DÖV 1990, S. 1033 (1035 ff.); Schenke, Verwaltungsprozeßrecht,

sätzlich die äußere Form der Verwaltungsmaßnahme als maßgeblich. Anhaltspunkte sind die Fassung in Paragraphen oder Artikel, die Durchführung der Bekanntgabe oder der Hinweis auf eine Ermächtigungsgrundlage[77]. Ist die in Frage stehende Regelung in einem förmlichen Rechtssetzungsverfahren erlassen worden, so ist sie ohne Rücksicht auf den materiellen Inhalt als Norm zu behandeln. Dieses Ergebnis folgt maßgeblich aus der Überlegung, daß die Nichtig- bzw. Rechtswidrigerklärung eines Hoheitsaktes als „actus contrarius" in gleicher Weise publik gemacht werden muß wie der „actus primus". Die Urteilswirkungen im Rahmen eines Anfechtungsverfahrens sind nur auf die Beteiligten beschränkt (vgl. § 116 VwGO). Betrachtet man nun den materiellen Gehalt der Regelung als ausschlaggebend, würde die Ungültigkeitserklärung einer als Norm erlassenen, materiell jedoch einen Verwaltungsakt darstellenden Regelung möglicherweise einem weitaus kleineren Personenkreis zugänglich gemacht als ihre Entstehung[78]. Handelt es sich also der äußeren Form nach um eine Norm, ist auf der Ebene der landesrechtlichen Normen regelmäßig die Überprüfungsmöglichkeit im Normenkontrollverfahren nach § 47 VwGO eröffnet[79]. Hinsichtlich Verordnungen auf Bundesebene ist die im Rahmen dieser Arbeit erörterte Rechtsschutzproblematik von besonderem Interesse, da eine derartige Verordnung aufgrund ihrer Nähe zur Regelungsform Verwaltungsakt zumindest auch unmittelbar wirkende Regelungen enthalten wird.

Nicht die äußere Form, sondern der Inhalt der Regelung bestimmt jedoch dann den Rechtsschutz, falls die Form keinen Ausschluß darüber gibt, ob es sich um eine Rechtsverordnung oder einen Verwaltungsakt handelt, die äußere Form also mehrdeutig ist[80]. Eine Mindermeinung[81] will dem Kläger in diesen Fällen ein Wahlrecht zwischen einem möglichen Normenkontrollantrag und einer Anfechtungsklage einräumen, da die Unklarheit nicht zu Lasten des Bürgers gehen dürfe. Diese Ansicht lehnt sich an den bei „inkorrekten" Gerichtsentscheidungen geltenden Grundsatz der Meistbegünstigung an: Danach ist bei Entscheidungen, die in anderer Form ergingen als der, in der sie ergehen müßten, auch dasjenige Rechtsmittel zulässig, das gegen die Entscheidung möglich wäre, wenn sie in der richtigen Form ergangen wäre[82]. Diese Lösung über-

---

Rn. 231 und 880; Schmitt Glaeser, Rn. 409 ff.

77 BVerwG, Urt. v. 08.11.1986, BVerwGE 75, 109 (117); Eyermann/Schmidt, § 47 Rn. 24; Kopp, VwGO, § 47 Rn. 13.

78 Vgl. Schmitt Glaeser, Rn. 411.

79 Eyermann/Schmidt, § 47 Rn. 24.

80 So die h.M.: BVerwG, Urt. v. 24.03.1977, BVerwGE 52, 193 (196 f.); BayVGH, Urt. v. 30.03.1982 BayVBl. 1982, 726; Beschl. v. 12.09.1990, NVwZ-RR 1991, 332; VGH Kassel, Urt. v. 09.08.1990, NVwZ-RR 1991, S. 226 (227); Bickel, NJW 1985, 2441 (2446); Kopp, VwGO, § 47 Rn. 13.

81 Eyermann/Schmidt, § 47 Rn. 26.

82 Eyermann/Happ, § 124 Rn. 9; Kopp, VwGO, § 124 Rn. 22 m.w.N.

zeugt jedoch nicht. Im Gegensatz zu den Fällen des Meistbegünstigungsgrundsatzes war das Handeln der Verwaltung nicht fehlerhaft, sondern nur nicht eindeutig. Der Meistbegünstigungsgrundsatz kommt nur dann zum Tragen, falls nach Auslegung der äußeren Form tatsächlich eine „inkorrekte“ Entscheidung des Gerichts vorliegt[83]. Nur dann ist es angezeigt, diesen Fehler des Gerichts durch die Eröffnung einer Rechtsschutzmöglichkeit auszugleichen, die der existent gewordenen Entscheidungsform nicht entspricht. Die Situation ist anders zu beurteilen, wenn die Verwaltung bei der Wahl der Handlungsform nicht gegen ein Formgebot verstoßen hat, sondern sich lediglich unklar ausgedrückt hat. Läßt sich die Rechtsnatur der Verwaltungsmaßnahme jedoch durch Heranziehung des Inhalts der Regelung ermitteln, so würde es zu weit führen, den Bürger bereits bei Unklarheit der äußeren Form von einer inhaltlichen Auseinandersetzung mit der Verwaltungshandlung vollständig zu entbinden.

#### b) Formenwahl mit Formenmißbrauch

Auch in den Fällen, in denen ein Formenmißbrauch durch die Verwaltung vorliegt, kann die Form nicht den alleinigen Ausschlag geben. Hat die Verwaltung treuwidrig eine Rechtsnorm anstelle eines Einzelaktes erlassen, ist dies nicht nur für die Wirksamkeit der Regelung von Bedeutung[84], sondern hat auch Auswirkungen auf die Rechtsschutzmöglichkeiten des Bürgers. In diesen Fällen muß dem Bürger neben den Möglichkeiten des Rechtsschutzes gegen Normen auch die Möglichkeit einer Anfechtungsklage eröffnet sein[85]. Hier kann der bei „inkorrekten“ Gerichtsentscheidungen geltende Grundsatz der Meistbegünstigung in Ansatz gebracht werden: Soll nämlich der Bürger bereits dann die umfassenden Angriffsmöglichkeiten haben, wenn ein Gericht unwissentlich die falsche Form der Entscheidung wählt[86], so muß dies erst recht für den Fall gelten, daß die Verwaltung rechtsmißbräuchlich die falsche Handlungsform wählt.

## IV. Der Begriff der Normenkontrolle und ihre Arten

### 1. Begriff und systematischer Überblick

Als spezifisches Rechtsschutzmittel gegen Rechtsverletzungen durch Normen steht das Verfahren der Normenkontrolle im Zentrum der Rechtschutzproble-

---

83 Davon gehen auch Eyermann/Happ, § 124 Rn. 9 und Kopp, Vorb. § 124 Rn. 22 aus.

84 Vgl. oben unter 1.

85 Ebenso Frenz, BayVBl. 1993, S. 483 (484) unter Heranziehung des Gedankens der Strukturlogik.

86 Vgl. dazu Eyermann/Schmidt, § 124 Rn. 9.

matik. Zunächst sind daher Begrifflichkeit und die im bestehenden Verfahrenssystem vorhandenen Möglichkeiten der Normenkontrolle zu untersuchen.
Normenkontrolle bedeutet Überprüfung einer Norm am Maßstab einer anderen Norm daraufhin, ob erstere rechtsgültig ist[87]. Die überprüfte Norm ist Gegenstand des Normenkontrollverfahrens[88]. Trotz der in der rechtswissenschaftlichen Diskussion nicht immer einheitlichen Terminologie lassen sich die verschiedenen Verfahren der Normenkontrolle begrifflich wie folgt unterscheiden[89]:
Grundsätzlich stehen sich die Verfahren der *prinzipalen* und *inzidenten* Normenkontrolle gegenüber. Eine *prinzipale* Kontrolle liegt vor, wenn in einem gerichtlichen Verfahren ausschließlich über die Gültigkeit einer Rechtsvorschrift entschieden wird. Die Frage der Vereinbarkeit oder Nichtvereinbarkeit mit höherrangigem Recht ist ausschließlich Streitgegenstand und „Selbstzweck" des Verfahrens[90]. Bei der *inzidenten* Normenkontrolle ist dagegen die Gültigkeit eines Rechtssatzes nur Vorfrage für die Entscheidung eines Rechtsstreits und nicht dessen Streitgegenstand[91]. Der formelle Bestand der überprüften Norm wird bei der Inzidentkontrolle nicht angegriffen. Die Feststellung der Gültigkeit der Norm nimmt daher auch nicht an der Rechtskraft des Urteils (§ 121 VwGO) teil.
Eine weitere Differenzierung ist nur innerhalb der prinzipalen Kontrolle angebracht. Prinzipale Normenkontrolle ist der Oberbegriff zur *abstrakten* und *konkreten* Normenkontrolle. Unterscheidungskriterium ist hier, ob die Überprüfung der Rechtsvorschrift in Zusammenhang mit einem bei einem Gericht anhängigen Rechtsstreit erfolgt oder nicht. Maßgeblich ist, aus welchem Anlaß die Norm kontrolliert wird.

---

87 Maunz in Maunz/Dürig, Art. 93 Rn. 17.

88 So die h.M.: Benda/Klein, Rn. 420 ff. u. Rn. 643, Maurer, Staatsrecht, § 20 Rn. 70; Pestalozza, § 8 Rn. 7 („Prüfungsgegenstand"); Ulsamer in M/S/K/U, § 13 Rn. 57; Schlaich, Rn. 115; Stuth in Umbach/Clemens, § 76 Rn. 12 ff. („Prüfungsgegenstand"); a.A. Detterbeck (Streitgegenstand, S. 320 ff.), der zwischen Angriffs- und Streitgegenstand unterscheidet; Streitgegenstand sei nicht die Frage der Rechtmäßigkeit ausschließlich der angegriffenen Norm, sondern die weitergehende Frage, ob eine Regelung der vorliegenden Art rechtmäßig ist (vgl. Detterbeck, a.a.O., S. 322).

89 In der Literatur wird z.T. versucht, statt den üblicherweise verwendeten Begriffen der abstrakten, konkreten und inzidenten Normenkontrolle, die auch als sprachlich verunglückt angesehen werden (Menger, S. 86 Fn. 1; Renck, JuS 1966, S. 273 Fn. 1), neue Begriffspaare einzuführen: nachträgliche und ursprüngliche Kontrolle (Renck, DÖV 1964, S. 1 u. 5; ders., JuS 1966, S. 273 Fn.1), selbständige und unselbständige Kontrolle (Menger, S. 86) sowie autonome und gekoppelte Kontrolle (Wilken, Diss., S. 5 Fn. 3). Die vorliegende Arbeit folgt dem vor allem von Bettermann (ZZP 72 (1969), S. 32, 34 f.) eingeführten, heute vorherrschenden Sprachgebrauch; zur Systematik vgl. auch Guthardt-Schulz, S. 1.

90 Benda/Klein, Rn. 642.

91 Detterbeck, Streitgegenstand, S. 323.

Von besonderer Bedeutung im Rahmen dieser Untersuchung ist die Unterscheidung zwischen prinzipaler und inzidenter Normenkontrolle. Der entscheidende Aspekt ist die unterschiedliche Urteilswirkung: Streitgegenstand der prinzipalen Kontrolle ist die Frage der Gültigkeit der Norm; die Entscheidung darüber erwächst dementsprechend auch in Rechtskraft (§ 121 VwGO). Zusätzlich wird der Entscheidung über die (Un)gültigkeit der Norm allgemeinverbindliche Wirkung beigemessen, was eine Erstreckung der Rechtskraft inter omnes bedeutet. Für Normenkontrollverfahren durch das Bundesverfassungsgericht ergibt sich dies aus § 31 I bzw. II BVerfGG. Für das verwaltungsgerichtliche Normenkontrollverfahren ist ausdrücklich geregelt, daß die Ungültigerklärung der Norm mit allgemeinverbindlicher Wirkung erfolgt (§ 47 VI S. 2 HS. 2). Im Rahmen der Diskussion neuer Klagearten wird das Problem zu erörtern sein, ob die Frage der Ungültigkeit einer Norm rechtslogisch mit einer inter-omnes-Wirkung verbunden sein muß oder ob es auch eine prinzipale Kontrolle mit inter-partes-Wirkung geben kann[92]. Nach dem bestehenden Rechtsschutzsystem hat jedoch jede prinzipale Kontrolle eine allgemeinverbindliche Ungültigkeitsentscheidung zur Folge, so daß die Allgemeinverbindlichkeit der Entscheidung den Ausgangspunkt der im Folgenden geführten Diskussion um eine mögliche prinzipale Kontrolle bildet.
Eine derartige Frage stellt sich bei der inzidenten Normenkontrolle nicht. Hier nimmt die Frage der Gültigkeit der Norm nicht an der Rechtskraft des Urteils teil, so daß diesbezüglich keine inter-omnes-Wirkung vorliegen kann.

## 2. Die einzelnen Verfahren der prinzipalen Normenkontrolle

### a) Die konkrete prinzipale Normenkontrolle

Als „konkrete" Normenkontrollen werden diejenigen Verfahren bezeichnet, die von Fachgerichten aus Anlaß bereits anhängiger, insofern „konkreter" Verfahren zur Überprüfung einer bestrittenen Einzelfrage eingeleitet werden. Ihr Musterfall ist der des Art. 100 I GG. Nach Art. 100 I 1 GG hat jedes Gericht das Recht und gleichzeitig auch die Pflicht zur Vorlage an das Verfassungsgericht, wenn es in einem anhängigen Verfahren um die Anwendung eines Gesetzes im formellen Sinn geht und das Gericht diese Rechtsnorm für verfassungswidrig hält.
Die Vorlagepflicht ist dabei auf nachkonstitutionelle, formelle Gesetze beschränkt. Satzungen und Verordnungen scheiden daher aus[93]. Die richterliche Prüfungskompetenz erstreckt sich zwar (a maiore ad minus) auch auf unter-

---

92 Vgl. unten D IV 1 a (1).

93 BVerfG, Urt. v. 20.03.1952, BVerfGE 1, 184 (195 ff.); BVerwG, Urt. v. 20.11.1990, BVerwGE 87, 133 (139); Maunz in Maunz/Dürig, Art. 100 Rn. 6 ff.; Pieroth in Jarass/Pieroth, Art. 100 Rn. 6.

gesetzliches Recht. Für derartige Normen bleibt es jedoch bei der inzidenten Kontrolle: Soweit der Richter zur Überzeugung gelangt, daß eine Satzung oder Verordnung rechtswidrig ist, kann er sie im konkreten Prozeß aufgrund der aus der Rechtswidrigkeit regelmäßig[94] folgenden Nichtigkeit unangewendet lassen[95].

### b) Die abstrakte prinzipale Normenkontrolle

Im Gegensatz dazu wird die „abstrakte“ Normenkontrolle nicht von Fachrichtern und nicht nur aus einem konkreten Prozeßanlaß eingeleitet[96]. Unter diesen im weiten Sinne verstandenen Begriff der abstrakten Normenkontrolle fallen drei Verfahren, die zum Bundesverfassungsgericht führen, sowie das Verfahren der verwaltungsgerichtlichen Normenkontrolle.

#### *(1) Die abstrakte Normenkontrolle gemäß Art. 93 I Nr. 2 GG i.V.m. §§ 13 Nr. 6, 76 ff. BVerfGG*

Wird der Begriff der abstrakten Normenkontrolle im engeren Sinn verwendet, so handelt es sich um das Verfahren gemäß Art. 93 I Nr. 2 GG i.V.m. §§ 13 Nr. 6, 76 ff. BVerfGG. Das Bundesverfassungsgericht prüft hier die förmliche und sachliche Vereinbarkeit von Bundesrecht oder Landesrecht mit sonstigem Bundesrecht. Prüfungsgegenstand ist jede Rechtsnorm, die vom Bund oder den Ländern erlassen worden bzw. ihnen zuzurechnen ist, also auch durch Bundesorgane erlassene Rechtsverordnungen. Eine Besonderheit besteht jedoch hinsichtlich der Antragsberechtigung: Sie steht nur der Bundesregierung, einer Landesregierung oder einem Drittel der Mitglieder des Bundestags zu, so daß dieses Verfahren aus Sicht des Individualrechtsschutzes ausscheidet.

#### *(2) Die Rechtssatzverfassungsbeschwerde gemäß Art. 93 I Nr. 4 a GG i.V.m. §§ 13 Nr. 8 a, 90 ff. BVerfGG*

Auch die Verfassungsbeschwerde gemäß Art. 93 I Nr. 4 a GG i.V.m. §§ 13 Nr. 8 a, 90 ff. BVerfGG kann eine abstrakte Normenkontrolle beinhalten, soweit der Beschwerdeführer geltend macht, gegenwärtig und unmittelbar durch einen für rechtswidrig gehaltenen Rechtssatz betroffen zu sein (sog. Rechtssatzverfassungsbeschwerde). Die Verfassungsbeschwerde nimmt eine Sonderstellung innerhalb des Rechtsschutzsystems ein, die durch eine Vielzahl von Besonderheiten innerhalb der Zulässigkeits- und Begründetheitsprüfung deutlich wird[97].

---

94 Es gibt auch formelle Mängel ohne Nichtigkeitsfolgen, z.B. im Baurecht (§§ 214, 215 BauGB) oder im Raumordnungsrecht (vgl. hierzu Steiner in Steiner, Rn. 90 Fn. 86).

95 Schmitt Glaeser, Rn. 75.

96 Völlig „abstrakt“, d.h. losgelöst von irgendeinem Vorfall oder Anlaß, ist auch ein solches Verfahren freilich auch nicht (so zu Recht Pestalozza, Verfassungsprozeßrecht, § 8 Rn.1).

97 Vgl. dazu auch unten B III 1 a und E.

*(3) Kommunale Verfassungsbeschwerde gemäß Art. 93 I Nr. 4 b GG i.V.m. §§ 13 Nr. 8 a, 91 BVerfGG*

Eine geringfügige Modifikation erfährt das Verfahren nach Art. 93 I Nr. 4 a GG hinsichtlich Gemeinden und Gemeindeverbänden. Diese sind als juristische Personen des öffentlichen Rechts nach Bundesverfassungsrecht grundsätzlich nicht grundrechtsfähig[98] und damit im Verfahren der Individualverfassungsbeschwerde nicht beteiligtenfähig. Ihnen steht jedoch gemäß Art. 93 I Nr. 4 b GG i.V.m. §§ 13 Nr. 8 a, 91 BVerfGG eine Verfassungsbeschwerde zur Verfügung, die in dreifacher Hinsicht speziell ist[99]: Beschwerdeführer können nur Gemeinden oder Gemeindeverbände sein, Prüfungsmaßstab ist allein das Selbstverwaltungsrecht nach Art. 28 II GG und Prüfungsgegenstand ist nur ein Gesetz.

*(4) Die verwaltungsgerichtliche Normenkontrolle gemäß § 47 VwGO*

Das für den Individualrechtsschutz wichtigste Verfahren einer abstrakten prinzipalen Normenkontrolle ist die verwaltungsgerichtliche Normenkontrolle[100] gemäß § 47 VwGO. Sie nimmt dadurch eine herausgehobene Stellung ein, als den Verwaltungsgerichten die Möglichkeit der Nichtigerklärung von Normen eröffnet wird. Der Prüfungsgegenstand ist jedoch auf untergesetzliches Landesrecht beschränkt. Dabei wurde nur für Satzungen nach dem Baugesetzbuch die verwaltungsgerichtliche Normenkontrolle unmittelbar kraft Bundesrecht eingeführt (§ 47 I Nr. 1 VwGO). Alle anderen untergesetzlichen Rechtsvorschriften sind einer abstrakten Kontrolle nur dann unterworfen, wenn der jeweilige Landesgesetzgeber von der Ermächtigung in § 47 I Nr. 2 VwGO Gebrauch gemacht hat. Bis auf Berlin, Hamburg und Nordrhein-Westfalen ist dies in allen Bundesländern geschehen[101]. Zuständiges Gericht ist das Oberverwaltungsgericht bzw. der Verwaltungsgerichtshof[102].

---

98 BVerfG, Beschl. v. 31.10.1984, BVerfGE 68, 193 (206). Eine wesentliche Ausnahme besteht hinsichtlich der justiziellen Grundrechte (Art. 101 I, 103 I GG) (vgl. Jarass in Jarass/Pieroth, Art. 19 Rn. 17 f.).

99 Pestalozza, Verfassungsprozeßrecht, § 12 Rn. 56.

100 Im Verwaltungsprozeß sind keine anderen Prinzipalkontrollen geregelt, so daß sich der Terminus „verwaltungsgerichtliche Normenkontrolle" eingebürgert hat (vgl. Besler, S.9).

101 Vgl. die Regelungen in Baden-Württemberg (§ 5 AGVwGO), Bayern (Art. 5 AGVwGO), Brandenburg (§ 4 I AGVwGO), Bremen (Art. 7 AGVwGO), Hessen (§ 11 AGVwGO), Mecklenburg-Vorpommern (§ 13 GerOrG), Niedersachsen (§ 6 a AGVwGO), Rheinland-Pfalz (§ 4 AGVwGO), Saarland (§ 16 AGVwGO), Sachen (Art. 4 § 2 GerOrG), Sachsen-Anhalt (§ 10 AGVwGO mit der Beschränkung auf Satzungen und andere von Gemeinden und Kreisen erlassene Rechtsvorschriften), Schleswig-Holstein (§ 5 AGVwGO) und Thüringen (§ 8 AGVwGO).

102 Von der Möglichkeit des § 184 VwGO haben Baden-Württemberg (Art. 1 I AGVwGO), Bayern (Art. 1 I AGVwGO) und Hessen (Art. 1 I AGVwGO) Gebrauch gemacht.

### 3. Die Sonderstellung der Urteilsverfassungsbeschwerde

Eine Sonderstellung nimmt die Verfassungsbeschwerde unmittelbar gegen ein Gerichtsurteil (Urteilsverfassungsbeschwerde) ein, die sich in der Begründung auf die Verfassungswidrigkeit der in der Entscheidung für verfassungsmäßig gehaltenen und deshalb angewandten Norm stützt. Dieser Form der Verfassungsbeschwerde nach Art. 93 I Nr. 4 a GG kommt in der Praxis erhebliche Bedeutung zu[103]. Es handelt sich dabei eigentlich um eine inzidente Normenkontrolle, da die dem Urteil zugrundeliegenden Rechtsvorschriften nur in der Begründung der Verfassungsbeschwerde, also mittelbar angegriffen werden und nicht Streitgegenstand sind. Hält jedoch das Bundesverfassungsgericht eine dem Urteil zugrundeliegende Norm für verfassungswidrig, so hebt es nicht nur die Entscheidung auf, sondern erklärt auch die Norm für nichtig bzw. mit dem Grundgesetz unvereinbar (vgl. § 95 III S. 2 i.V.m. S. 1 BVerfGG)[104]. Da diese Nichtig- bzw. Unvereinbarkeitserklärung mit inter-omnes-Wirkung erfolgt (vgl. § 31 II BVerfGG), gleicht in diesen Fällen die Urteilsverfassungsbeschwerde im Ausspruch und in den Rechtsfolgen einer prinzipalen Normenkontrolle[105].

103 Vgl. Schmidt-Bleibtreu in M/S/K/U, § 90 Rn. 141 m.w.N.

104 Zu den Tenorierungsmöglichkeiten vgl. unten B II 2 d (1).

105 Vgl. dazu Schlaich, Rn. 113.

# B. Normenkontrolle und effektiver Rechtsschutz i.S.d. Art. 19 IV GG

Ausgangspunkt einer Untersuchung zur Frage des Rechtsschutzes im Zusammenhang mit Akten der öffentlichen Gewalt muß die Rechtsschutzgarantie des Art. 19 IV GG sein. Im Mittelpunkt steht dabei die Frage, ob die Garantie effektiven Rechtsschutzes in Art. 19 IV GG eine prinzipale Kontrolle von Normen erfordert.

## I. Wird die Verordnungsgebung von Art. 19 IV GG erfaßt?

Die Notwendigkeit einer prinzipalen Normenkontrolle kann sich nur dann aus Art. 19 IV GG ergeben, wenn der Bereich der Verordnungsgebung von Art. 19 IV GG überhaupt erfaßt ist. Damit ist das Problem angesprochen, ob Art. 19 IV GG auch einen Rechtsschutz gegen Normen garantiert. Bis heute ist nämlich nicht geklärt, ob der Begriff der „öffentlichen Gewalt" auch die Rechtsetzung umfaßt. Hier von Bedeutung ist nur die Einordnung von Normsetzungsakten der Exekutive. Auf die Diskussion um Akte der formellen Gesetzgebung ist insoweit einzugehen, als sie auch die dogmatische Standortbestimmung von untergesetzlichen Normen betreffen[106].

### 1. Die Ansicht des Bundesverfassungsgerichts

Das Bundesverfassungsgericht[107] hat die Frage, ob der Normgeber „öffentliche Gewalt" i.S.d. Art. 19 IV GG darstellt, hinsichtlich formeller Gesetze verneint. Dieser Ansicht ist ein Teil der Literatur[108] mit im wesentlichen gleicher Begründung gefolgt.

Folgende Argumente gelten dabei für alle Rechtsnormen: Das Bundesverfassungsgericht[109] führt die Regelung des Art. 93 I Nr. 2 GG an, in dem neben Art. 93 I Nr. 4 a, b GG und Art. 100 I GG die verfassungsgerichtliche Überprüfung von Gesetzen auf ihre Verfassungsmäßigkeit abschließend gere-

---

106 Auf diesen Zusammenhang verweist auch Bettermann, AöR 96 (1971), S. 528 (532).

107 BVerfG, Urt. v. 25.06.1968, BVerfGE 24, 33 (49); Beschl. v. 27.07.1971, BVerfGE 31, 364 (367 f.).

108 Dreier/Schulze-Fielitz, Art. 19 IV Rn. 34; Hesse, Rn. 337; Jarass in Jarass/Pieroth, Art. 19 Rn. 25; Klein Franz in Schmidt-Bleibtreu/Klein, Art. 19 Rn. 26; Klein Friedrich, VVDStRL 8 (1950), S. 67 (107); Maunz/Zippelius, § 13 III 7; Pieroth/Schlink, Rn. 1010; Schlaich, Rn. 194.

109 Vgl. Nachweise in Fn. 107.

gelt sei. Demgegenüber müsse außer acht bleiben, daß Art. 19 IV GG dem Schutz der Rechte des Einzelnen zu dienen bestimmt sei. Zudem habe eine Entscheidung über Normen zwangsläufig allgemeinverbindliche Wirkung. Art. 19 IV GG könne jedoch nicht entnommen werden, daß dem Einzelnen das Recht eingeräumt sei, aus Anlaß einer Verletzung seiner Rechte eine allgemeinverbindliche Entscheidung des Gerichts über die Gültigkeit eines Gesetzes herbeizuführen.
Ob Art. 19 IV GG auch Rechtsschutz gegen untergesetzliche Rechtsvorschriften gewährleistet, hat das Bundesverfassungsgericht ausdrücklich offengelassen[110]. Als Begründung hierfür führte es an, daß Art. 19 IV GG nicht einen *bestimmten* Rechtsweg gewährleiste, sondern dem Bürger nur garantiere, daß die ihn beeinträchtigenden hoheitlichen Maßnahmen in irgendeinem gerichtlichen Verfahren überprüft werden können. Dies ergebe sich auch aus der Verweisung des Art. 19 IV S. 2 GG auf den ordentlichen Rechtsweg.

## 2. Kritik

Die Ansicht des Bundesverfassungsgerichts ist auf erhebliche Kritik gestoßen. Das Bundesverwaltungsgericht[111] und ein Teil der Literatur[112] sind der Ansicht, daß untergesetzliche Normen in den Schutzbereich des Art. 19 IV GG einzubeziehen sind. In zunehmendem Maße wird in der Rechtswissenschaft auch die Auffassung vertreten, daß selbst die formelle Gesetzgebung als Ausübung öffentlicher Gewalt i.S.d. Art. 19 IV GG anzusehen sei[113].
Der Rechtsprechung des Bundesverfassungsgerichts steht eine Vielzahl von Einwänden gegenüber.
Schon die Entstehungsgeschichte des Art. 19 IV GG[114] kann die Ansicht des Bundesverfassungsgerichts nicht stützen. Die genaue Bedeutung des Begriffs

---

[110] BVerfG, Beschl. v. 27.07.1971, BVerfGE 31, 364 (368).

[111] BVerwG, Urt. v. 03.11.1988, BVerwGE 80, 355 (361); BVerwG, Urt. v. 07.09.1989, NVwZ 1990, S. 162 (163).

[112] Dreier/Schulze-Fielitz, Art. 19 IV Rn. 39; Jarass in Jarass/Pieroth, Art. 19 Rn. 24; Maunz/Zippelius, § 13 III 7; Pieroth/Schlink, Rn. 1011.

[113] Bachof, AöR 86 (1961), S. 186 (187); Bartlsperger, DVBl. 1967, S. 360 (368); Bettermann, AöR 86 (1961), S. 129 (152 ff.); ders., AöR 96 (1971), S. 528 (529 ff.); Chung, S. 266 ff.; Huber in v.Mangoldt/Klein/Starck, Art. 19 Rn. 440; Krebs in v.Münch/Kunig, Art. 19 Rn. 56; Kuffer, S. 3 ff.; Lorenz, S. 153 ff. bzw. S. 162 ff.; Mayer, FS für Heydte, S. 1067 (1073 ff.); Maurer, FS für Kern, S. 275 (279 ff.); Obermayer, DVBl. 1965, S. 625 (626 ff.); Papier in HbdStR VI, § 154 Rn. 28 bzw. Rn. 34; Renck, JuS 1966, S. 273 (274); Sachs/Krüger, Art. 19 IV Rn. 120 bzw. Rn. 123; Schenke, Rechtsschutz, S. 28 ff.; ders. in BK, Art.19 IV Rn. 249; ders., 50 Jahre Grundgesetz, S. 157 ff.; Schmidt-Aßmann in Maunz/Dürig, Art. 19 IV Rn. 70 ff. bzw. Rn. 93 ff.; Stern, FS für Schäfer, S. 59 (61 ff.).

[114] Vgl. v.Doemmling/Füsslein/Matz, JöR 1 n.F. (1951), S. 183 ff.

„öffentliche Gewalt" war im Parlamentarischen Rat nie Gegenstand der Beratung. Vielmehr ist anzunehmen, daß durch Art. 19 IV GG, mit dem das Grundgesetz weit über die Rechtsweggarantie der Weimarer Verfassung und den damaligen Rechtsschutz hinausging[115], gerade mit der vorhandenen deutschen Tradition gebrochen werden sollte[116]. Die Verfassungsrechtslage in der Bundesrepublik Deutschland hat hinsichtlich des Rechtsschutzes gegen Gesetze durch die Einführung des Grundgesetzes eine wesentliche Änderung erfahren[117]. In der konstitutionellen Monarchie konnte sich das Problem eines Rechtsschutzes gegen Normen gar nicht stellen, da die h.M. einen Vorrang der Verfassung gegenüber einfachen Gesetzen ablehnte[118] und subjektive, vor der Gesetzgebung schützende Grundrechte nicht existierten. Hüter der Verfassung waren die Parlamente, nicht die Gerichte. Wenn die verfassungsrechtliche Entwicklung somit auf eine Einbeziehung von formellen Gesetzen hindeutet, muß dies erst recht für Normen der Verwaltung gelten.

Zu kritisieren ist auch das Argument, Art. 93 I Nr. 2 GG sei zu Art. 19 IV GG lex specialis. So ist zum einen die unterschiedliche Zwecksetzung zu beachten[119]. Während Art. 93 I Nr. 2 GG seinem Wesen nach ein objektives Beanstandungsverfahren darstellt, geht es bei Art 19 IV GG um die Verletzung subjektiver Rechte des Klägers. Weiterhin unterscheiden sich Art. 93 I Nr. 2 GG und Art. 19 IV GG auch hinsichtlich ihres Regelungsbereiches[120]. Art. 93 I Nr. 2 GG betrifft den Fall, daß sich bestimmte, enumerativ aufgezählte Verfassungsorgane und Organteile wegen Meinungsverschiedenheiten oder Zweifeln an das Bundesverfassungsgericht wenden, behandelt also einen Streit innerhalb der Staatsgewalt. Art. 19 IV GG dagegen regelt das Verhältnis des Bürgers, also des Gewaltunterworfenen, zur Staatsgewalt. Die beiden Verfassungsbestimmungen liegen somit auf verschiedenen Ebenen[121], was die Annahme eines lex specialis/lex generalis-Verhältnisses ausschließt[122]. Art. 93 I Nr. 2 GG kann somit den Anwendungsbereich von Art. 19 IV GG nicht einschränken[123].

115 Bettermann, AöR 96 (1971), S. 528 (529).

116 Kritisch gegenüber dem historischen Argument auch Lorenz, S. 163 ff.

117 Vgl. hierzu Schenke, Rechtsschutz, S. 105 ff.

118 Dies änderte sich erst mit der berühmten Entscheidung des Reichsgerichts, Urt. v. 04.11.1925, RGZ 111, 320 (322 f.).

119 Bettermann, AöR 86 (1961), S. 129 (155); Chung, S. 268; Kuffer, S. 8; Schenke, Rechtsschutz, S. 95.

120 Kuffer, S. 8.

121 Bettermann, AöR 86 (1961), S. 129 (155).

122 Bachof, AöR 86 (1961), S. 186 (188); Kuffer, S. 10 f.

123 Ähnliches gilt für das Verhältnis von Art. 100 I GG zu Art. 19 IV GG. Art. 100 I GG monopolisiert lediglich die Verwerfungsbefugnis innerhalb eines anhängigen Verfahrens; über das Recht des Normbetroffenen auf Eröffnung eines Rechtsschutzverfahrens ist ihm nichts zu entnehmen; ebenso: Bachof, AöR 86 (1961), S. 186 (187 f.); Büsser, S. 18 f.; Chung, S. 268 f., v. Engelhardt, S. 129; Kuffer, S. 10 f.; Schenke, Rechtsschutz, S. 97.

Auch die Bedenken des Bundesverfassungsgerichts unter dem Gesichtspunkt der inter-omnes-Wirkung einer Normenkontrollentscheidung greifen nicht durch. Die Frage, ob eine Normenkontrollentscheidung zwangsläufig eine allgemeinverbindliche Entscheidung zur Folge haben muß, braucht hier nicht beantwortet werden[124]. Eröffnet nämlich der Gesetzgeber - wie er es in § 47 VwGO (vgl. § 47 V S. 2 HS. 2) und mit der Rechtssatzverfassungsbeschwerde (vgl. §§ 93 III, 95 III S. 1 BVerfGG) getan hat - als Rechtsschutz gegen Rechtsverletzungen durch Normen ein Verfahren, das eine Entscheidung mit inter-omnes-Wirkung ermöglicht, so kann dies nicht als Argument dafür dienen, daß der Rechtschutz gegen Normen aus der Garantie des Art. 19 IV GG ausgenommen sei[125]. Das Verfahren wird damit nicht für den Individualrechtsschutz ungeeignet. Dies widerlegt § 47 VwGO, indem er auch dann die Nichtigerklärung mit einer allgemeinverbindlichen Wirkung ausstattet, wenn der Normenkontrollantrag von einem nach § 47 II 1 VwGO antragsberechtigten Bürger gestellt wurde[126] und das Verfahren somit dem individuellen Rechtsschutz dient[127].
Nicht überzeugen kann schließlich ein Einwand gegen die Erstreckung der Rechtsschutzgarantie des Art. 19 IV GG auf Rechtssetzungsakte, der sich in der älteren Rechtsprechung des Bundesverwaltungsgerichtes findet[128]. Das Bundesverwaltungsgericht argumentiert, Art. 19 IV GG gewährleiste Rechtsschutz nur im Rahmen der geltenden Prozeßordnungen. Sei ein unmittelbarer Rechtsschutz gegen Normen in den einfachgesetzlichen Rechtsvorschriften nicht vorgesehen, müsse sich der Betroffene mit der Anfechtung des Vollzugsakts zufrieden geben. Damit wird zum einen die Frage, *ob* Rechtsschutz zu gewähren ist, unzulässig mit der Frage vermischt, *wie* der Rechtsschutz gewährt werden kann[129]. Zum anderen stellt die Auffassung des Bundesverwaltungsgerichts, Art. 19 IV GG gewährleiste den Rechtsweg nur nach Maßgabe der Prozeßordnungen, das Rangverhältnis von Prozeßordnung und Verfassung auf den Kopf[130]. Als Verfassungsnorm hat Art. 19 IV GG Vorrang gegenüber den Prozeßordnungen. Es ist gerade Sinn und Zweck des Art. 19 IV GG, eventuelle Rechtsschutzlücken

124 Siehe dazu unten D IV 1 a (1).

125 Vgl. auch Bettermann, AöR 96 (1971), S. 528 (531); eine andere Frage ist es, ob der Bürger aus Art. 19 IV GG einen Anspruch auf Allgemeinverbindlichkeit der Entscheidung hat (vgl. dazu unten II).

126 Vgl. dazu Bettermann, AöR 96 (1971), S. 528 (531); Kuffer, S. 12.

127 Kopp, VwGO, § 47 Rn. 3 m.w.N.

128 Beschl. v. 27.11.1964, DÖV 1965, S. 169; in seiner jüngeren Rechtsprechung (vgl. Fn. 111) vertritt das Bundesverwaltungsgericht jedoch die Ansicht, daß nur formelle Gesetze nicht vom Schutzbereich des Art. 19 IV GG umfaßt sind.

129 Kuffer, S. 13.

130 Kuffer, S. 91.

zu verhindern[131]. Die Verweisung in Art. 19 IV S. 2 GG bestätigt diese Auslegung und kann nicht dazu dienen, eine Restriktion des Art. 19 IV GG zu rechtfertigen. Die h.M.[132] weist der subsidiären Auffangzuständigkeit des Satz 2 nur geringe Bedeutung zu, da zunächst Satz 1 in dem Sinne auszulegen sei, daß vorhandene Rechtsschutzlücken durch Erweiterung und Ergänzung des sachnächsten Rechtswegs zu schließen seien. Es ist zutreffend, daß für die Überprüfung von Normen der Rechtsweg zu den Verwaltungs- oder Verfassungsgerichten näherliegt als der ordentliche Rechtsweg[133]. Da sich - wie zu sehen sein wird[134] - vor diesen Gerichten auch durchaus Rechtsschutzmöglichkeiten ergeben, kann mit den gegenwärtig bestehenden Prozeßordnungen die Einschränkung des Art. 19 IV GG nicht gerechtfertigt werden.

Versucht man eine positive Bestimmung des Begriffs „öffentliche Gewalt" in Art. 19 IV GG, so gelangt man auch zu dem Ergebnis, daß die Normgebung umfaßt sein soll[135]. Die h.M. in der rechtswissenschaftlichen Diskussion verwendet den Begriff der „öffentlichen Gewalt" üblicherweise, um spezifisch staatliches Handeln von der Tätigkeit des Staates abzugrenzen, bei der er wie eine Privatperson am allgemeinen Rechts- und Wirtschaftsverkehr teilnimmt, unterscheidet also nicht danach, in welcher öffentlichrechtlichen Form der Staat tätig geworden ist[136]. Auch eine systematisch-teleologische Betrachtung legt eine generelle Einbeziehung von Normen in den Schutzbereich des Art. 19 IV GG nahe[137]. Dafür spricht bereits die formale Stellung des Art. 19 IV GG im ersten Abschnitt des Grundgesetzes im unmittelbaren Anschluß an die materiellen Grundrechte, deren Schutz es verfahrensmäßig absichern soll[138]. Da die

---

131 Maurer, FS für Kern, S. 275 (277); Renck, JuS 1966, S. 273 (275).

132 Krebs in v.Münch/Kunig, Art. 19 Rn. 67; Schmidt-Aßmann in Maunz-Dürig, Art. 19 IV Rn. 294.

133 Zu den „wenig zweckmäßig" erscheinenden Konsequenzen einer Verweisung auf den ordentlichen Rechtsweg vgl. Schenke, Rechtsschutz, S. 100 ff.

134 Vgl. unten D IV.

135 Am Rande bemerkt sei hier, daß mit dem Begriff „öffentliche Gewalt" nur die dahinter stehenden natürlichen Personen, welche die öffentliche Gewalt ausüben, gemeint sein können, da die öffentliche Gewalt kein handlungsfähiges Rechtssubjekt darstellt. Friedrich Klein (VVDStRL 8 (1950), S. 67, 104) führt dies zu dem Schluß, der Begriff sei „gedanklich-logisch verfehlt und sprachlich mißglückt", was jedoch die Anforderungen an die begriffliche Genauigkeit überspannt.

136 Eingehend hierzu Schenke, Rechtsschutz, S. 29 ff.

137 Schenke in BK, Rn. 253 ff.

138 Die Stellung des Art. 19 IV GG geht zurück auf eine Initiative des Mitglieds des Parlamentarischen Rats Süsterhenn, der empfahl, die Rechtsschutzgarantie an den Schluß des Grundrechtskatalogs zu setzen, „um das Verfahren zu kennzeichen, wodurch die materiellen Grundrechte verfahrensmäßig gesichert sind" (v.Doemmling/Füsslein/Matz, JöR 1 n.F. (1951), S. 185).

Grundrechte gemäß Art. 1 III GG auch vor der Gesetzgebung schützen, muß konsequenterweise Art. 19 IV GG auch die Gesetzgebung erfassen[139].
Die Einbeziehung der untergesetzlichen Normgebung in den Garantiebereich des Art. 19 IV GG ist deswegen erst recht zu fordern, da gerade bei der Normsetzung durch die Verwaltung ein Bedürfnis nach Rechtsschutz besteht. Dies resultiert zum einen aus dem fundamentalen, wesensmäßigen Unterschied zwischen der Normsetzung durch den parlamentarischen Gesetzgeber und derjenigen durch die Verwaltung. Während die formellen Gesetze ein langwieriges, durch die Verfassung genau vorgegebenes Gesetzgebungsverfahren durchlaufen, gibt es derartige zwingende Verfahrensgarantien bei lediglich materiellen Gesetzen nicht[140]. Satzungen und Verordnungen, die in sehr kurzer Zeit beschlossen werden können, sind daher naturgemäß nicht so ausgereift wie eine vom Bundes- oder Landesparlament erlassene Norm, was die Wahrscheinlichkeit von Rechtsverletzungen erhöht. Normen, die keines Vollzugsakts mehr bedürfen, betreffen den Bürger dabei unmittelbar in seiner Rechtsstellung. Das Bedürfnis für gerichtlichen Rechtsschutz gegen derartige Normen besteht in gleicher Weise wie bei Verwaltungsakten.
Schließlich ist auch festzustellen, daß die Verwaltung, bedingt durch ein Anwachsen der sozialstaatlichen Aufgaben, zunehmend von der Möglichkeit Gebrauch macht, ihre Angelegenheiten durch Satzungen und Verordnungen zu regeln[141]. Würde man nun Normen von der Rechtsschutzgarantie des Art. 19 IV GG ausnehmen, könnte dies einen Anreiz für die Verwaltung darstellen, auf die Regelungstechnik „Norm“ auszuweichen, um so der (unmittelbaren) gerichtlichen Nachprüfung zu entgehen. Die Rechtsschutzgarantie liefe damit Gefahr, ausgehöhlt zu werden. Auch dieser Aspekt legt die Einbeziehung von Normen

139 Hinsichtlich formeller Gesetze stützt auch die Verwendung des Begriffs „öffentliche Gewalt“ durch den Gesetzgeber diese Interpretation. Anhaltspunkte finden sich insbesondere in den Vorschriften über die Verfassungsbeschwerde. Gemäß Art. 93 I Nr. 4 a GG bzw. § 90 I BVerfGG kann der Bürger bei Grundrechtsverletzungen durch die „öffentliche Gewalt“ Verfassungsbeschwerde erheben. Nach ständiger Rechtsprechung des Bundesverfassungsgerichts (vgl. BVerfG, Beschl.v. 14.05.1985, BVerfGE 70, 35, 49) und einhelliger Meinung in der Literatur (Benda/Klein, Rn. 420 ff.; Pestalozza, Verfassungsprozeßrecht, § 12 Rn. 25; Schlaich, Rn. 205; Schmidt-Bleibtreu in M/S/K/U, § 90 Rn. 68) wird davon auch die Gesetzgebung umfaßt. Da Art. 93 I Nr. 4 a GG und Art. 19 IV GG von ihrer Regelungsmaterie her in engem Zusammenhang stehen und von einem einheitlichen Sprachgebrauch des Verfassungsgesetzgebers auszugehen ist, beinhaltet Art. 93 I Nr. 4 a GG daher ein deutliches Indiz für die Einbeziehung von Gesetzen in die Rechtsschutzgarantie (Schenke in BK, Rn. 251). Wenn nur Exekutivakte zur öffentlichen Gewalt rechnen sollen, ist nicht einzusehen, weshalb der Verfassungsgeber die viel umfassendere Bezeichnung „öffentliche Gewalt“ gewählt hat und nicht den engeren Terminus „Akte der vollziehenden Gewalt“ (Büsser, S. 19; zum Wortlautverständnis i.E. ebenso Schmidt-Aßmann in Maunz/Dürig, Art. 19 IV Rn. 93).

140 Besler, S. 49 f.

141 Vgl. dazu oben A III 1.

in die Rechtsschutzgarantie des Art. 19 IV GG nahe[142].

Festzuhalten ist damit, daß die Normsetzung von Legislative und Exekutive, insbesondere also auch die Verordnungsgebung des Bundes, von der Rechtsschutzgarantie des Art. 19 IV GG umfaßt ist.

## II. Erfordert Art. 19 IV GG als Rechtsschutz gegen Normen eine allgemein verbindliche Nichtigerklärung?

Es stellt sich nun die Frage, welche Form des Rechtsschutzes von Art. 19 IV GG gefordert ist. Zur Art und Weise des Rechtsschutzes enthält Art. 19 IV GG keine Aussage. Vielmehr ist die Ausgestaltung des Rechtswegs mit Ausnahme der im Grundgesetz selbst geregelten Verfahren dem einfachen Prozeßrecht überlassen[143].
Eine wichtige Weichenstellung besteht in der Frage, ob effektiven Rechtsschutz nur eine prinzipale Normenkontrolle gewährleistet, d.h. ein Verfahren, das die Rechtswirksamkeit der Norm unmittelbar zum Gegenstand hat und zu einem allgemein verbindlichen Ungültigkeitsurteil bzw. Unvereinbarkeitsurteil gelangt[144], oder ob auch ein inzidentes Kontrollverfahren genügt, das die Norm nur als Vorfrage überprüft und nur ein Urteil inter partes zur Folge hat.

### 1. Regelfall

Die herrschende Meinung in Rechtsprechung[145] und Literatur[146] ist der Ansicht,

---

142 Ebenso Frenz, BayVBl. 1993, S. 483 (484).

143 Krebs in v.Münch/Kunig, Art. 19 Rn. 63; Frenz, BayVBl. 1993, S. 483 (485).

144 Zur Frage, ob eine prinzipale Normenkontrolle zwangsläufig ein allgemeinverbindliches Urteil zur Folge haben muß, vgl. unten D IV 1 a (1).

145 BVerwG, Beschl. v. 27.11.1964, DÖV 1965, S. 169; Beschl. v. 02.09.1983, BVerwGE 68, 12 (14); Beschl. v. 17.02.1984, BVerwGE 69, 30 (33); OVG Bremen, Beschl. v. 09.01.1970, NJW 1970, S. 877 (879).

146 Bettermann, AöR 86 (1961), S. 129 (169); Eyermann/Schmidt, § 47 Rn. 6; Huber in v.Mangoldt/Klein/Starck, Art. 19 Rn. 473; Kopp, VwGO, § 47 Rn. 8; Kuffer, S. 100; Maurer, FS für Kern, S. 275 (310); Papier, FS für Menger, S. 517 (518); ders. in HbdStR VI, § 154 Rn. 28; Sachs/Krüger, Art. 19 Rn. 124; Schnapp, S. 209 f.; Schoch/Gerhardt, § 47 Rn. 10; Schoch/Pietzcker, Vorb. § 42 Abs.1 Rn. 25; Redeker/v.Oertzen, § 47 Rn. 3; Renck, BayVBl. 1979, S. 262 (265); ders., DÖV 1996, S. 409 (412); Wilken, DVBl. 1969, S. 532 (536); ders., Diss., S. 104; Ziekow in NK, § 47 Rn. 23; im Grundsatz auch Schenke (Rechtsschutz, S. 145 ff.; JuS 1981, S. 81, 84 f.; in BK, Art. 19 IV Rn. 270 ff.; Verwaltungsprozeßrecht, Rn.1064) mit Ausnahmen für bestimmte Fallgestaltungen (vgl. unten II 2); ähnlich, jedoch im einzelnen sehr vage Schmidt-Aßmann (in Maunz/Dürig; Art. 19 Rn. 74 f.), wonach bei einigen, von ihm aber nicht näher bestimmten administra-

daß Art. 19 IV GG keinen Rechtsschutz durch prinzipale Normenkontrollverfahren erfordert. Dieser Ansicht ist im Grundsatz beizupflichten.
Das wesentliche Argument besteht darin, daß der Bürger nur die Beseitigung der individuellen Rechtsverletzung verlangen kann, die sich aus der rechtswidrigen Norm gerade für ihn ergeben. Ein über die Unanwendbarkeit der Norm im konkreten Einzelfall hinausgehendes, allgemein verbindliches Ungültigkeitsurteil ist nur dann erforderlich, wenn ohne einen derartig umfassenden Ausspruch der individuellen Rechtsverletzung nicht wirksam abgeholfen werden könnte. Dies ist in der Regel[147] jedoch nicht der Fall. Art. 19 IV GG garantiert lediglich, daß die beeinträchtigende hoheitliche Maßnahme in *irgendeinem* gerichtlichen Verfahren überprüft werden kann[148]. Mit der Bereitstellung des § 47 VwGO ist der Gesetzgeber über den verfassungsrechtlich geforderten Rahmen hinausgegangen[149]. Sowohl dem materiellen Recht, das einen Anspruch auf Beseitigung der Beeinträchtigung gewährt, als auch dem Postulat der Effektivität des Rechtsschutzes wird durch ein die Norm nur inzident überprüfendes Urteil in der Regel Genüge getan[150]. Hierin zeigt sich ein wesentlicher Unterschied zu einer Rechtsverletzung durch einen rechtswidrigen Verwaltungsakt. Die Tatbestandswirkung, die dem Verwaltungsakt auch im Falle seiner Rechtswidrigkeit grundsätzlich zukommt, macht eine prinzipale Entscheidung über die Rechtmäßigkeit - regelmäßig in Form einer Anfechtungsklage - zur Sicherung des Rechtsschutzes erforderlich. Bei Normen hingegen folgt aus der Rechtswidrigkeit regelmäßig[151] ihre Nichtigkeit[152], sodaß auch eine inzidente Feststellung der Rechtswidrigkeit wirksamen Rechtsschutz gewährleistet. Eine allgemein verbindliche Nichtigkeitserklärung reicht somit in ihrer Wirkung regelmäßig über den erforderlichen Individualrechtsschutz hinaus.
Wie zu sehen sein wird[153], kann der erforderliche inzidente Rechtsschutz auch

---

tiven Normen „eine breitere Fassung der Urteilswirkungen geboten [sei], die in Richtung auf eine inter-omnes-Wirkung gehen kann" (Maunz/Dürig, Art. 19 IV Rn. 75).

147 Zu möglichen Ausnahmen vgl. unten 2.

148 BVerfG, Beschl. v. 27.07.1971, BVerfGE 31, 364 (368).

149 Schoch/Gerhardt, § 47 Rn. 11 (unter Hinweis darauf, daß der Gesetzgeber bei Schaffung des § 47 VwGO primär Zweckmäßigkeitserwägungen im Blick hatte). Diese Aussage gilt aufgrund der Möglichkeit inzidenten Rechtsschutzes grundsätzlich auch bei unmittelbar wirkenden untergesetzlichen Rechtsnormen.

150 Schenke, JuS 1981, S. 81 (84); zu den Möglichkeiten des inzidenten Rechtsschutzes vgl. D IV.

151 Nur bei bestimmten formellen Fehlern ist dies ausnahmsweise nicht der Fall; vgl. dazu oben Fn. 94.

152 Daß im Verfahren der prinzipalen Normenkontrolle den Gerichten in speziellen Fallkonstellationen erlaubt ist, von der Regelfolge der Nichtigerklärung abzuweichen, ist nur für die Frage von Bedeutung, ob dem Ausspruch des Gerichts lediglich deklaratorische oder auch konstitutive Wirkung zukommt (vgl. dazu unten 2 d (1)).

153 Vgl. unten D IV 2.

im Wege einer allgemeinen Feststellungsklage gemäß § 43 I VwGO erfolgen. Die Vertreter der Gegenansicht[154] lehnen diese Möglichkeit entweder aus unzureichenden Gründen ab oder setzen sich damit im Hinblick auf eine ihrer Ansicht nach verfassungsrechtlich gebotene Auslegung des § 47 VwGO nicht auseinander. Ihre Argumentation ist daher bei der Diskussion möglicher Rechtsschutzformen zu behandeln[155].

## 2. Ausnahmen

In bestimmten Fallkonstellationen kann eine inzidente Normenkontrolle jedoch den Anforderungen des Art. 19 IV GG nicht genügen. Besonders Schenke hat sich mit dieser Thematik auseinandergesetzt und die im Folgenden erörterten Fallgruppen eingeführt[156]. Bei der hier erfolgenden Prüfung dieser Fallgruppen werden dabei auch Normen der formellen Gesetzgebung miteinbezogen, da es sich um eine grundsätzliche Frage handelt, welche die formelle wie materielle Normgebung in gleicher Weise betrifft.

### a) „Janusköpfige“ Normen

Einen weiten Normenkomplex stellen die „januskopfigen“ bzw. „ambivalenten“ Normen dar, bei denen die intendierte Regelungswirkung untrennbar mit einer Regelung gegenüber einem anderen, im vorhinein nicht feststehenden Personenkreis verbunden ist[157]. Im Bereich der Verwaltungsakte läßt sich diese Fallgruppe mit den Verwaltungsakten mit Doppelwirkung vergleichen[158].

---

154 Bartelsperger, DVBl. 1967, S. 360 (372); v. Engelhardt, S. 176 ff.; Frenz, BayVBl. 1993, S. 483 (490); Mayer, FS für Heydte, S. 1067 (1075 u. 1078); Obermayer, HS Speyer, S. 142 ff.(157); ders., DVBl. 1965, S. 625 (632); Stern, FS für Schäfer, S. 59 (69); Umbach, DVBl. 1971, S. 741 (743).

155 Vgl. unten D IV.

156 Rechtsschutz, S. 147 ff.; JuS 1981, S. 81, 84 f.; in BK, Art. 19 IV Rn. 271; Verwaltungsprozeßrecht, Rn. 1065 ff.; problematisiert wird dies auch von Schmidt-Aßmann (in Maunz/Dürig, Art. 19 IV Rn. 75), ohne dabei jedoch konkret auf mögliche Ausnahmekonstellationen einzugehen.

157 Schenke JuS 1981, S. 84; vgl. auch ders., Rechtsschutz, S. 154 ff.; ders. in BK, Art. 19 IV Rn. 271.

158 In dem Effekt, daß die Drittwirkung der Norm i.d.R. nicht eingrenzbar ist, zeigt sich ein wesentliches Charakteristikum von Normen: Im Gegensatz zu Verwaltungsakten erfassen sie eine Vielzahl von Sachverhalten und betreffen - sei es direkt oder durch Drittwirkung - eine i.d.R. nicht bestimmbare Zahl von Personen. Verwaltungsakte dagegen zielen entweder auf die Regelung eines Einzelfalls (§ 35 S. 1 VwVfG) oder sind im Fall der Allgemeinverfügung nach § 35 S. 2 Alt. 1 VwVfG durch die Beschränkung auf einen zumindest bestimmbaren Personenkreis oder eine bestimmte öffentliche Sache in ihrer Wirkung limitiert. Die Allgemeinverfügungen nach § 35 S. 2 Alt. 2 u. 3 VwVfG betreffen einen Spezialfall.

Eine generell bei diesen Normen zu beachtende Problematik bildet die Abgrenzung von möglichen subjektiven Rechtspositionen Dritter zu bloßen Rechtsreflexen. Nicht jedes Interesse oder jede Betroffenheit des Bürgers hat die Qualität der Beschwer eines subjektiven Rechts. Es muß sich vielmehr um ein auch rechtlich geschütztes Interesse handeln. Reflexwirkungen als bloßer „Widerschein" einer Rechtsnorm fallen ebensowenig darunter wie bloße Chancen, (Un)annehmlichkeiten oder lediglich wirtschaftliche bzw. politische Interessen, soweit sie sich nicht oder noch nicht zu echten schutzwürdigen Vermögensdispositionen verdichtet haben[159].
Als Hauptabgrenzungskriterium fungiert der Schutzzweck der Norm: Entscheidend ist, ob der in Frage stehende Rechtssatz nicht nur die Interessen der Allgemeinheit, sondern - zumindest auch - den Individualinteressen des Klägers zu dienen bestimmt ist (sog. Schutznormtheorie)[160]. Dies ist nur bei Rechtsnormen der Fall, aus deren Tatbestandsmerkmalen sich ein Personenkreis bestimmen läßt, der sich von der Allgemeinheit unterscheidet[161]. Ein Rechtsreflex beruht auf Normen, „die ausschließlich dem öffentlichen Interesse dienen und lediglich rein tatsächlich in der Nebenwirkung auch dem Individualinteresse zugute kommen, ohne daß die jeweilige Norm in ihrer Zwecksetzung diese Nebenwirkung umfaßt"[162]. Ein (Abwehr-)Anspruch des Bürgers besteht folglich dann, wenn die den Bürger begünstigende oder belastende Folge von der Norm bezweckt ist; ist die Folge dagegen nur zufällig, liegt lediglich ein Rechtsreflex vor, der keine Berechtigung des Bürgers auslöst[163].
Zu unterscheiden ist dabei nach dem Adressaten der Norm[164]. Wird durch die Norm ein Hoheitssubjekt verpflichtet, so kommt es darauf an, ob die Norm lediglich der Herstellung eines objektiven Rechtszustandes dient oder ob durch sie auch Bürger berechtigt sein sollen. Ist die Norm dagegen an bestimmte Bürger gerichtet, so geht es um die Frage, inwieweit sich von diesem Verwaltungsrechtsverhältnis betroffene Dritte an dem Schutz der Verwaltungs-

---

159 Vgl. BVerfG, Beschl. v. 09.01.1991, BVerfGE 83, 182 (194); Eyermann/Happ, § 42 Rn. 85; Hufen, § 14 Rn. 82 ff.

160 BVerfG, Beschl. v. 17.12.1969, BVerfGE 27, 297 (307); BVerwG, Urt. v. 15.11.1985, BVerwGE 72, 226 (229 f.); Urt. v. 26.02.1993, NJW 1993, S. 2065 (2066); BayVGH, Urt. v. 14.12.1989, BayVBl. 1990, S. 719 (720); Eyermann/Happ, § 42 Rn. 86; Hufen, § 14 Rn. 96; Schmitt Glaeser, Rn. 158; Kopp, VwGO, § 42 Rn. 48 m.w.N.

161 BVerwG, Urt. 16.09.1993, BVerwGE 94, 151 (158); Beschl. v. 19.01.1996, NJW 1996, S. 1297.

162 OVG Münster, Urt. v. 11.08.1964, MDR 1965, S. 162. Um bloße Tatsachenreflexe handelt es sich, wenn die günstige Tatsache nicht rechtlich fixiert ist (z.B. die Aussicht von einem Wohnhaus oder der Standort eines Betriebes); diese können erst recht keinen subjektiven Anspruch des Bürgers begründen (Wolff/Bachof/Stober, § 43 Rn. 11).

163 Achternberg, § 20 Rn. 71; Wolff/Bachof/Stober, § 43 Rn. 9.

164 Vgl. dazu Wolff/Bachof/Stober, § 43 Rn. 8 ff.

rechtsnorm beteiligen können (sog. Drittbeteiligungsfälle)[165]. Die Schutznormtheorie wird hier zur Drittschutznormtheorie erweitert. Drittschutz ist dann zu bejahen, wenn die im Streit stehende Norm mindestens auch dazu bestimmt ist, den Interessen bestimmter Dritter zu dienen und wenn die Dritten dem begünstigten Personenkreis angehören[166].

Dieser Aspekt ist bei der Beurteilung des Rechtsschutzes gegen „janusköpfige" Normen mitzuberücksichtigen. Die Frage, welche Form des Rechtsschutzes von Art. 19 IV GG gefordert wird, kann nicht von der Frage getrennt werden, ob der Bürger sich überhaupt auf eine schutzwürdige Rechtsposition berufen kann. Auch Art. 19 IV GG setzt subjektive, d.h. rechtlich geschützte Rechte des Bürgers voraus („in seinen Rechten verletzt")[167]. Nur wenn auch unter diesem Gesichtspunkt ein Bedürfnis für eine allgemeinverbindliche Nichtigerklärung besteht, läßt sich eine prinzipale Normenkontrolle mit dem Postulat des effektiven Rechtsschutzes rechtfertigen. Mit in Betracht zu ziehen ist dabei, daß zwar die schutzwürdige Rechtsposition des Klägers zunächst aus der Norm selbst heraus zu ermitteln ist, daß sich die Klagebefugnis aber darüber hinaus auch unmittelbar aus den Grundrechten ergeben kann. Notwendig ist jedoch eine extreme Belastung, die sich für den Kläger als unzumutbar darstellt. Die Rechtsprechung hat hierzu die Formel herausgebildet, daß die Klagebefugnis in bestimmten verwaltungsrechtlichen Konstellationen dann auf verfassungsrechtliche Rechte gestützt werden kann, wenn die Behörde schutzwürdige Interessen des Klägers willkürlich außer acht gelassen hat oder eine schwere und unerträgliche Beeinträchtigung vorliegt[168].

Keine Lösung des Problems bei ambivalenten Normen ergibt sich aus einer möglichen einfachen Beiladung gemäß § 65 I VwGO. Zwar wäre ein schutzwürdiges Interesse[169] des Dritten unter den genannten Voraussetzungen in bezug auf die Entscheidung des Gerichts zu bejahen. Die durch die Beiladung herbeigeführte erweiterte Rechtskraftwirkung (§ 121 Nr. 1 VwGO) ist im Fall einer Inzidentkontrolle für den Dritten jedoch ohne Vorteil, da nur der Tenor des Urteils in Rechtskraft erwächst und dieser gerade nicht die Unwirksamkeit der Norm umfaßt[170]. Eine Feststellungsklage mit dem Klageantrag, die Unwirk-

165 Typische Fallkonstellationen mit Drittbezug sind die subjektiven Berechtigungen von Nachbarn im Bau-, Gewerbe-, Straßen- und Immissionsschutzrecht bzw. von Konkurrenten bezüglich der Vergabe von Subventionen, Aufträgen oder beruflicher Positionen.

166 Wolff/Bachof/Stober, § 43 Rn. 18.

167 Art. 19 IV GG selbst vermag nicht, eine schutzwürdige Rechtsposition zu begründen (BVerfG, Beschl. v. 09.01.1991, BVerfGE 83, 182, 194; Jarass in Jarass/Pieroth, Art. 19 Rn. 23).

168 Vgl. Nachweise bei Kopp, VwGO, § 42 Rn. 62 u. Rn. 65.

169 Vgl. zum Begriff des schutzwürdigen Interesses Kopp, VwGO, § 47 Rn. 9 ff. m.w.N.

170 Der Vorschlag von Schmidt-Aßmann (in Maunz/Dürig, Art.19 IV Rn. 75), auf die Feststellungsklage mit Beiladung (§ 65 VwGO) und entsprechend erweiterter Rechtskraft (§ 121 VwGO) zurückzugreifen, setzt daher die Zulässigkeit der prinzipalen Kontrolle

samkeit der Norm festzustellen, ist unzulässig[171].

*(1) Klage des Dritten*

Die Rechtsschutzsituation ist aus Sicht des klagenden Dritten und aus Sicht des betroffenen Adressaten unterschiedlich zu beurteilen. Zudem ist es von Bedeutung, ob der Adressat durch die Regelung belastet wird oder eine Begünstigung erfährt.

(a) Belastung des Adressaten

Eine erste Fallgruppe bildet die Konstellation, daß die Regelung für den unmittelbaren Adressaten der Norm eine rechtliche *Belastung* darstellt, zu der die Belastung einer anderen Personengruppe unter einem anderen rechtlichen Gesichtspunkt dazutritt.

Schenke[172] führt hierzu folgende Beispiele an: ein Gesetz zur Vorverlegung der Ladenschlußzeiten, das nicht nur die Ladeninhaber als Adressaten unmittelbar belastet, sondern auch die Verbraucher; ferner ein Gesetz, das den Verkauf und/oder die Verwendung eines Baustoffs untersagt und damit auch den Hersteller dieses Baustoffs betrifft; schließlich die gemeindliche Satzung, die einen Anschluß- und Benutzungszwang für die gemeindliche Wasserversorgung vorschreibt und neben den Gemeindeeinwohnern ohne eigene Quelle auch den privaten Unternehmer, der bisher die Wasserversorgung sichergestellt hatte, belastet.

Zutreffend sind diese Beispiele insoweit, als in diesen Fällen den Drittbetroffenen tatsächlich nur durch eine allgemeinverbindliche generelle Beseitigung der Norm effektiver Rechtsschutz gewährt werden könnte. So würde es dem Unternehmer im Fall der gemeindlichen Satzung über die Wasserversorgung wenig helfen, wenn zwar festgestellt würde, daß für ihn die Satzung nicht gilt, da sie ihn in seinen Rechten verletzt, die Bürger jedoch als potentielle Abnehmer weiterhin an den Anschluß- und Benutzungszwang gebunden wären. Gleiches gilt für den Hersteller des Baustoffes. Auch das Beispiel des Ladenschlußgesetzes macht die unzureichende Wirkung einer nur inter partes erfolgenden Entscheidung deutlich: Dem Verbraucher ist nur dann geholfen, wenn die Geschäftsinhaber als Adressaten der Norm von deren einschränkender Wirkung befreit werden; eine Feststellung, daß das Gesetz lediglich ihm gegenüber unwirksam ist, wäre für ihn völlig nutzlos.

All diese Fälle müssen jedoch auch unter dem einschränkenden Maßstab der Schutznormtheorie betrachtet werden. Die belastende Wirkung erweist sich dabei wohl in jedem der genannten Fälle als bloßer Reflex. Das Ladenschluß-

mittels einer Feststellungsklage voraus.

171 Vgl. unten D IV.

172 Rechtsschutz, S. 154 ff.; Verwaltungsprozeßrecht, Rn. 1078.

gesetz richtet sich an den Händler, nicht die Kunden. Diese haben sich lediglich mit der Tatsache abzufinden, daß die Läden geschlossen sind[173]. Wenn bereits im Falle einer Ausnahmebewilligung hinsichtlich der Ladenschlußzeiten für einen Konkurrenten ein subjektives Recht des benachteiligten Ladeninhabers verneint wird[174], so kann erst recht die nicht eingrenzbare Gruppe der Verbraucher keinen dem Schutzzweck des Ladenschlußgesetzes unterfallenden Personenkreis darstellen[175]. Eine derartig weit gefaßte Klagebefugnis liefe faktisch auf eine Popularklage hinaus[176], die ja gerade durch das Erfordernis der Geltendmachung der Verletzung eigener subjektiver Rechte verhindert werden soll. Auch der Baustoffhersteller oder Wasserversorgungsunternehmer gehören wohl nicht zu der Personengruppe, welcher die zur Überprüfung stehenden Normen eine schutzwürdige Rechtsposition einräumen wollen. In beiden Fällen handelt es sich um rein tatsächliche Nebenwirkungen. Die gemeindliche Satzung zum Anschluß- und Benutzungszwang dient schon deswegen primär öffentlichen Interessen, da sie nur unter der Voraussetzung eines öffentlichen Bedürfnisses rechtmäßig ist[177]. Auch das Verbot des Verkaufs und/oder der Verwendung eines Baustoffs hat lediglich den Schutz des Bürgers als Intention; eine Belastung des Herstellers ist nicht gewollt, wenn sie auch vom Normgeber in Kauf genommen wird.

Berücksichtigt man also die durch den Schutzzweck gezogenen Grenzen, relativiert sich die Bedeutung der Drittwirkung derartiger Normen, da dem klagenden Dritten regelmäßig bereits eine klagefähige Rechtsposition fehlt.

(b) Begünstigung des Adressaten

Eine andere Fallgruppe stellen solche Normen dar, bei denen die *Begünstigung* des Normadressaten mit einer rechtlichen Belastung von Dritten verbunden ist. Hierher gehört der Bereich der Subventionsnormen, die durch einseitige Begünstigung von bestimmten Unternehmen möglicherweise den Konkurrenten in seinen Grundrechten (insbesondere den sog. Wirtschaftsgrundrechten Art. 2 I, 12 I und 14 GG) verletzen. Weiteres Beispiel wäre ein Steuergesetz, das nur die Spenden an bestimmte politische Parteien für abzugsfähig erklärt.

Auch hier hilft dem klagenden Dritten nur ein Urteil, das die Norm inter omnes für nichtig erklärt. Nur durch die Beseitigung der Subventionsnorm - sofern die Rechtsverletzung nicht durch eine Ausdehnung des Kreises der Begünstigten

173 Siemer, FS für Menger, S. 505.

174 BVerwG, Urt. v. 23.03.1982, NJW 1982, S. 2513 (2515).

175 Anders jedoch BVerfG, Urt. v. 29.11.1961, BVerfGE 13, 230 (232 f.); wie hier Siemer, FS für Menger, S. 505; kritisch auch Warmke, Diss., S. 254.

176 Diese Gefahr sieht auch Siemer, FS für Menger, S. 505.

177 Vgl. Seewald in Steiner, Rn. 170 mit Nachweisen zur Gesetzeslage in den einzelnen Bundesländern.

geheilt werden kann - läßt sich ein wirksamer Schutz des benachteiligten Unternehmers realisieren[178]. Dies gilt sowohl unter dem materiell-rechtlichen Gesichtspunkt als auch dem Postulat der Effektivität des Schutzes. Auch im Fall des Steuergesetzes ist der klagenden benachteiligten Partei nur gedient, falls eine inter omnes wirkende Entscheidung zur Rechtmäßigkeit des Steuergesetzes ergeht.

Zugleich ist aber auch in diesen Fällen die aufgrund des Schutzzwecks der Norm bedingte Einschränkung der Rechtsposition des Dritten zu berücksichtigen. Für den Bereich der Konkurrentenklage ist in die Überlegungen einzubeziehen, daß die Benachteiligung des Konkurrenten durch die begünstigende Norm regelmäßig einen bloßen Rechtsreflex darstellt, so daß eine klagefähige Rechtsposition des Dritten primär unmittelbar aus dem Verfassungsrecht hergeleitet werden muß. Eine Rechtsverletzung wird von der h.M. dabei erst dann bejaht, wenn die Wettbewerbsfreiheit in unerträglichem Maß eingeschränkt und der Kläger unzumutbar geschädigt wird[179]. Anders ist dies im Fall der durch das Steuergesetz benachteiligten Partei, die vom Schutzbereich der Regelung erfaßt ist, so daß sie nicht nur eine Reflexwirkung der Norm trifft[180]: Zweck und Hauptwirkung der Anerkennung der steuerlichen Abzugsfähigkeit von Spenden liegen in dem Anreiz, den Parteien Beiträge zu spenden, die zu einem erheblichen Teil durch Steuerermäßigung vom Fiskus getragen werden[181]. Dieser Schutzzweck ist jedoch maßgeblich von der Stellung und Bedeutung der Parteien bestimmt, so daß die Regelung der steuerlichen Abzugsfähigkeit innerhalb der Fallgruppe der begünstigenden Normen eine Ausnahme darstellt und keine Rückschlüsse hinsichtlich des Drittbezugs derartiger Normen zuläßt. Vielmehr ist davon auszugehen, daß auch in dieser Fallgruppe der Kreis derjenigen, die als Dritte von „janusköpfigen" Normen in rechtlich relevanter Weise betroffen werden, durch das Kriterium des Schutzzwecks der Norm erheblich eingeschränkt ist. Nur in extremen Fällen wird die Klagebefugnis zu bejahen sein.

*(2) Klage des Adressaten*

Die Situation ist nun aus Sicht des klagenden Adressaten zu beurteilen.

---

178 Derartige Fallkonstellationen können auch bei vollziehbaren Normen eine prinzipale Normenkontrolle notwendig machen (vgl. Schenke, JuS 1981, S. 81, 85): Dem benachteiligten Unternehmer ist die Erhebung von Anfechtungsklagen gegen die Subventionsbescheide seiner Konkurrenten nicht zumutbar, da es sich u.U. um Hunderte von Klagen handeln kann und er häufig gar nicht weiß, wer begünstigt wurde. Effektiver Rechtsschutz bietet hier nur eine allgemein verbindliche Nichtigerklärung der den Bescheiden zugrundeliegenden Subventionsnorm.

179 Kopp, VwGO, § 42 Rn. 65 a, m.w.N.

180 BVerfG, Beschl. v. 21.02.1957, BVerfGE 6, 273 (278); Beschl. v. 21.06.1988, BVerfGE 78, 350 (354).

181 BVerfG, Beschl. v. 21.02.1957, BVerfGE 6, 273 (278).

(a) Belastung des Adressaten

Zunächst zur Fallgruppe, in der die Norm eine Belastung des Adressaten enthält:

Auch hier ist unter dem Aspekt des Art. 19 IV GG nur eine Belastung in dem Sinne relevant, daß der Kläger daraus eine Klagebefugnis herleiten kann. Die Betroffenheit muß daher eine gewisse Intensität besitzen, was z.B. bei dem Bauunternehmer, dem die Verwendung eines bestimmten Baustoffs verboten wird, in der Regel abzulehnen sein wird. Überschreitet die rechtliche Belastung diese Zulässigkeitsschwelle, ist für die Bestimmung der Klageart vom materiellen Recht auszugehen, wonach das Rechtsschutzverfahren geeignet sein muß, die aus der rechtswidrigen Norm dem Adressaten erwachsenden beeinträchtigenden Impulse zu beseitigen. Unter diesem Aspekt gewährt eine inzidente Kontrolle dem von der Satzung über die Wasserversorgung betroffenen Bürger, der vom Anschluß- und Benutzungszwang befreit wird, ebenso ausreichenden Rechtsschutz wie dem Geschäftsinhaber, der seinen Laden nicht vorzeitig schließen muß, oder auch dem Bauunternehmer, der durch die Zulassung der Verwendung des Baustoffs existenzgefährdende Nachteile abwenden kann. Jedoch könnte man an der Effektivität einer Inzidentkontrolle deshalb zweifeln, weil zwar für den Einzelnen die aktuelle Belastung entfällt, dieser Effekt aber aufgrund der Weiterwirkung der Norm bei den anderen Adressaten oder den betroffenen Dritten faktisch ausgelöscht werden kann. So nützt dem Bürger das erstrittene Urteil gegen den Anschluß- und Benutzungszwang wenig, wenn er feststellen muß, daß der private Wasserversorgungsunternehmer aufgrund der gemeindlichen Satzung gezwungen war, seinen Betrieb ganz oder hinsichtlich bestimmter Versorgungsgebiete einzustellen. Ganz ähnlich verhält es sich mit dem Verwender des Baustoffs, der feststellen muß, daß dieses Material aufgrund des - lediglich ihm gegenüber unwirksamen - Gesetzes nicht mehr im Handel angeboten wird. Auch für den Ladeninhaber, der auf Laufkundschaft angewiesen ist, werden die gerichtlich erstrittenen Ladenöffnungszeiten in der Regel nur dann von Vorteil sein, wenn für die Kunden ein genügend großer Kaufanreiz gegeben ist, was voraussetzt, daß auch andere Geschäfte von den Öffnungszeiten Gebrauch machen können.

Damit ist die Frage aufgeworfen, welche Anforderungen an die Effektivität des Rechtsschutzes gestellt werden können. Kann der Belastete nur die Beseitigung der unmittelbaren Rechtsimpulse verlangen oder hat das Gericht bei der Zulässigkeit der Klage auch mittelbare Auswirkungen zu berücksichtigen? Inwieweit hat das Gericht sicherzustellen, daß der zuerkannte Rechtsanspruch nicht nur formal eine Beseitigung der Belastung bedeutet, sondern auch tatsächlich zu verwirklichen ist? Die Grenze wird dahingehend zu ziehen sein, daß es darauf ankommt, ob sich die für den Kläger negative Folge zwangsläufig aus dem Ausspruch des Gerichts ergibt oder ob noch andere Faktoren hinzutreten müssen,

insbesondere ob dem Kläger noch Gestaltungsmöglichkeiten verbleiben[182]. So wird im Fall des Ladenschlußgesetzes durch ein nur inter partes wirkendes Urteil den Anforderungen eines effektiven Rechtsschutzes genügt, da dem Ladeninhaber noch viele Möglichkeiten zur Verfügung stehen, auf die lediglich ihm zustehenden Öffnungszeiten aufmerksam zu machen und so Kunden für sich zu gewinnen. Im Falle des Anschluß- und Benutzungszwangs kommt es darauf an, ob dem davon befreiten Bürger aufgrund der Satzung tatsächlich die Chance genommen wurde, sich anderweitig zu versorgen. Für den Bauunternehmer schließlich, der den Baustoff mangels Verfügbarkeit nicht verwenden kann, wird effektiver Rechtsschutz nur durch eine prinzipale Kontrolle gewährleistet. Wird die Verwendung eines Materials gesetzlich verboten, ist es zwar nur eine mittelbare, aber zwangsläufige, absolut vorhersehbare Folge, daß die Hersteller dieses Material vom Markt nehmen. Nur bei einer Nichtigerklärung des Gesetzes, die eben auch den Herstellern des Baustoffs zugute kommt, ist der durch das Urteil gewonnene Rechtsschutz auch effektiv.
Dem Kläger kann auch nicht zugemutet werden, auf die Wirkung des die Norm inzident verwerfenden Urteils insofern zu vertrauen, als der Normgeber daraufhin reagieren und die Norm von sich aus korrigieren werde. Dies wird bereits bei Feststellungsurteilen abgelehnt, die den Anspruch des Bürgers in ihrer Tenorierung beinhalten[183]. Eine Feststellungsklage, die auf Feststellung des bestehenden Anspruchs gerichtet ist, ist im Regelfall nicht vollstreckbar und bietet daher keinen ausreichenden Rechtsschutz. Zwar wird der betroffene Träger öffentlicher Gewalt regelmäßig das Urteil respektieren. Dem Bürger muß jedoch ein Verfahrensinstrument zur Verfügung stehen, den Anspruch auch zwangsweise durchzusetzen. Eine lediglich in den Urteilsgründen ausgesprochene Nichtigkeit der Norm kann den Rechtsschutz daher erst recht nicht garantieren.

(b) Begünstigung des Adressaten

Hinsichtlich der zweiten Fallgruppe stellt sich das Problem einer Klage des Normadressaten nicht, da dieser durch die Norm begünstigt wird und somit keine Beschwer vorliegt.

Auch für die Fallgruppe der Klage des Normadressaten ist daher festzuhalten, daß die inter-partes-Wirkung einer inzidenten Kontrolle regelmäßig genügt, es jedoch durchaus Konstellationen gibt, in denen effektiver Rechtsschutz nur mittels einer prinzipalen Kontrolle gewährleistet werden kann.

---

182 Auf das Kriterium der Zwangsläufigkeit stellt auch BVerfG, Urt. v. 29.11.1961, BVerfGE 13, 320 (323 f.) ab.

183 Schenke in BK, Art. 19 IV Rn. 161 f.

### b) Plannormen

Eine weitere Fallgruppe[184] stellen als Normen gestaltete Pläne dar. Die darin getroffenen Regelungen sind stark voneinander abhängig und aufeinander abgestimmt. Sie bilden i.d.R. eine Gesamtkonzeption, die das isolierte Herausgreifen einzelner Regelungen oder Regelungselemente oft nicht möglich macht, ohne dadurch den Plan in seiner Gesamtheit in Frage zu stellen. Eine partielle Veränderung durch ein gerichtliches Urteil kann das Plangleichgewicht gefährden oder zerstören. Bei Plannormen sind die Rechtspositionen der Betroffenen insgesamt noch enger verwoben als dies bei „janusköpfigen" Normen der Fall ist.
Der konzeptionelle Charakter einer Plannorm wird vom Gesetzgeber in den verschiedenen Verfahren der Planaufstellung berücksichtigt. So bestehen für die Betroffenen im Stadium der Planentstehung umfangreiche Beteiligungsmöglichkeiten, in denen Bedenken und Anregungen vorgebracht werden können; damit korrespondiert die Pflicht der Verwaltung, die von der Planung betroffenen Bürger über den Plan und seine Auswirkungen zu unterrichten und ihnen Gelegenheit zur Äußerung und Erörterung zu geben[185]. Da die Bürger in den Prozeß der Planentstehung miteingebunden sind und ihre rechtlichen Positionen bereits in diesem Stadium abgewogen und in die Planung eingestellt werden, sind nach Fristablauf vorgebrachte Einwendungen regelmäßig materiell präkludiert[186], d.h. sie können auch in einem später angestrengten gerichtlichen Verfahren nicht mehr vorgebracht werden. Diese Einschränkung des repressiven Rechtsschutzes soll durch die während des Entscheidungsvorgangs erfolgte Öffentlichkeitsbeteiligung ausgeglichen werden[187].
Sind nun die Angriffsmöglichkeiten des Einzelnen durch die Ausgestaltung des Planverfahrens hinsichtlich einzelner Auswirkungen und Rechtsverletzungen deutlich eingeschränkt, so kommt der prinzipalen Kontrolle umso größere Bedeutung zu[188]. Für wichtige Fälle der Raumplanung, nämlich den Bebauungsplan und einige weitere planähnliche städtebauliche Satzungen, hat dies der Gesetzgeber erkannt und die Probleme insoweit entschärft, als er in § 47 I Nr. 1

---

[184] Schenke, Rechtsschutz, S. 156 f.; ders. in BK, Art. 19 IV Rn. 271; Schmidt-Aßmann (in Maunz/Dürig, Art. 19 IV Rn. 75) ist der Ansicht, daß bei „einigen Gruppen administrativer Normen" eine Isolierung des einzelnen Anwendungsfalls nicht möglich sei, ohne aber auf diese Normen näher einzugehen.

[185] Zu den Verfahrensvorschriften vgl. für das Planfeststellungsverfahren § 73 VwVfG bzw. die Regelungen in den jeweiligen Landesverfahrensgesetzen; teilweise auf dieses verweisend § 9 b AtG, § 31 WHG, § 17 FStrG; ähnlich für das Verfahren der Bauleitpläne § 3 BauGB.

[186] Vgl. § 74 IV 3, 4 VwVfG; § 9 b AtG i.V.m. § 74 IV 3, 4 VwVfG; § 31 WHG i.V.m. § 74 IV 3, 4 VwVfG; § 17 IV FStrG.

[187] Wolfrum, DÖV 1981, S. 607 (610).

[188] Z.T. wird kritisiert, daß durch das Planverfahren „vollendete Tatsachen" geschaffen würden, was unter Rechtsschutzgesichtspunkten bedenklich sei (vgl. Blümel, FS für Forsthoff, S. 133, 137 ff.; Gerontas, DÖV 1982, S. 440, 445).

VwGO verbindlich die verwaltungsgerichtliche Normenkontrolle vorgeschrieben hat[189]. Die Notwendigkeit einer inter-omnes-Entscheidung ergibt sich dabei aus der komplexen, eine Vielzahl von Interessen harmonisierenden Struktur eines Plans. Dementsprechend kann auch die Feststellung der Teilnichtigkeit eines Plans nur unter engen Voraussetzungen geltend gemacht werden[190]. Ein individuelles, gegen Einzelregelungen einer Plannorm gerichtetes Rechtsschutzverfahren gewährt nicht den gleichen Schutz wie eine allgemeinverbindliche Nichtigerklärung. Die Annahme, daß sich das Urteil als „unumgänglicher Zwangspunkt" für eine Umgestaltung der Gesamtregelung auswirke[191], ist viel zu unsicher, um einen Art. 19 IV GG genügenden Rechtsschutz gewährleisten zu können.
Der Bereich der Plannormen, der zudem immer mehr an Bedeutung gewinnt[192], bildet somit wohl den wichtigsten Bereich, in dem nur mittels einer prinzipalen Kontrolle der Rechtsschutz des Einzelnen gewährleistet werden kann[193].

### c) Sonstige Normen mit sozialem Gesamtzusammenhang

Bei dem Bereich der Plannormen handelt es sich um einen Unterfall von Normen, „bei denen die Belastung in einem sozialem Gesamtzusammenhang steht, von dem sie nicht isoliert werden kann"[194]. Eine derartig enge Verbindung mit Rechtspositionen Dritter findet sich aber noch in weiteren Fällen. Beispiele hierfür sind vor allem Organisationsnormen zur Neugliederung einer rechtlichen Gesamtheit, wie z.B. bei Hochschulreformen oder zur Neuordnung von Mitgliedschaftszugehörigkeiten zu einer Ortskrankenkasse[195]. Der von der Umstrukturierung betroffene Rechtsträger (Hochschule bzw. Krankenkasse) wird regelmäßig nicht die Verletzung eigener Rechte geltend machen können. Eine von den betroffenen Dritten (Hochschullehrer bzw. Mitglieder) angestrengte Klage in Form einer inzidenten Normenkontrolle genügt diesen jedoch nicht. Sie kann den Adressaten nicht von den Pflichten befreien, die gegenüber den Dritten aufgrund der durch die Norm geschaffenen Rechtsbeziehungen bestehen[196]. Rechtsschutz ist daher nur mittels einer Klage möglich, die ein allge-

---

189 Vgl. Schmidt-Aßmann in Maunz/Dürig, Art. 19 IV Rn. 75.

190 Die Feststellung der Teilnichtigkeit einer Bebauungsplans ist z.B. nur möglich, wenn der rechtmäßige Teil auch ohne den nichtigen Teil sinnvoll ist und darüberhinaus anzunehmen ist, daß der Bebauungsplan von der Gemeinde auch ohne den nichtigen Teil erlassen worden wäre (Steiner, Baurecht, Nr. 338; vgl. BVerwG, Beschl. v. 18.07.1989, NVwZ 1990, S. 157).

191 So Siemer, FS für Menger, S. 501 (504).

192 Schenke, Rechtsschutz, S. 56.

193 Ebenso Schmidt-Aßmann in Maunz/Dürig, Art. 19 IV Rn. 75.

194 Schenke, Rechtsschutz, S. 156; ders. in BK, Art. 19 IV Rn. 271; vgl. auch Lorenz, S. 144.

195 Schnapp, VSSR 1974, S. 191 ff.; Warmke, Diss., S. 251 f.

196 So zum Rechtsschutz der Ortskrankenkassen Schnapp, VSSR 1974, S. 191 (207); im Er-

meinverbindliches Urteil zur Folge hat.
Weiteres Beispiel für diese Gruppe von Normen ist eine rechtswidrige Wahlregelung, die fällige Wahlen hinausschiebt oder gar völlig beseitigt[197]. Wirksamen Rechtsschutz kann hier nur eine Regelung gegenüber der Gesamtheit der Wahlberechtigten gewähren. Notwendig ist daher eine allgemeinverbindliche Nichtigerklärung des Gesetzes, mit einer nur inter partes wirkenden Feststellung der Rechtswidrigkeit ist dem klagenden Bürger nicht geholfen.
Auch in derartigen, eher jedoch seltenen Fallkonstellationen läßt sich ein effektiver Rechtsschutz somit nur mittels einer prinzipalen Normenkontrolle erreichen.

### d) Rechtswidrige, aber rechtswirksame Normen

Nach Schenke[198] ist eine prinzipale Kontrolle auch dann unumgänglich, wenn die Norm trotz ihrer Rechtswidrigkeit ausnahmsweise rechtswirksam ist.

#### *(1) Unvereinbarkeiterklärung auch im verwaltungsgerichtlichen Normenkontrollverfahren*

Im Bereich der Verfassungsgerichtsbarkeit ist die Möglichkeit, auch andere Sachentscheidungen als die Nichtigkeit der Norm auszusprechen, verfassungsrechtlich nicht zu beanstanden. Das BVerfGG legt zwar für die Verfahren der abstrakten (§ 78 S. 1 BVerfGG) und konkreten (§ 82 I i.V.m. § 78 BVerfGG) Normenkontrolle und der Rechtssatzverfassungsbeschwerde (§ 95 III S. 1, 3 BVerfGG) die Nichtigerklärung als Regelfolge fest. Die Nichtigkeitserklärung bei Verfassungswidrigkeit beruht aber weder auf einer ausdrücklichen Anordnung des Grundgesetzes noch folgt sie zwingend aus der Unvereinbarkeit der Norm mit höherrangigem Recht[199]. Die vom Bundesverfassungsgericht entwickelte Form der Unvereinbarkeiterklärung hat der Gesetzgeber nachträglich im 4. Änderungsgesetz zum BVerfGG von 1970 durch die Erwähnung in §§ 31 II, 79 I BVerfGG gebilligt[200]. Eine dogmatische Rechtfertigung für eine derartige Entscheidungsbefugnis des Bundesverfassungsgerichts ergibt sich auch aus der Verfahrensautonomie des Gerichts, die ihm aufgrund seiner Stellung als Verfassungsorgan zukommt[201], und dem gegenüber § 78 S. 1 BVerfGG höher-

---

gebnis ebenso die Verfassungsbeschwerden gegen Hochschulreformgesetze, vgl. z.B. BVerfG, Urt. v. 29.05.1973, BVerfGE 35, 79 (107 f.); Beschl. v. 26.06.1979, BVerfGE 51, 369 (376).

197 Bettermann, AöR 86 (1961), S. 129 (182); Schenke, Rechtsschutz, S. 156; ders. in BK, Art. 19 IV Rn. 271.

198 Schenke, Rechtsschutz, S. 158 f.; ders. in BK, Art. 19 IV Rn. 271.

199 Ulsamer in M/S/K/U, § 78 Rn. 12.

200 Benda/Klein, Rn. 1158; Pestalozza, Verfassungsprozeßrecht, § 8 Rn. 15; Schlaich, Rn. 362.

201 Benda/Klein, Rn. 1158.

rangigen Grundsatz der Gestaltungsfreiheit des Gesetzgebers, in den das Bundesverfassungsgericht sonst in manchen Fällen durch eine Nichtigerklärung eingreifen würde[202]. Das Bundesverfassungsgericht begnügt sich mit der Feststellung der Verfassungswidrigkeit und verzichtet auf die Nichtigerklärung der Norm hauptsächlich in den Fällen, in denen dem Gesetzgeber mehrere Möglichkeiten der Beseitigung der Verfassungswidrigkeit offenstehen. Dabei kann es sich sowohl um einen Verstoß gegen Art. 3 I GG als auch um die Verletzung eines Freiheitsrechts handeln[203].
Ob auch die Oberverwaltungsgerichte bzw. Verwaltungsgerichtshöfe von der durch § 47 VwGO gebotenen Nichtigerklärung abweichen können, ist bestritten. Die h.M.[204] hält die Rechtsprechung der Verfassungsgerichte[205] für analog anwendbar und sieht es als zulässig an, daß sich in besonders gelagerten Fällen die Entscheidung auf die Feststellung der Rechtswidrigkeit der angegriffenen Rechtsvorschrift oder eine Nichtigkeitserklärung erst mit Wirkung ab einem zukünftigen, vom Gericht in seiner Entscheidung zu bestimmenden Zeitpunkt beschränkt. Als Ausnahme von dem in § 47 VI VwGO genannten Grundsatz steht eine derartige Tenorierung aber unter der Voraussetzung, daß die Nichtigerklärung erhebliche, anders nicht zu vermeidende Störungen oder sonst nicht oder nur schwer wiedergutzumachende Schäden für das Gemeinwohl zur Folge hätte oder zwingenden Erfordernissen wirksamen Rechtsschutzes widersprechen würde[206]. Die Gegenansicht[207] argumentiert mit dem eindeutigen Wortlaut des § 47 VwGO (vgl. § 47 I VwGO: „das Gericht entscheidet über die Gültigkeit", bzw. § 47 V 2 HS. 1 VwGO: „so erklärt es sie für nichtig") und führt an, daß den Oberverwaltungsgerichten ein derartig freier Umgang mit dem Prozeßrecht verwehrt sei. Dem ist jedoch entgegenzusetzen, daß es sich bei derartigen

---

202 Ulsamer in M/S/K/U, § 78 Rn. 12; ein anderes, hier nicht lösbares Problem ist der Konflikt mit dem von der h.M. vertretenen Dogma der ipso-iure-Nichtigkeit rechtswidriger Normen, wonach die kollidierende niederrangige Vorschrift vom Zeitpunkt ihrer Kollision mit höherrangigem Recht an ohne weiteres, d.h. ohne daß es auf die Nichtigerklärung durch das Bundesverfassungsgericht ankäme, nichtig ist (vgl. Stuth in Umbach/Clemens, § 78 Rn. 4 ff.; Ulsamer, a.a.O., Rn. 14 ff.; beide m. w. N.).

203 Vgl. Steiner, FS für Leisner, S. 569 (570); vgl. dazu auch Benda/Klein, Rn. 1181 ff.

204 BVerwG, Urt. v. 14.07.1978, BVerwGE 56, 155 (161); VGH München, Urt. v. 30.03.1982, BayVBl. 1982, S. 726 (730); OVG Berlin, Urt. v. 22.04.1983, NVwZ 1983, S. 416 (418); OVG Lüneburg, Urt. v. 27.07.1983, NVwZ 1984, S. 595 (596); Kopp, VwGO, § 47 Rn. 64; Kopp/Schenke, § 47 Rn. 92; Schenk/Meyer-Ladewig, DVBl. 1976, S. 198 (209); Stüer, DVBl. 1985, S. 469 (479); Würtenberger, Verwaltungsgerichtsbarkeit, S. 203.

205 Vgl. BVerfG, Beschl. v. 01.03.1978, BVerfGE 48, 29 (37); Beschl. v. 20.10.1981, BVerfGE 58, 257 (280); Beschl. v. 18.06.1986, BVerfGE 73, 280 (297); Beschl. v. 25.03.1992, NJW 1992, S. 1875 (1876); BayVerfGH, Beschl. v. 01.08.1975, NJW 1975, S. 1733 (1739 f.).

206 Kopp/Schenke, § 47 Rn. 92; Würtenberger, Verwaltungsgerichtsbarkeit, S. 203.

207 Eyermann/Schmidt, § 47 Rn. 92; Hufen, § 38 Rn. 54; Redeker/v.Oertzen, § 47 Rn. 42.

Tenorierungen lediglich um ein Minus zur Nichtigkeitserklärung handelt und die Gerichte nur das „mildere Mittel“ wählen[208]. Da es durchaus Fälle geben kann, in denen auch die Nichtigkeit einer von § 47 VwGO erfaßten Vorschrift Auswirkungen auf die verfassungsrechtliche Ordnung oder nicht mehr gutzumachende Schäden für das Gemeinwohl zur Folge haben kann[209], machen die Oberverwaltungsgerichte in ihrer Beschränkung auf derartige Ausnahmefälle nur von dem dem Verfassungsrecht immanenten besonderen Gemeinwohlvorbehalt Gebrauch[210]. Indem die Oberverwaltungsgerichte auch nur die vorläufige weitere Anwendbarkeit und keine inhaltliche Veränderung der Norm bestimmen, setzen sie sich nicht an die Stelle des Normgebers. Da sie damit sehr ähnlichen, auf dem Grundsatz der Gewaltenteilung beruhenden Restriktionen unterworfen sind, ist die Verweisung auf die Praxis des Bundesverfassungsgerichts durchaus berechtigt. Die Frage der zulässigen Tenorierung stellt sich bei Verfahren vor dem Oberverwaltungsgericht in ganz ähnlicher Weise wie bei Verfahren vor dem Bundesverfassungsgericht. Die Vergleichbarkeit der Problematik wird auch verkannt bei dem Hinweis, eine Rechtsnorm könne nur rechtmäßig oder rechtswidrig sein[211]. Dies trifft genauso auf formelle Rechtsnormen zu und kann die Entscheidungsbefugnisse der Oberverwaltungsgerichte somit nicht einschränken.

*(2) Kein Bedürfnis einer derartigen Klage*

Eine Normenkontrolle sowohl vor den Verfassungsgerichten als auch den Oberverwaltungsgerichten bzw. Verwaltungsgerichtshöfen kann also die Situation herbeiführen, daß zwar die Rechtswidrigkeit einer Rechtsvorschrift feststeht, sie aber dennoch als gültig zu betrachten ist. Wird der Bürger nun während dieses vorübergehenden Zeitraums durch die Norm in seinen Rechten beeinträchtigt, kann nach Schenke[212] diese Beeinträchtigung nur durch eine prinzipale Kontrolle beseitigt werden. Eine inzidente Normenkontrolle scheide deswegen aus, weil das Gericht nur die Gültigkeit einer Rechtsnorm prüfe, mangels Entscheidungserheblichkeit jedoch nicht ihre Rechtswidrigkeit. Da eine prinzipale Klage auf Feststellung der Nichtigkeit der Norm nicht zulässig sei[213], bleibe nur die Korrektur der rechtswidrigen Norm über eine prinzipale Kontrolle.

Die Notwendigkeit einer derartigen Klagemöglichkeit ist jedoch äußerst fraglich. Damit würde eine zweite Normenkontrollklage hinsichtlich derselben

208 Würtenberger, Verwaltungsgerichtsbarkeit, S. 203.

209 Verneinend Schmidt (in Eyermann/Schmidt, § 47 Rn. 92), der den Hinweis auf das Bundesverfassungsgericht als „neben der Sache“ (Schmidt, a.a.O.) liegend betrachtet.

210 Kopp, VwGO, § 47 Rn. 64.

211 Hufen, § 38 Rn. 54.

212 Vgl. Fn. 198.

213 So die h.M., vgl. unten D IV.

Norm angestrengt, jedoch mit dem Ziel einer ex tunc wirkenden Nichtigkeit der Norm statt der vom „Erstgericht“ ausgesprochenen Übergangsregelung. Der Kläger erstrebt lediglich eine andere Beurteilung der Folgen einer ex tunc wirkenden Nichtigerklärung. Als „Zweitgericht“ kommen dabei nur das Landes- oder Bundesverfassungsgericht in Frage. Der Kläger müßte somit geltend machen, allein durch die Übergangsregelung in seinen Grundrechten nach der Landesverfassung bzw. dem Grundgesetz verletzt zu sein. Hinsichtlich einer sonstigen Rechtsverletzung mangelt es am Rechtschutzbedürfnis, da dem Kläger dahingehend bereits durch das „Erstgericht“ abgeholfen wurde. Ein derartiges Vorbringen, das auch die Schwelle der Klagebefugnis überwindet, ist nur schwer vorstellbar. Hinzukommt, daß ein derartiges „Zweit“-Urteil Gefahr läuft, von der Rechtsfolgenbestimmung des ersten Urteils überholt zu werden, da innerhalb einer vom Gericht bestimmten Frist die Nichtigkeit der Norm eintritt bzw. der Normgeber eine Neuregelung getroffen haben muß. Auch einstweiliger Rechtsschutz verspricht wenig Erfolg, da sich das „Zweit“-Gericht im Rahmen einer summarischen Prüfung kaum über das in einem Hauptsacheverfahren gewonnene Ergebnis des „Erst“-Gerichts hinwegsetzen wird. Das Erfordernis des Rechtsschutzes durch eine prinzipale Normenkontrolle erscheint daher in diesen Fällen eher theoretischer Natur.

## 3. Zusammenfassung

Zusammenfassend läßt sich daher feststellen, daß eine inzidente Kontrolle in den weitaus überwiegenden Fällen genügt. Auch gegenüber Normen stellt Art. 19 IV GG nur den Schutz vor individuellen Rechtsverletzungen sicher. Im Regelfall kann der einzelnen Rechtsverletzung durch ein Urteil begegnet werden, das die Norm nur im konkreten Einzelfall für unanwendbar erklärt. Eine genauere Untersuchung möglicher Ausnahmen führt zu dem Ergebnis, daß die Bedeutung derartiger Fallkonstellationen bei Berücksichtigung der häufig fehlenden Klagebefugnis, der bei Plannormen bestehenden Mitwirkungsmöglichkeiten und der Seltenheit bzw. geringen Rechtsschutzbedürfigkeit derartiger Klagesituationen als gering einzustufen ist[214]. Nichtsdestotrotz existieren jedoch - auch im Bereich der durch untergesetzliches Recht geregelten verwaltungsrechtlichen Beziehungen - derartige Fälle, in denen dem Rechtsschutzgebot des Art. 19 IV GG nur durch die allgemeinverbindiche Nichtigerklärung der Norm genügt werden kann.

Festzuhalten ist dabei aber auch, daß nur der Gesichtspunkt einer aus Art. 19 IV GG folgenden verfassungsrechtlichen Notwendigkeit beurteilt wurde, ob also Art. 19 IV GG ein solches Verfahren durchgängig gebiete. Aspekte wie Prozeßökonomie, Rechtsklarheit oder die Vermeidung voneinander abweichender

214 Auch Schenke räumt ein, daß Fälle, in denen Art. 19 IV GG eine prinzipale Normenkontrolle fordert, „doch relativ selten sein werden“ (Rechtsschutz, S. 311).

Urteile, die rechtspolitisch von erheblicher Bedeutung sind und auch zur Einführung des § 47 VwGO herangezogen wurden[215], können de lege ferenda maßgeblich sein. Zwingende Rückschlüsse für den Rechtsschutz gegen Normen lassen sich daraus nicht herleiten. Nicht alles, was rechtspolitisch wünschenswert erscheint, ist auch verfassungsrechtlich geboten[216].

## 4. Folgerungen aus der Notwendigkeit einer allgemein verbindlichen Nichtigerklärung

Da somit Fälle existieren, in denen aufgrund der grundgesetzlichen Gewährleistung eines effektiven Rechtsschutzes in Art. 19 IV GG eine prinzipale Kontrolle notwendig ist, stellt sich die Frage, ob das bestehende Rechtsschutzsystem ausreichenden Rechtsschutz zur Verfügung stellt.
Zu der Möglichkeit, im Bereich der verwaltungsrechtlichen Klagen über die Fälle des § 47 VwGO hinaus Klagen mit inter-omnes-Wirkung zu etablieren, ist auf Teil D III dieser Arbeit zu verweisen. Wie zu sehen sein wird, sind derartige Ansätze letztlich abzulehnen. Es bleibt als prinzipales Kontrollinstrument die Rechtssatzverfassungsbeschwerde gemäß Art. 93 I Nr. 4 a GG i.V.m. §§ 90 ff. BVerfGG. Sie bietet sich insbesondere an bei Rechtsverletzungen durch Verordnungen des Bundes[217]. Das Verhältnis der Verfassungsbeschwerde zur Rechtsweggarantie des Art. 19 IV GG ist jedoch problematisch und wird im Folgenden noch zu klären sein.

---

215 Vgl. Teil F II.

216 Schenke, Rechtsschutz, S. 160.

217 Schmidt-Aßmann in Maunz/Dürig, Art. 19 IV Rn. 75.

## III. Die Verfassungsbeschwerde und die Rechtsschutzgarantie des Art. 19 IV GG

Mit der Rechtssatzverfassungsbeschwerde gemäß Art. 93 I Nr. 4 a GG i.V.m. §§ 90 ff. BVerfGG steht ein prinzipales Kontrollverfahren bei Rechtsverletzungen durch Normen zur Verfügung. Generell sind bei Verfassungsbeschwerden jedoch einige Besonderheiten zu beachten, insbesondere die Beschränkung des Prüfungsmaßstabs auf die Verletzung sog. spezifischen Verfassungsrechts, die Zugangsschranken durch das Annahmeverfahren nach § 93 a ff. BVerfGG und speziell bei Rechtssatzverfassungsbeschwerden die Fristbestimmung des § 93 III BVerfGG. Angesichts dieser Einschränkungen erscheint es fraglich, ob durch die Rechtssatzverfassungsbeschwerde ein den Anforderungen des Art. 19 IV GG genügender Rechtsschutz gewährleistet werden kann.

### 1. Stellt die Verfassungsbeschwerde einen Rechtsweg i.S.d. Art. 19 IV GG dar?

Hierzu ist jedoch zunächst die Frage zu klären, ob die Verfassungsbeschwerde einen Rechtsweg i.S.d. Art. 19 IV GG darstellt.
Das Bundesverfassungsgericht[218] und ein Teil der Literatur[219] gehen davon aus, daß die Verfassungsbeschwerde keinen Rechtsweg i.S.d. Art. 19 IV GG darstellt, während ein anderer beachtlicher Teil der Literatur[220] dies bejaht. Zum Teil wird diese Frage auch unter dem Gesichtspunkt erörtert, ob auch Verfassungsgerichte Gerichte i.S.d. Art. 19 IV GG sind[221]. Eine derartige Herangehensweise ist insofern gerechtfertigt, als Art. 19 IV GG den subjektiven Rechtsschutz des Bürgers betrifft und die Verfassungsbeschwerde das einzige verfassungsgerichtliche Verfahren ist, das dem individuellen Rechtsschutz dient[222]. Die argumentative Vermengung dieser beiden Fragen - Verfassungs-

218 BVerfG, Urt. v. 13.06.1952, BVerfGE 1, 332 (344); Beschl. v. 28.02.1989, BVerfGE 79, 365 (367).

219 Benda/Klein Eckart, Rn. 319; Klein Friedrich, VVDStRL 8 (1950), S. 67 (93); Mayer, FS für Heydte, S. 1067 (1072); Pieroth in Jarass/Pieroth, Art. 93 Rn. 36; Schlaich, Rn. 188 ff.

220 Chung, S. 269; Huber in v.Mangoldt/Klein/Starck, Art. 19 Rn. 452; Krebs in v.Münch/Kunig, Art. 19 Rn. 63; Kuffer, S. 112 ff.; Lorenz, S. 167 u. S. 252; Schenke, Rechtsschutz, S. 297 ff.; ders., JuS 1981, S. 81 (87); ders. in BK, Art. 19 IV Rn. 42 ff.; ders., 50 Jahre Grundgesetz; Schmidt-Aßmann in Maunz/Dürig, Art. 19 Rn. 175.

221 Vgl. z.B. Schenke in BK, Art. 19 IV Rn. 42 ff.; Schmidt-Aßmann in Maunz/Dürig, Art. 19 Rn. 175.

222 Sieht man von der in Bayern bestehenden Möglichkeit der Popularklage (Art. 98 S. 4 BV) ab, die eine neben der Verfassungsbeschwerde (Art. 120 BV) bestehende indivi-

beschwerde als Rechtsweg einerseits und Verfassungsgerichte als Gerichte i.S.d. Art. 19 IV GG andererseits - führt jedoch weg von derjenigen Lösung, die zugleich den Einwänden des Bundesverfassungsgerichts gegen eine Einstufung als Rechtsweg i.S.d. Art. 19 IV GG und auch den Argumenten derjenigen Literaturmeinung, welche die Rechtswegeigenschaft bejaht, gerecht werden kann. Die hier vertretene These lautet, daß zwar die Verfassungsgerichte als Gerichte i.S.d. Art. 19 IV GG zu betrachten sind und die Rechtswegeröffnung des Art. 19 IV GG somit grundsätzlich auch den Weg zu den Verfassungsgerichten betrifft, die Verfassungsbeschwerde jedoch aufgrund ihrer wesensmäßigen Besonderheiten eine Ausnahmestellung einnimmt und daher keinen Rechtsweg i.S.d. Art. 19 IV GG darstellt.

### a) Die Sonderstellung der Verfassungsbeschwerde innerhalb des Rechtsschutzsystems

Irritieren mag an dieser Lösung die Tatsache, daß neben der Verfassungsbeschwerde keine Möglichkeit des individuellen Rechtsschutzes vor den Verfassungsgerichten besteht[223]. Trotzdem macht es Sinn, die Verfassungsbeschwerde hinsichtlich der Rechtswegeigenschaft von den sonstigen verfassungsgerichtlichen Verfahren abzukoppeln. Dieses Vorgehen rechtfertigt sich aus der besonderen Stellung der Verfassungsbeschwerde innerhalb des Rechtsschutzsystems. Diese Besonderheit zeigt sich in vielerlei Hinsicht. Ein erster Anhaltspunkt ergibt sich aus der Entstehungsgeschichte. So wurde die Verfassungsbeschwerde nicht in die ursprüngliche Fassung des Grundgesetzes aufgenommen[224], da man im Parlamentarischen Rat nicht wußte, wie man ihr Verhältnis zum übrigen Rechtsschutzsystem gestalten sollte und sich jedenfalls außerstande sah, die schwierige rechtliche Einordnung durch eine knappe Formulierung im Grundgesetz selbst auszudrücken[225]. Auch die Ausgestaltung der

---

duelle Rechtsschutzmöglichkeit darstellt, läßt sich diese Aussage auch auf die Ebene der Landesverfassungsgerichtsbarkeit übertragen.

223 Die Möglichkeit des subjektiven Rechtsschutzes vor den Landesverfassungsgerichten, i.d.R. in Form der Verfassungsbeschwerde, besteht für den Bürger auch nur in den Ländern Bayern (Art. 66, 120 BV und Art. 98 S. 4 BV), Berlin (Art. 72 II Nr. 4 BerlVerf), Brandenburg (Art. 6 XXIII, Art. 113 Nr. 4 BbgVerf), Hessen (Art. 131 I HessVerf), Mecklenburg-Vorpommern (Art. 54 Nr. 6, 7 Verf M-V), Saarland (Art. 97 Nr. 4 SVerf), Sachsen (Art. 81 I Nr. 4 SächsVerf), Sachsen-Anhalt (Art. 75 SachsAnhVerf) und Thüringen (Art. 80 I Nr. 1 ThürVerf).

224 Während das BVerfGG vom 12.03.1951 (BGBl. I S. 243) die Verfassungsbeschwerde bereits vorsah, erfolgte die verfassungsrechtliche Absicherung der Verfassungsbeschwerde erst durch das 19. Gesetz zur Änderung des Grundgesetzes vom 29.01.1969 (BGBl. I S. 97).

225 Vgl. Benda/Klein, Rn. 315; v.Doemmling/Füsslein/Matz, JöR 1 n.F. (1951), S. 671; Säcker, FS für Zeidler, S. 265 (272); Schlaich, Rn. 190; zur Problematik der Einordnung in das Rechtsschutzsystem vgl. auch E I 2 c.

Rechtswegeröffnung nach Art. 19 IV GG zeigt, daß sich die Verfassungsbeschwerde nur begrenzt mit dem übrigen Rechtsschutzsystem in Einklang bringen läßt[226]. Während Art. 19 IV GG den Rechtsweg in jedem Einzelfall individuell garantiert, bestehen für Verfassungsbeschwerden die grundgesetzlich legitimierten Einschränkungen der vorherigen Rechtswegerschöpfung und des besonderen Annahmeverfahrens (vgl. Art. 94 II GG). Auf der anderen Seite geht die Verfassungsbeschwerde auch über die Rechtsweggarantie des Art. 19 IV GG hinaus, indem sie auch einen Rechtsbehelf gegen höchstrichterliche und rechtskräftige Urteile begründet, was von der Garantie des Art. 19 IV GG nicht umfaßt ist[227].

Schließlich hat auch das Bundesverfassungsgericht in ständiger Rechtsprechung immer wieder betont, die Verfassungsbeschwerde stelle einen „außerordentlichen Rechtsbehelf" dar, der sich in seinem Wesen von den übrigen Rechtsbehelfen grundlegend unterscheide[228]. Über die gesetzliche Regelung hinaus hat das Bundesverfassungsgericht dabei in seiner Rechtsprechung weitere Besonderheiten für das Verfahren der Verfassungsbeschwerde entwickelt. Zum einen hat es auf der Basis der Regelung der Rechtswegerschöpfung den allgemeinen Grundsatz der Subsidiarität der Verfassungsbeschwerde herausgebildet[229], der die Zulässigkeit der Verfassungsbeschwerde in ganz spezifischer Weise beschränkt. Von emminenter Bedeutung ist zum anderen auch die Beschränkung des Prüfungsmaßstabs. Nach den in Art. 93 I Nr. 4 a GG, §§ 13 Nr. 8 a, 90 I BVerfGG getroffenen Regelungen kann der zu überprüfende Hoheitsakt nur auf die Verletzung von Grundrechten oder Rechten aus Art. 20 IV, 33, 38, 101, 103 oder 104 GG überprüft werden. Das Bundesverfassungsgericht hat den Prüfungsmaßstab zusätzlich darauf beschränkt, daß es die in Frage stehende Maßnahme nur auf die Verletzung von „spezifischem Verfassungsrecht"[230] überprüft. Die Formel der „spezifischen Verfassungsrechtsverletzung" ist auf erhebliche dogmatische Bedenken gestoßen[231] und läßt sich nur unter dem Gesichts-

---

226 Vgl. dazu Schlaich, Rn. 190.

227 Folgt man der Ansicht des Bundesverfassungsgerichts, wonach Art. 19 IV GG nicht den Rechtsschutz gegen den Gesetzgeber umfasse (vgl. oben I 1), ergibt sich als weitere Abweichung die durch die Verfassungsbeschwerde bestehende Möglichkeit der (unmittelbaren) Kontrolle von Gesetzen (vgl. Schlaich, Rn. 190).

228 BVerfG, Beschl. v. 19.12.1951, BVerfGE 1, 97 (103); Beschl. v. 26.06.1972, BVerfGE 33, 247 (258); Beschl. v. 10.10.1978, BVerfGE 49, 252, (258); Beschl. v. 08.03.1988, BVerfGE 78, 58 (68); Beschl. v. 22.01.1992, NJW 1992, S. 1030.

229 Vgl. dazu ausführlich unten E I.

230 Vgl. BVerfG, Beschl. v. 18.09.1952, BVerfGE 1, 418 (420).

231 Vgl. Pestalozza, § 12 Rn. 13; Schmidt-Bleibtreu in M/S/K/U, § 13 Rn. 103; Zuck, Verfassungsbeschwerde, Rn. 472 ff. Abgesehen davon ist der Begriff auch sprachlich mißglückt: Gemeint ist das Verfassungsrecht bzw. dessen Grundrechte im Gegensatz zum einfachen Gesetzesrecht oder sonstigem Recht und nicht ein spezifischer Teil oder ein spezifische Qualität innerhalb des Verfassungsrechts (vgl. Schlaich, Rn. 272). Es gibt

punkt einer sinnvollen Aufgabenverteilung zwischen den Gerichten unter Bewahrung der Funktionsfähigkeit des Bundesverfassungsgerichts rechtfertigen[232]. Sie muß in Zusammenhang mit der Rechtsprechung des Bundesverfassungsgerichts zur allgemeinen Handlungsfreiheit (Art. 2 I GG) gesehen werden: Jeder Gesetzesverstoß durch die öffentliche Gewalt stellt danach zumindest auch einen Eingriff in die durch Art. 2 I GG geschützte allgemeine Handlungsfreiheit dar[233], so daß jede Belastung des Bürgers auch einen Grundrechtseingriff bedeutet. Da dies jedoch das Bundesverfassungsgericht zum „Superrevisionsgericht“[234] machen würde, das die Urteile anderer Gerichte in vollem Umfang auf ihre Rechtmäßigkeit hin kontrolliert, prüft das Bundesverfassungsgericht nur, „ob die Gerichte bei der Auslegung und Anwendung des sogenannten einfachen Rechts Verfassungsrecht verletzt, insbesondere das Willkürverbot mißachtet haben“[235]. Die Überprüfung, ob Urteile nach dem einfachen Recht „richtig“ sind, sei und bleibe Aufgabe der Fachgerichte. Aufgrund dieser, auf das „spezifische Verfassungsrecht“ beschränkten Kontrolldichte des Bundesverfassungsgerichts können manche Beschwerdepunkte erfolgreich nur vor den Fachgerichten und nicht im Verfahren vor dem Bundesverfassungsgericht geltend gemacht werden. Auch beim Prüfungsmaßstab manifestiert sich somit ein wesensmäßiger Unterschied der Verfassungsbeschwerde zu sonstigen Rechtsbehelfen.

### b) Die Verfassungsgerichte als Gerichte i.S.d. Art. 19 IV GG

Das Bundesverfassungsgericht und die ihm zustimmenden Vertreter in der Literatur äußern sich nur im Hinblick auf die Rechtswegeigenschaft der Verfassungsbeschwerde. Da die Verfassungsbeschwerde das einzige Instrument des individuellen Rechtsschutzes darstellt, ist dies konsequent. Die Argumentation der gegenteiligen Ansicht, welche die Rechtswegeigenschaft bejaht, soll nun unter dem Gesichtspunkt der Sonderstellung der Verfassungsbeschwerde innerhalb des Rechtsschutzsystems untersucht werden.

Zum Teil betrifft sie nur allgemein den Rechtsweg zu den Verfassungsgerichten, ohne spezifisch auf die Verfassungsbeschwerde zutreffende Aussagen zu

---

kein spezifisches Verfassungsrecht, sondern nur Verfassungsrecht oder kein Verfassungsrecht. Der Begriff des „spezifischen Verfassungsrechts“ ist auch innerhalb des Bundesverfassungsgerichts umstritten (vgl. Schlaich, a.a.O. m.w.N.).

232 Dagegen steht schon die Grundrechtsbindung (Art. 1 III GG) der rechtsprechenden Gewalt. Die überwiegende Ansicht in der Literatur kommt daher auch zu dem Ergebnis, daß sich eine dogmatisch saubere und befriedigende Lösung nicht finden lasse (Benda/Klein, Rn. 591 m.w.N.).

233 So die mit dem Elfes-Urteil (Urt. v. 16.01.1957, BVerfGE 6, 32) begründete Rechtsprechung des Bundesverfassungsgerichts zu Art. 2 I GG.

234 Vgl. BVerfG, Urt. v. 15.01.1958, BVerfGE 7, 198 (207).

235 BVerfG, Beschl. v. 07.12.1982, BVerfGE 62, 338 (343).

enthalten. Diese Argumente für eine Einbeziehung des Rechtsschutzes durch die Verfassungsgerichte sind durchaus zutreffend und stützen insofern auch die o.g. These. So ist richtig, daß Art. 19 IV S. 1 GG nicht zwischen der Verwaltungs- und der Verfassungsgerichtsbarkeit unterscheidet. Der Ausschluß der Verfassungsgerichte basiert maßgeblich auf dem restriktiven Verständnis, wonach Art. 19 IV S. 1 GG nur Rechtsschutz gegen die Verwaltung garantiere und die Legislative vom Anwendungsbereich des Art. 19 IV S. 1 GG auszunehmen sei. Wie oben dargestellt[236], ist jedoch die gegenteilige, auch von der neueren Literatur vertretene Ansicht vorzugswürdig, so daß die Grundlage dieses restriktiven Verständnisses entfällt[237]. Geht man davon aus, daß auch der parlamentarische Gesetzgeber öffentliche Gewalt i.S.d. Art. 19 IV GG ausübt, so muß der Rechtsweg i.S.d. Art. 19 IV GG auch die Verfahren vor dem Bundesverfassungsgericht umfassen[238].
Als weiteres Argument für die Zugehörigkeit der Verfassungsbeschwerde zum Rechtswegsystem des Art. 19 IV GG wird die systematische Auslegung des Begriffs „Rechtsweg" angeführt[239]. Das Grundgesetz weise die gesamte Gerichtsbarkeit der rechtsprechenden Gewalt zu (Art. 92 GG). Der Begriff des Rechtsweg i.S.d. Art. 19 IV GG werde daher umfassend verstanden als der Weg zu den staatlichen Gerichten, die den Maßgaben der Art. 92, 97 GG entsprechen müssen. Soll ein bestimmtes Gericht für den Rechtsschutz zuständig sein, bringe das Grundgesetz dies konkret zum Ausdruck[240]. Eine derartige nähere Bestimmung finde sich in Art. 19 IV S. 1 GG jedoch nicht. Art. 19 IV GG treffe keine näheren Aussagen, welcher Rechtsweg offenstehen müsse, sondern überlasse die Entscheidung hierüber dem einfachen Gesetzgeber. Der Weg zu den ordentlichen Gerichten sei in Art. 19 IV S. 2 GG lediglich hilfsweise eröffnet.
Dieser Argumentation kann insoweit gefolgt werden, als unter „Rechtsweg" i.S.d. Art. 19 IV GG tatsächlich auch der Weg zu den Verfassungsgerichten zu verstehen ist. Einen zwingenden Schluß hinsichtlich der Zugehörigkeit der Verfassungsbeschwerde zum Rechtswegsystem beinhaltet sie nicht. Der hier vertretenen Ansicht, die Verfassungsbeschwerde sei von der Rechtsweggarantie des Art. 19 IV GG auszunehmen, steht nicht entgegen, daß sich diese Beschränkung nicht aus Art. 19 IV GG ergibt. Das Grundgesetz enhält hierzu keine klare Aussage. Wenn es jedoch die Zuständigkeit eines bestimmten Rechtswegs konkret zum Ausdruck bringt, heißt das noch nicht, daß nicht eine besondere Verfahrensart wie die der Verfassungsbeschwerde durch eine grundgesetzliche oder auch einfachgesetzliche Regelung von der Generalnorm des Art. 19 IV GG aus-

236 Vgl. oben B I.
237 Schenke, Rechtsschutz, S. 298 f.
238 Krebs in v.Münch/Kunig, Art. 19 IV Rn. 63.
239 Krebs in v.Münch/Kunig, Art. 19 Rn. 63; Kuffer, S. 112.
240 Vgl. die Zuweisung zu den ordentlichen Gerichten in Art. 14 III S. 4 GG, Art. 19 IV S. 2 GG und Art. 34 S. 3 GG (Kuffer, S. 112).

genommen werden könnte. Der Vorschrift des Art. 94 II GG bzw. seiner einfachrechtlichen Konkretisierung in § 90 II und § 93 a ff. BVerfGG läßt sich entnehmen, daß auch unter dem Gesichtspunkt der Garantie eines effektiven Rechtsschutzes für das Verfahren der Verfassungsbeschwerde Besonderheiten gelten, die zur Ausklammerung dieses außerordentlichen Rechtsbehelfs aus der Garantie des Art. 19 IV GG führen.

Die anderen Argumente der Ansicht, welche die Verfassungsbeschwerde als Rechtsweg i.S.d. Art. 19 IV GG betrachtet, betreffen dagegen spezifisch den Rechtsschutz durch die Verfassungsbeschwerde und lassen sich daher nicht ohne weiteres übernehmen.

Anzuführen ist zunächst der Wortlaut des Art. 93 I Nr. 4 GG. Dort wird eine Zuständigkeit des Bundesverfassungsgerichts für öffentlich-rechtliche Streitigkeiten zwischen dem Bund und den Ländern, zwischen verschiedenen Ländern oder innerhalb eines Landes begründet unter des Einschränkung „soweit nicht ein anderer Rechtsweg gegeben ist". Zu Recht wird von der h.M. darauf hingewiesen, daß die Verweisung auf einen „anderen" Rechtsweg nur dann Sinn mache, wenn auch der Weg zum Bundesverfassungsgericht einen Rechtsweg darstelle[241]. Anders wäre dies lediglich unter der Annahme, das Grundgesetz lege dem Begriff des Rechtswegs in Art. 19 IV 1 GG einen anderen Bedeutungsgehalt zugrunde als in Art. 93 I Nr. 4 GG, wofür jedoch keinerlei Anhaltspunkte ersichtlich sind[242]. Damit läßt sich jedoch nur begründen, daß der Rechtsschutz durch das Bundesverfassungsgericht grundsätzlich einen Rechtsweg i.S.d. Art. 19 IV GG darstellt. Im Bereich der Bund-Länder-Streitigkeiten steht dem nichts entgegen. Der Wortlaut des Art. 93 Nr. 4 GG fordert jedoch nicht, daß dies auch für die Verfassungsbeschwerde zu gelten habe.

Vielmehr legt ein Blick auf Art. 94 II GG nahe, daß für Verfassungsbeschwerden das Grundgesetz dem Begriff des Rechtswegs eine andere Bedeutung beimißt. Gemäß Art. 94 II GG kann für Verfassungsbeschwerden die vorherige Erschöpfung des Rechtswegs zur Voraussetzung gemacht werden. Das Erfordernis der „Erschöpfung" des Rechtswegs impliziert die Annahme, daß die Verfassungsbeschwerde eben nicht mehr Teil dieses Rechtswegs ist. Zum gleichen Ergebnis gelangt man bei einer Betrachtung der Regelungen zur Verfassungsbeschwerde im BVerfGG. § 90 II BVerfGG und § 93 III BVerfGG stellen der Möglichkeit der Verfassungsbeschwerde die Beschreitung bzw. Erschöpfung „des Rechtswegs" gegenüber. Sie gehen in deutlicher Weise davon aus, daß die Verfassungsbeschwerde weder Teil des Rechtswegs noch ein anderer Rechtsweg ist. Auch das Wortlautverständnis der §§ 90 ff. BVerfGG stützt daher die Ansicht, daß die Verfassungsbeschwerde keinen Rechtsweg i.S.d. Art. 19 IV GG darstellt. Der Blick auf das BVerfGG legt damit eine weitere Schwäche der

---

241 Schenke, Rechtsschutz, S. 396 f.; ders. in BK, Art. 19 IV Rn. 42.

242 Vgl. Schenke, Rechtsschutz, S. 297 f.; für einen einheitlichen Begriff des Rechtswegs im Grundgesetz auch BVerfG, Beschl. v. 09.11.1955, BVerfGE 4, 331 (344).

gegenteiligen Literaturmeinung offen: Da die Verfassungsbeschwerde auch nach dieser Ansicht keinen Rechtsweg i.S.d. §§ 90 II, 93 III BVerfGG darstellt, ist sie gezwungen, dem Begriff des Rechtswegs im BVerfGG einen anderen Inhalt beizumessen als in Art. 19 IV GG. Subsumiert man dagegen wie die Rechtsprechung die Verfassungsbeschwerde auch bei Art. 19 IV GG nicht unter den Begriff des Rechtswegs, ist eine einheitliche Auslegung möglich.
Gegen eine Zugehörigkeit der Verfassungsbeschwerde zum Rechtswegsystem i.S.d. Art. 19 IV GG ist schließlich die ständige Rechtsprechung des Bundesverfassungsgerichts anzuführen, wonach die Verfassungsbeschwerde kein Rechtsmittel darstelle, sondern einen „außerordentlichen Rechtsbehelf", der „nicht wahlweise" neben andere Rechtsmittel des einfachen Rechts trete[243]. Daß die Rechtsweggarantie des Art. 19 IV S. 1 GG nicht zwischen Rechtsmittel und Rechtsbehelf unterscheidet, sondern nur die Einleitung des sachnächsten Verfahrens erfordert[244], wird nicht bestritten. Diese Rechtsprechung macht jedoch deutlich, daß die Verfassungsbeschwerde innerhalb des Rechtsschutzsystems - unabhängig von der Klassifizierung in Rechtsbehelfe und Rechtsmittel - eine Sonderstellung einnimmt, die einer Einordnung in die Rechtswegeröffnung des Art. 19 IV GG entgegensteht.

## 2. Folgerungen für den Rechtsschutz des Bürgers

Als Ergebnis ist daher festzuhalten, daß es nach dem bestehenden Rechtsschutzsystem nicht angezeigt ist, den Rechtsschutz durch die Verfassungsbeschwerde gemäß Art. 93 I Nr. 4 a GG an der Garantie des Art. 19 IV GG zu messen. Das ist eine wichtige Feststellung. Denn die Verfassungsbeschwerde vermag nicht, den Erfordernissen des Art. 19 IV GG zu genügen. Neben der Besonderheit des Annahmeverfahrens nach § 93 a ff. BVerfGG zeigt sich dies - wie schon hervorgehoben - insbesondere darin, daß nur die Verletzung von „spezifischem Verfassungsrecht" gerügt werden kann. Als Rechtsschutz gegen die Verletzung im einfachen Recht begründeter Rechtspositionen scheidet die Verfassungsbeschwerde aus. Auch die Frist des § 93 III BVerfGG bei Rechtssatzverfassungsbeschwerden macht die Beschränktheit des gewährten Rechtsschutzes deutlich. Wird ein Bürger erst nach Ablauf der Jahresfrist des § 93 III BVerfGG von einer unmittelbar wirkenden Norm selbst betroffen, so kann er von der Möglichkeit der Verfassungsbeschwerde gegen die Norm keinen Gebrauch machen.

---

243 BVerfG, Beschl. v. 13.05.1953, BVerfGE 2, 287 (291); vgl. auch die Nachweise in Fn. 228.

244 Kuffer, S. 113.

### a) Gefahr von Rechtsschutzlücken

Unter dem Gesichtspunkt der Rechtsschutzgarantie des Art. 19 IV GG genügt es daher nicht, den betroffenen Bürger auf die Möglichkeit der Verfassungsbeschwerde nach Art. 93 I Nr. 4 a GG zu verweisen. Mittels der Verfassungsbeschwerde kann nicht in allen Fällen umfassender und effektiver Rechtsschutz gewährleistet werden. In den Fällen, in denen nach dem bestehenden Verfahrenssystem dem Bürger nur die Verfassungsbeschwerde als Rechtsschutzmöglichkeit eröffnet ist, können daher durchaus gewichtige Rechtsschutzlücken bestehen.

Die Gefahr von Rechtsschutzlücken besteht insbesondere in den unter B II 2 aufgezeigten Fällen, in denen nur eine inter omnes wirkende Normenkontrolle effektiven Rechtsschutz gewährleisten kann. Wie zu zeigen sein wird[245], läßt sich außerhalb des Anwendungsbereichs des § 47 VwGO kein weiteres verwaltungsgerichtliches Verfahren mit inter-omnes-Wirkung zulässigerweise begründen, so daß der Bürger auf die Verfassungsbeschwerde als prinzipales Kontrollverfahren beschränkt ist. Hier ist es Aufgabe des Gesetzgebers, die notwendigen Voraussetzungen zu schaffen, um den Rechtsschutzanforderungen zu genügen[246]. Hinsichtlich der Verletzung durch unmittelbar wirkende Bundesverordnungen bietet sich die Erstreckung des Anwendungsbereichs des § 47 VwGO mit Modifikationen auf Bundesrecht an[247]. Bei den anderen, in Frage kommenden Rechtsschutzsituationen wird eine gesetzliche Regelung dadurch erschwert, daß sie nur bedingt verallgemeinerungsfähig sind und die zu treffende Aussage maßgeblich von der konkreten Fallgestaltung abhängt[248]. Aufgrund des Einzelfallcharakters kommt in diesen Fällen, deren Bedeutung auch nicht überschätzt werden sollte, der Judikative die Aufgabe zu, im konkreten Fall eine angemessene Lösung jenseits der von der VwGO zur Verfügung gestellten Klagearten zu finden.
Aus § 40 VwGO i.V.m. Art. 19 IV GG ergibt sich, daß eine verwaltungsgerichtliche Klage zur Abwehr einer Rechtsbeeinträchtigung durch die öffentliche Gewalt zulässig sein muß, auch wenn die VwGO hierfür nicht ausdrücklich eine Klageart zur Verfügung stellt[249]. Eine entsprechende Anwendung des § 47 VwGO scheitert am klaren Wortlaut des Gesetzes. Ausnahmsweise eine Fest-

---

[245] Vgl. unten Teil D.

[246] Eine verfassungsrechtliche Verpflichtung des Gesetzgebers halten auch für gegeben: Kuffer, S. 119; Mayer, FS für Heydte, S. 1067 (1080); Schnapp, VSSR 1974, S. 191 (209); Stern, FS für Schäfer, S. 59 (68).

[247] Vgl. unten Teil F.

[248] Vgl. Warmke, Diss., S. 251.

[249] BVerwG, Urt. v. 28.11.1975, BVerwGE 50, 11 (19); Urt. v. 03.11.1988, BVerwGE 80, 355 (362); Eyermann/Happ, § 42 Rn. 61, Huber in v.Mangoldt/Klein/Starck, Art. 19 Rn. 477; Pieroth/Schlink, Rn. 1011; Schoch/Pietzcker, Vorb. § 42 Abs. 1 Rn. 16.

stellungsklage mit inter-omnes-Wirkung zuzulassen, die durch jedes Verwaltungsgericht ausgesprochen werden könnte, verbietet sich unter dem Aspekt der Rechtssicherheit. Denkbar wäre dagegen eine Klage sui generis auf Feststellung der Unwirksamkeit der Norm, bei der die Wirkungsverschränkung mit anderen Personen über das Institut der Beiladung (§ 65 VwGO) berücksichtigt werden könnte[250]. Es kann sich bei einer derartigen Klage jedoch nur um eine durch die Besonderheiten des konkreten Einzelfalls bedingte Ausnahmeregelung handeln, da die grundsätzliche Unzulässigkeit einer Klage auf Feststellung der Unwirksamkeit der Norm außerhalb des Anwendungsbereichs des § 47 VwGO bestehen bleibt[251]. Die Ableitung einer neuen Klageart aus Art. 19 IV GG ist nur dann gerechtfertigt, wenn dies zum Schließen einer Rechtsschutzlücke unabweisbar notwendig ist[252].

### b) Verletzung von Art. 6 I S. 1 EMRK wegen überlanger Verfahrensdauer?

Eine wesentliche Ausprägung des in Art. 19 IV GG enthaltenen Gebots der Effektivität des Rechtsschutzes besteht in der Pflicht zum Gerichtsschutz in angemessener Zeit[253]. Auch Art. 6 I S. 1 der Europäischen Konvention zum Schutz der Menschenrechte vom 04.11.1950[254] (EMRK) gewährt jedem Bürger einen Anspruch darauf, daß seine Sache innerhalb einer angemessenen Frist vor Gericht gehört wird. Nach h.M.[255] gilt die EMRK in der Bundesrepublik im Range eines einfachen Bundesgesetzes (vgl. Art. 59 II GG). Auf die Verletzung dieser Konvention kann eine Verfassungsbeschwerde vor dem Bundesverfassungsgericht daher nicht gestützt werden. Möglich ist jedoch eine Verurteilung der Bundesrepublik Deutschland wegen überlanger Verfahrensdauer durch den Europäischen Gerichtshof für Menschenrechte.

---

250 So auch Schmidt-Aßmann in Maunz/Dürig, Art. 19 IV Rn. 75.

251 Vgl. unten D IV.

252 Das Problem von Klagen jenseits der von der VwGO zur Verfügung gestellten Klagearten wird intensiv diskutiert im Rahmen des Kommunalverfassungsstreits (vgl. dazu Kopp, VwGO, Vorb. § 40 Rn. 6 u. § 43 Rn. 10 m.w.N.); z.T. wird bezweifelt, ob derartige Konstellationen, in denen neue Klagearten für einen effektiven Rechtsschutz notwendig wären, tatsächlich existieren (vgl. Eyermann/Happ, § 42 Rn. 61; Schoch/Pietzcker, Vorb. § 42 Abs. 1 Rn. 16).

253 Vgl. Sachs/Krüger, Art. 19 IV, Rn. 146.

254 Ratifiziert durch Gesetz v. 07.08.1952 (BGBl. II, S. 685); in Kraft getreten am 03.09.1953 (BGBl. II 1954, S. 14).

255 BVerfG, Beschl. v. 14.01.1960, BVerfGE 10, 271 (274); Beschl. v. 14.03.1973, BVerfGE 34, 284 (395); Beschl. v. 17.12.1975, BVerfGE 41, 88 (105 f.); Beschl. v. 13.01.1987, BVerfGE 74, 102 (128); Beschl. v. 06.05.1997, NJW 1997, S. 2811 (2812); Dürig in Maunz/Dürig, Art. 1 II Rn. 59; Huber in v.Mangoldt/Klein/Starck, Art. 19 IV Rn. 544; Pestalozza, Verfassungsprozeßrecht, § 33 Rn. 17; Schlaich, Rn. 334 q; vgl. dazu auch Wilfinger, S.187 ff.

Grundsätzlich fallen auch die Verfahren vor den Verfassungsgerichten in den Anwendungsbereich des Art. 6 I EMRK[256]. Gerade bei Verfassungsbeschwerden vor dem Bundesverfassungsgericht kommt es aufgrund der anhaltenden Überlastung des Gerichts[257] in steigender Zahl zu außerordentlich lang andauernden Verfahren[258]. Eine Verurteilung wegen überlanger Dauer des verfassungsgerichtlichen Verfahrens ist bisher lediglich in Fällen von Richtervorlagen nach Art. 100 I GG erfolgt[259]. Fraglich ist, ob auch die überlange Dauer von Verfassungsbeschwerden eine Verletzung des Art. 6 I EMRK begründen kann, obwohl es sich bei der Verfassungsbeschwerde um einen außerordentlichen Rechtsbehelf außerhalb der Rechtsweggarantie des Art. 19 IV GG handelt. Der Europäische Gerichtshof für Menschenrechte hat aus diesem Grund in seiner Rechtsprechung bis zu Beginn der 80er Jahre die Anwendbarkeit des Art. 6 I EMRK auf das Verfahren der Verfassungsbeschwerde verneint[260]. In einer neueren Entscheidung über die Dauer einer Verfassungsbeschwerde, die zu keiner Verurteilung der Bundesrepublik führte[261], betrachtete der Gerichtshof Art. 6 I EMRK dagegen als anwendbar und sah keinen Unterschied zu anderen verfassungsgerichtlichen Verfahren[262]. Er wies lediglich darauf hin, er verkenne nicht „die besondere Rolle und Stellung eines Verfassungsgerichts, [....] das in den Staaten, die das Individualbeschwerderecht eingeführt haben, den Bürgern auf innerstaatlicher Ebene einen zusätzlichen rechtlichen Schutz ihrer von der Verfassung garantierten Grundrechte sichert“[263]. Für die Frage, ob eine Verletzung von Art. 6 I EMRK vorliegt, blieb der Aspekt der Zusätzlichkeit dieses Rechtsschutzes ohne Bedeutung.

---

256 EGMR, Urt. v. 16.09.1996, EuGRZ 1996, S. 514 (518) (Süßmann gg. Deutschland).

257 Vgl. dazu unten Fn. 576 und Fn. 577.

258 Die Rückstände bei den Verfassungsbeschwerden haben sich zwischen 1992 und 1996 wie folgt entwickelt: Verdoppelung der mehr als drei Jahre anhängigen Verfahren: von (1992) 165 auf (1996) 345 Verfahren; Verdreifachung der mehr als fünf Jahre anhängigen Verfahren: von (1992) 45 auf (1996) 142 Verfahren; Verzehnfachung der mehr als sieben Jahre anhängigen Verfahren: von (1992) 4 auf (1996) 42 Verfahren (aus: Bericht der Kommission zur Entlastung des Bundesverfassungsgerichts, hrsg. v. Bundesministerium der Justiz, S. 24 f.).

259 EGMR, Urt. v. 01.07.1997, EuGRZ 1997, S. 310 (Pammel gg. Deutschland; Verfahrensdauer: 5 Jahre, 3 Monate); EGMR, Urt. v. 01.07.1997, EuGRZ 1997, S. 405 (Probstmeier gg. Deutschland; Verfahrensdauer: 7 Jahre, 4 Monate).

260 Zuletzt EKMR, Entsch. v. 15.10.1981, EGRZ 1982, S. 158 (159); weitere Nachweise zur früheren Rechtsprechung bei Golsong/Vogler, Art. 6 Rn. 220 Fn. 1 und Frowein/Peukert, Art. 6 Rn. 36.

261 EGMR, Urt. v. 16.09.1996, EuGRZ 1996, S. 514 (Süßmann gg. Deutschland)

262 EGMR, Urt. v. 16.09.1996, EuGRZ 1996, S. 514 (518): „Der Gerichtshof weist darauf hin, daß Art. 6 Abs. 1 für ein Verfahren maßgebend ist, und zwar auch dann, wenn es vor einem Verfassungsgericht geführt wird, sofern sein Ausgang für zivilrechtliche Ansprüche oder Verpflichtungen ausschlaggebend ist ...“

263 A.a.O. (Fn. 262).

Dieser neueren Ansicht des Gerichtshofs ist zuzustimmen. Ein Staat, der eine Verfassungsgerichtsbarkeit errichtet hat und darin dem Einzelnen die Möglichkeit des individuellen Rechtsschutzes eröffnet, muß dafür Sorge tragen, daß auch die Verfahren vor diesen Gerichten mit den grundlegenden Garantien, die in Art. 6 vorgesehen sind, in Einklang stehen[264]. Daß das Verfahren innerhalb der nationalen Gerichtsbarkeit nicht zum Instanzenzug gehört, kann insoweit nicht ausschlaggebend sein. Auch die überlange Verfahrensdauer einer Verfassungsbeschwerde kann daher wegen Verletzung von Art. 6 I EMRK vor dem Europäischen Gerichtshof für Menschenrechte gerügt werden.

264 So auch die im Verfahren Süßmann gg. Deutschland geäußerte Auffassung der Europäischen Menschenrechtskommission (EGMR, Urt. v. 16.09.1996, EuGRZ 1996, S. 514, 518).

# C. Prinzipale Normenkontrolle als Streitigkeit nichtverfassungsrechtlicher Art i.S.d. § 40 I S. 1 VwGO

Eine erste prozessuale Weichenstellung hinsichtlich des Rechtsschutzes gegen unmittelbar wirkende Verordnungen des Bundes bildet die Vorschrift des § 40 I S. 1 VwGO. Die Diskussion einer Kontrolle von Bundesverordnungen durch die Verwaltungsgerichte wäre hinfällig, wenn der Rechtsschutz aus formellen oder materiellen Gründen ausschließlich durch die Verfassungsgerichte zu erfolgen hätte.

## I. Darstellung der Problematik

Gemäß § 40 I S. 1 VwGO ist der Rechtsweg zu den Verwaltungsgerichten eröffnet, wenn es sich um eine öffentlich-rechtliche Streitigkeit nichtverfassungsrechtlicher Art handelt und die Streitigkeit nicht durch Bundesgesetz einem anderen Gericht ausdrücklich zugewiesen ist. Eine Sonderzuweisung gemäß § 40 I S. 1 a.E. VwGO an ein anderes Gericht, insbesondere das Bundesverfassungsgericht, besteht für Bundesverordnungen nicht. Somit ist die Frage zu klären, ob eine Streitigkeit nichtverfassungsrechtlicher Art vorliegt. Problematisch ist dabei zunächst die Bestimmung des Begriffs der verfassungsrechtlichen Streitigkeit. Für die Normenkontrolle stellt sich darüberhinaus das spezielle Problem, ob sie aufgrund ihres Rechtscharakters als materielle Verfassungsgerichtsbarkeit den Verfassungsgerichten vorbehalten ist. Maßgeblich Schenke[265] vertritt nämlich die Ansicht, daß die prinzipale Normenkontrolle materielle Verfassungsgerichtsbarkeit darstelle und demzufolge der Verwaltungsrechtsweg gemäß § 40 VwGO nicht eröffnet sei, da eine Streitigkeit verfassungsrechtlicher Art vorliege. In diesem Zusammenhang ist auch das Verhältnis von § 40 VwGO zur Regelung des § 47 VwGO von Bedeutung, der die verwaltungsgerichtliche Normenkontrolle für untergesetzliches *Landes*recht beinhaltet. Hier stellt sich die Frage, ob sich das Verfahren nach § 47 VwGO unter § 40 VwGO subsumieren läßt oder ob § 47 VwGO eine Erweiterung gegenüber § 40 VwGO darstellt.
Die Abgrenzung zwischen Verfassungs- und Verwaltungsgerichtsbarkeit ist bei § 47 VwGO auch hinsichtlich der Gesetzgebungszuständigkeit von Bedeutung. Die Kompetenznorm des Art. 74 Nr. 1 GG betrifft nur die Verwaltungsgerichtsbarkeit. Für die Verfassungsgerichtsbarkeit im formellen Sinn, soweit es sich um die Überprüfung von Normen auf die Vereinbarkeit mit *Landes*verfassungs-

---

265 Vgl. dazu unten IV.

recht handelt, hat der Bund keine Gesetzgebungszuständigkeit[266]. Grund hierfür ist, daß zwischen Bund und Ländern getrennte Verfassungsräume bestehen[267]. Der Eigenständigkeit der Länder hinsichtlich der Gestaltung ihrer verfassungsmäßigen und auch verfassungsprozessualen Ordnung hat der Gesetzgeber durch die Vorbehaltsklausel des § 47 III VwGO Rechnung getragen. Da Verordnungen des *Bundes* jedoch im Falle einer Prinzipalkontrolle nur an Bundesrecht zu überprüfen sind, ergibt sich die Kompetenz des Bundes entweder aus Art. 74 Nr. 1 GG oder - bei Einstufung als materielle Verfassungsgerichtsbarkeit - kraft Natur der Sache. Hinsichtlich der Kontrolle von Bundesrecht ist die Problematik somit insoweit entschärft, als die Gesetzgebungszuständigkeit des Bundes hierfür nicht in Frage gestellt werden kann.

## II. Der Begriff der verfassungsrechtlichen Streitigkeit in § 40 I S. 1 VwGO

Die Abgrenzung der Verfassungsgerichtsbarkeit von der Verwaltungsgerichtsbarkeit ist einer der wesentlichen Regelungsgegenstände des § 40 I S. 1 VwGO. Dabei ist der Begriff der verfassungsrechtlichen Streitigkeit bis heute umstritten[268].

### 1. Formelle Abgrenzung anhand der bestehenden Zuständigkeiten

Nach einer älteren Auffassung liegt eine verfassungsrechtliche Streitigkeit vor, wenn sich die Zuständigkeit der Verfassungsgerichtsbarkeit aus einer ausdrücklichen Regelung ergibt[269]. Einen zusammenfassenden Katalog der dem Bundesverfassungsgericht unmittelbar durch das Grundgesetz oder in einfachgesetzlicher Form (vgl. Art. 93 II GG) zugewiesenen Zuständigkeiten enthält § 13 BVerfGG[270]. Als Systematisierung der Zuständigkeiten hat sich eine Einteilung

---

266 Vgl. Maunz in Maunz/Dürig, Art. 74 Rn. 76.

267 Dem föderalistischen Aufbau der Bundesrepublik entsprechend sind die Länder mit eigener, wenn auch gegenständlich beschränkter Hoheitsmacht ausgestattet (vgl. Benda/Klein, Rn. 41).

268 Bezeichnend die Äußerung des Bundesverwaltungsgerichts, daß sich der Begriff nicht ganz eindeutig abgrenzen lasse und einer „mehr praktischen Abgrenzung" daher der Vorzug zu geben sei (BVerwG, Urt. v. 06.07.1966, BVerwGE 24, 272, 279).

269 Schunck/De Clerck (1. Aufl. 1961), Anm. 2 a, aa; Wertenbruch, DÖV 1959, 506 (507).

270 Ein Überblick zu den verfassungsgerichtlichen Verfahren auf Bundesebene findet sich bei Benda/Klein, § 17; zu den Zuständigkeiten des Landesverfassungsgerichte vgl. Pestalozza, Verfassungsgerichtsbarkeit, §§ 21 ff.

nach dem Verfahrenszweck durchgesetzt[271]. Zu unterscheiden ist nach

- kontradiktorischen Verfahren, die oft auch als „eigentliche“[272] oder „echte“[273] Verfassungsstreitigkeiten bezeichnet werden,
- Verfahren, die der objektiven Rechtsfeststellung dienen, und
- Individual- und Kommunalverfassungsbeschwerden als Verfahren zur Gewährung von subjektivem individuellem Rechtsschutz.

Hier sei bereits auf das unten[274] näher erörterte Problem hingewiesen, ob die lediglich der objektiven Rechtsfeststellung dienenden Verfahren „Streitigkeiten“ i.S.d. § 40 VwGO darstellen[275]. Wie zu sehen sein wird, versteht die h.M. den Begriff der „Streitigkeit“ in § 40 I S. 1 VwGO jedoch im „untechnischen“ Sinn, so daß auch die von einer Behörde initiierte Normenkontrolle unter diesen Begriff subsumierbar ist. Auch das Verfahren der Verfassungsbeschwerde, das keinen Beschwerdegegner kennt und somit kein kontradiktorisches Verfahren darstellt[276], kann daher als „Streitigkeit“ aufgefaßt werden.

Eine Bestimmung der verfassungsrechtlichen Streitigkeiten durch eine formelle Abgrenzung anhand der bestehenden Zuständigkeiten wird heute zu Recht einhellig abgelehnt[277].
Dies ergibt sich zum einen aus dem Wortlaut des § 40 I S. 1 VwGO, der auf die „verfassungsrechtliche Art“ und nicht auf eine „verfassungsgerichtliche Zuständigkeit“ oder die Nachprüfbarkeit durch ein Verfassungsgericht abstellt[278]. Zum anderen wäre auch der Zusatz „nichtverfassungsrechtlicher Art“ bei einer derartigen Auslegung ohne eigenständige Bedeutung, da die speziellen Kompetenzzuweisungen bereits zum Ausschluß des Verwaltungsrechtswegs führen würden (vgl. § 40 I S. 1 a.E. VwGO)[279].
Die Ablehnung der formellen Auffassung hat zur Folge, daß es möglicherweise verfassungsrechtliche Streitigkeiten gibt, die nicht justiziabel sind, weil sie von den enumerativ aufgezählten Zuständigkeiten der Verfassungsgerichte nicht erfaßt werden. Dies scheint in Widerspruch zu der in Art. 19 IV GG verankerten,

---

271 Benda/Klein, Rn. 302 ff.

272 Benda/Klein, Rn. 303.

273 Schmitt Glaeser, Rn. 59.

274 Vgl. unten C IV 2 a (1) (a).

275 Die Unterscheidung in „echte“ und sonstige Streitigkeiten ist also durchaus treffend.

276 Benda/Klein, Rn. 404; Pestalozza, Verfassungsgerichtsbarkeit, § 12 Rn. 16.

277 Eyermann/Rennert, § 40 Rn. 18; v. Kupsch, S. 83; Schenke, Verwaltungsprozeßrecht, Rn. 126; Schmitt Glaeser, Rn. 57; Schoch/Ehlers, § 40 Rn. 139; Ule, Verwaltungsprozeßrecht, S. 48; ebenso auch Schunck/De Clerk, Anm. 2 a, aa in der 2. Aufl. (1967) und 3. Aufl. (1977).

278 Schmitt Glaeser, Rn. 57; Schoch/Ehlers, § 40 Rn. 139.

279 Schenke, Verwaltungsprozeßrecht, Rn. 126; Schmitt Glaeser, Rn. 57; Schoch/Ehlers, § 40 Rn. 139.

umfassenden Rechtsschutzgarantie zu stehen. Das Bundesverwaltungsgericht hatte in einer problematischen Entscheidung[280] die Rechtswegeröffnung zu einem Verfassungsgericht mangels verfügbarem Zugangs verneint und die Sache wegen der dadurch drohenden Verkürzung des durch Art. 19 IV GG gewährleisteten Rechtsschutzes durch eine erweiternde Auslegung von § 40 VwGO vor die Verwaltungsgerichte gezogen. Diese Rechtsprechung wurde zu Recht kritisiert[281]. Fraglich ist bereits das Vorliegen einer Rechtsposition i.S.v. Art. 19 IV GG. Wird einem am Verfassungsleben beteiligten Rechtsträger des öffentlichen Rechts, einem Verfassungsorgan oder einem Verfassungsorganteil möglicherweise der Rechtsschutz verweigert, berührt dies nach Ehlers[282] nicht die Rechtsschutzgarantie des Art. 19 IV GG, da Art. 19 IV GG nur Private und nicht dem Staat zugeordnete Rechtssubjekte schützt. Aber auch falls man ein von Art. 19 IV GG erfaßtes subjektiv-öffentliches Recht zuerkennt, ist eine derartige Auslegung abzulehnen. Zum einen steht sie in klarem Widerspruch zum Wortlaut des § 40 I S. 1 VwGO. Zum anderen ist sie auch nicht notwendig, da Art. 19 IV S. 2 GG für derartige Fälle die Ersatzzuständigkeit der ordentlichen Gerichte vorsieht. Von dieser gesetzlich vorgesehenen Regelung für derartige Fälle hier abzuweichen, stellt einen nicht notwendigen Systembruch dar. Rennert[283], der die Auffassung des Bundesverwaltungsgerichts teilt, ist zuzugeben, daß die Zuständigkeit der ordentlichen Gerichte gerade in Verfassungsstreitigkeiten nicht sehr sachnah ist[284]. Eine den verfassungsgerichtlichen Vorbehalt „auflockernde" Auslegung rechtfertigt dies jedoch nicht. Dieses zu ändern, ist „Aufgabe des verfassungsändernden Gesetzgebers, nicht eines noch so wohlmeinenden Gerichts"[285]. Auch mit den Kriterien des Sachzusammenhangs operierende Praktikabilitätserwägungen gehen hier fehl, da das Bundesverwaltungsgericht der fachgerichtlichen Generalklausel eine fremde und bisher überhaupt nicht gegebene Zuständigkeit hinzufügt[286]. Verfassungsrechtlich ist die Ablehnung der formellen Auffassung somit nicht zu beanstanden.

---

280 Urt. v. 11.07.1985, NJW 1985, S. 2344 (Klage eines Mitgliedes der Abgeordnetenhauses von Berlin auf höhere Entschädigung für seine Tätigkeit als Abgeordneter).

281 Pestalozza, NJW 1986, S. 33; Schenke, Verwaltungsprozeßrecht, Rn. 133; Schoch/Ehlers, Rn. 140; Schmitt Glaeser, Rn. 57 f.

282 Schoch/Ehlers, § 40 Rn. 140.

283 Eyermann/Rennert, § 40 Rn. 17.

284 Andererseits zeigt das Grundgesetz in Art. 14 III S. 4 GG und Art. 34 S. 3 GG, daß die Erfüllung von Rechtsschutzaufgaben gegen Hoheitsakte durch die ordentlichen Gerichte nicht so ungewöhnlich ist (vgl. Schmitt Glaeser, Rn. 57).

285 Pestalozza, NJW 1986, S. 33 (34).

286 Pestalozza, a.a.O. (Fn. 285).

## 2. Materielle Kriterien

Vorzuziehen ist ein materielles Verständnis des Begriffs, wonach die Streitigkeit ihrem materiellen Gehalt nach dem Verfassungsrecht zuzurechnen sein muß, um eine verfassungsrechtliche Streitigkeit i.S.d. § 40 I S. 1 VwGO zu sein[287].
Die Bestimmung des materiellen Gehalts erweist sich im einzelnen jedoch als problematisch.
Das Bundesverwaltungsgericht setzt beim Streitgegenstand an und fordert für eine verfassungsrechtliche Streitigkeit, daß die Parteien um Rechte und Pflichten streiten, die unmittelbar in der Verfassung geregelt sind. Ausschlaggebend sei, ob das streitige Rechtsverhältnis „entscheidend vom Verfassungsrecht geformt"[288] sei bzw. ob die Auslegung und Anwendung verfassungsrechtlicher Normen den eigentlichen Kern des Rechtsstreits bilde[289]. Etwaige verfassungsrechtliche Vorfragen[290] seien dabei ebenso unerheblich wie die Tatsache, daß die maßgeblichen Rechtsnormen in Erfüllung verfassungsrechtlicher Regelungsaufträge ergingen und inhaltlich entscheidend von verfassungsrechtlichen Vorgaben geprägt seien[291].
Wie schwer sich der Begriff nach materiellen Kriterien bestimmen läßt, zeigt schon die Fülle der angebotenen Formulierungen. Wann eine „entscheidende" Prägung durch das Verfassungsrecht vorliegt oder dieses den „eigentlichen" Kern der Streitigkeit bildet, ist ebenso unbestimmt wie die „Unmittelbarkeit" der verfassungsrechtlichen Rechtsfolgen. Da durch den subjektiv-rechtlichen Charakter der Grundrechte und durch Rechtsgewährleistungen wie das in Art. 20 III GG verankerte Rechtsstaatsprinzip sich zu fast jeder Rechtsposition ein verfassungsrechtlicher Bezug herstellen läßt, käme der Auslegung des Merkmals der „Unmittelbarkeit" entscheidende Bedeutung zu.
Offensichtlich unzutreffend ist der Versuch, als materielles Kriterium den Prüfungsmaßstab heranzuziehen und der Verfassungsgerichtsbarkeit diejenigen Verfahren zuzuordnen, in denen Verfassungsrecht als Maßstabsrecht angewendet wird[292]. Eine derartige Unterscheidung des Prüfungsmaßstabs nach Verfassungsnormen und Unterverfassungsrecht ist nicht möglich. Jede Verwaltungsmaßnahme, die unterhalb der Verfassung stehenden Vorschriften widerspricht, verletzt zumindest auch den Verfassungssatz, der die Bindung der Verwaltung

---

287 Dies ist - mit Abweichungen in den einzelnen Formulierungen - ganz h.A. in Rechtsprechung und Literatur (vgl. die umfangreichen Nachweise bei Kopp, VwGO, § 40 Rn. 32).

288 Urt. v. 06.07.1966, BVerwGE 24, 272 (279); Urt. v. 28.10.1970, BVerwGE 36, 218 (227); Beschl. v. 05.02.1976, BVerwGE 50, 124 (130); Urt. v. 28.05.1980, BVerwGE 60, 162 (172 f.); Urt. v. 11.07.1985, NJW 1985, S. 2344.

289 Urt. v. 03.11.1988, BVerwGE 80, 355 (357).

290 Beschl. v. 05.02.1976, BVerwGE 50, 124 (131); Urt. v. 07.11.1985, NJW 1985, S. 2344.

291 Urt. v. 03.11.1988, BVerwGE 80, 355 (357); Urt. v. 18.05.1994, BVerwGE 96, 45 (49).

292 So aber Bettermann, AöR 86 (1961), S. 129 (157); Holdegel, DÖV 1954, S. 209.

an das Gesetz anordnet (Art. 20 III GG)[293]. Zu untragbaren Ergebnissen führte diese Ansicht im Normenkontrollverfahren, da es danach aufgespalten werden müßte, ob Verfassungsrecht verletzt ist oder nicht[294]. Abgesehen davon ist dem deutschen Recht auch eine Abgrenzung der Zweige der Gerichtsbarkeit nach der Ranghöhe der Prüfungsmaßstäbe fremd[295]. Jedenfalls den Grundrechten müssen alle Gerichte Geltung verschaffen (Art. 1 III GG).

## 3. Zusätzliches formelles Kriterium: Verfassungsrechtssubjekte als Streitbeteiligte

Die h.A. im Schrifttum[296] und vielfach auch die Rechtsprechung[297] versuchen daher, die aufgrund der ungriffigen materiellen Kriterien bestehenden Unklarheiten durch ein zusätzliches Erfordernis zu beseitigen. Sie fordern eine „doppelte Verfassungsunmittelbarkeit“: Es muß nicht nur um materielles Verfassungsrecht gestritten werden, sondern es ist zusätzlich erforderlich, daß auf beiden Seiten des Rechtsstreits unmittelbar am Verfassungsleben beteiligte Rechtsträger stehen[298].

Rechtsbeziehungen zwischen Staat und Bürger fallen daher regelmäßig nicht unter den Begriff der verfassungsrechtlichen Streitigkeit[299], selbst wenn ein Verfassungsorgan daran beteiligt ist und über Verfassungsrecht gestritten wird. Die Streitbeteiligten müssen sich auf der Ebene der Gleichordnung befinden. Im Verhältnis Staat - Bürger können verfassungsrechtliche Streitigkeiten daher nur vorliegen, wenn das Volk als Verfassungsorgan beteiligt ist und der Bürger als Teil dieses Verfassungsorgans auftritt, z.B. im Rahmen von Volksabstimmungen[300].

---

[293] Maurer (FS für Kern, S. 275, 292) läßt die Einordnung als Verfassungsstreitigkeit bereits daran scheitern, daß die Überprüfung von Satzungen und Verordnungen nicht zwangsläufig verfassungsrechtliche Fragen aufwirft.

[294] Besler, S. 132.

[295] Besler, S. 132; Wilken, Diss., S. 24.

[296] Hufen, § 11 Rn. 69; Kopp, § 40 Rn. 32, Redeker/v.Oertzen, § 40 Rn. 3; Schmitt Glaeser, Rn. 59; Ule, Verwaltungsprozeßrecht, S. 48.

[297] BVerwG, Urt. v. 28.11.1975, NJW 1976, S. 637 (638); BayVerfGH, Entsch. v. 25.06.1992, DÖV 1992, S. 967; BayVGH, Beschl. v. 28.06.1990, NVwZ 1991, S. 386 m.w.N.

[298] Hufen (§ 11 Rn. 69) will den Begriff der doppelten Verfassungsunmittelbarkeit dahingehend verstanden wissen, daß damit die unmittelbare Beteiligung auf beiden Seiten des Rechtsstreits gemeint sei. In materieller Hinsicht sei nötig, daß „der Kern der Streitigkeit“ beim Verfassungsrecht liege. Die Ansicht unterscheidet sich daher lediglich in der Deutung der „doppelten“ Unmittelbarkeit, inhaltlich entspricht sie der h.M.

[299] Schmitt Glaeser, Rn. 59.

[300] BayVGH, Beschl. v. 28.06.1990, NVwZ 1991, S. 386; HessVGH, Beschl. v. 15.01.1991, NVwZ 1991, S. 1098. Als Ausnahme zum Grundsatz, daß Bürger nicht an verfassungs-

## 4. Kritik der Literatur an der Theorie der doppelten Verfassungsunmittelbarkeit

Die Theorie der doppelten Verfassungsunmittelbarkeit ist insbesondere von Seiten des neueren Schrifttums[301] erheblichen Einwänden ausgesetzt.
Gegen die h.M. wird vorgebracht, daß sie den Verwaltungsrechtsweg im wesentlichen nur in den Fällen ausschließe, bei denen ohnehin die Zuständigkeit der Verfassungsgerichte gesetzlich ausdrücklich begründet sei, und sie das Tatbestandsmerkmal „nichtverfassungsrechtlicher Art" dadurch überflüssig mache[302]. Weiterhin führen die Kritiker an, daß es sehr wohl verfassungsrechtliche Streitigkeiten zwischen Staat und Bürger gebe[303], und zwar neben den Fällen, in denen die h.M. dem Bürger Verfassungsrang als Vertreter des Verfassungsorgans Volk zuerkennt. So sei die Klage auf Aufhebung der Immunität eines Abgeordneten[304] nach dieser Ansicht deswegen eine verfassungsrechtliche Streitigkeit, da es an der Rechtsnatur des Streites nichts ändern könne, ob ein Bundestagsabgeordneter im Wege des Organstreitverfahrens nach Art. 93 I Nr. 1 GG dagegen vorgehe oder ein Bürger. Folgende Fälle wurden dabei auch von Vertretern der h.M. als verfassungsrechtliche Streitigkeit eingestuft: die Klage eines Bürgers auf Erlaß eines förmlichen Gesetzes[305], auf prinzipale Kontrolle eines solchen Gesetzes[306] und die Klage auf Änderung eines Haushalts-

rechtlichen Streitigkeiten beteiligt sein können, betrachtet Kopp (VwGO, § 40 Rn. 33) auch die Fälle, in denen eine ausschließliche Zuständigkeit eines Verfassungsgerichts dafür durch die Verfassung oder durch einfaches Gesetz begründet ist (z.B. für das Wahlprüfungsverfahren zu Bundes- und Landtagswahlen, vgl. BVerfG, Beschl. v. 15.12.1986, BVerfGE 74, 96 (101); Beschl. v. 29.11.1990, BVerfGE 83, 156). Hier handelt es sich jedoch um den Fall einer Sonderzuweisung gemäß § 40 I 1 a.E. VwGO.

301 Eyermann/Rennert, § 40 Rn. 21 f.; Schenke, Verwaltungsprozeßrecht, Rn. 127 ff.; Schoch/Ehlers, § 40 Rn. 141 ff.

302 Schenke, Verwaltungsprozeßrecht, Rn. 128. Bezeichnend die „Faustregel" bei Hufen (§ 11 Rn. 70), wonach diejenigen Streitigkeiten verfassungsrechtlicher Art sind, die auch Gegenstand eines verfassungsrechtlichen Organstreits (Art. 93 I Nr. 1 GG), eines Bund/Länderstreits (Art. 93 I Nr. 3 GG) oder entsprechender landesverfassungsrechtlicher Verfahren sein können.

303 Eyermann/Rennert, § 40 Rn. 27; Schoch/Ehlers, § 40 Rn. 143.

304 Schoch/Ehlers, § 40 Rn. 146.

305 BVerwG, Urt. v. 15.01.1987, BVerwGE 75, 330 (334); Urt. v. 03.11.1988, BVerwGE 80, 355 (358); vgl. auch OVG Münster, Urt. v. 14.10.1993, NJW 1994, S. 1673 (Klage des DGB auf Unterlassung einer Gesetzesinitiative).

306 BVerwG, Urt. v. 15.01.1987, BVerwGE 75, 330 (334); Urt. v. 03.11.1988, BVerwGE 80, 355 (358). Zweifelhaft BVerfG, Beschl. v. 14.05.1985, BVerfGE 70, 35 (55), da die einschlägige Passage des Urteils nur allgemein das Verfahren zur Entscheidung über die Rechtsgültigkeit eines förmlichen Gesetzes der Verfassungsgerichtsbarkeit zuordnet und der Bezug zum Rechtsschutz des Bürgers sich lediglich aus der systematischen Stellung der Aussage innerhalb des Urteils ergibt.

beschlusses des Parlaments[307]. Der h.M. wird folglich auch vorgeworfen, daß sie den Begriff der Streitigkeiten verfassungsrechtlicher Art auf Streitigkeiten ausdehne, die von ihrer Begriffsdefinition gerade nicht mehr erfaßt seien, und sie damit ihre Theorie selbst in Frage stelle[308].
Es wird daher versucht, den Begriff der verfassungsrechtlichen Streitigkeit nach anderen Kriterien zu bestimmen. Schoch[309] und Rennert[310] wollen das formelle Kriterium dahingehend modifizieren, daß nur der Beklagte ein Verfassungsrechtssubjekt sein muß. Eine verfassungsrechtliche Streitigkeit liegt nach dieser Ansicht nur vor, wenn ein Verfassungssubjekt gerade als solches in Anspruch genommen wird.
Schenke[311] verfolgt einen gänzlich anderen Weg: Seiner Ansicht nach ist eine abstrakte Formel aufgrund der Heterogenität der verfassungsgerichtlichen Kompetenzen nicht erzielbar. Der Begriff der verfassungsrechtlichen Streitigkeit sei vielmehr aufgrund einer genauen Analyse einschlägiger Verfassungs- und einfachgesetzlicher Vorschriften enumerativ zu bestimmen. Die prinzipale Normenkontrolle stuft Schenke dabei unabhängig von den von der h.M. entwickelten materiellen Kriterien als verfassungsrechtliche Streitigkeit ein, da es sich dabei um materielle Verfassungsgerichtsbarkeit handele[312].

## 5. Eigene Stellungnahme

Die gegen die Theorie der doppelten Verfassungsunmittelbarkeit vorgebrachten Argumente sind nicht überzeugend.
Stellt man der überschaubaren Zahl der verfassungsgerichtlichen Kompetenznormen die Vielzahl der strittigen Fälle[313] gegenüber, so wird offensichtlich, daß sich die Funktion der Theorie der doppelten Verfassungsunmittelbarkeit nicht darauf beschränkt, die gesetzlich geregelten Fälle nachzuvollziehen. Eine große Zahl von Sachverhalten unterfällt keiner gesetzlichen Regelung, so daß der Auslegung des Tatbestandsmerkmals „nichtverfassungsrechtlicher Art" erhebliche Bedeutung zukommt. Diese Abgrenzungsfunktion muß eine auf der materiellen Ebene ansetzende Theorie leisten.
Eingehendere Erörterung verdient die von Schoch und Rennert aufgeworfene Frage, ob für eine verfassungsrechtliche Streitigkeit tatsächlich wesensnotwendig ist, daß auch der Rechtsschutzsuchende ein unmittelbar am Verfassungs-

307 OVG Hamburg, Urt. v. 12.07.1985, DÖV 1986, S. 439 (440).

308 Schenke, Verwaltungsprozeßrecht, Rn. 128.

309 Schoch/Ehlers, § 40 Rn. 149 ff.

310 Eyermann/Rennert, § 40 Rn. 21 u. Rn. 27 ff.

311 Kopp/Schenke, § 40 Rn. 32 a; Schenke, JZ 1996, S. 998 (1001); ders., Verwaltungsprozeßrecht, Rn. 129 ff.

312 Vgl. unten IV.

313 Eine ausführliche Auflistung enthält Schoch/Ehlers, § 40 Rn. 158 ff.

leben beteiligter Rechtsträger ist. Der Kern des Problems liegt darin, ob der Begriff der verfassungsrechtlichen Streitigkeit tatsächlich voraussetzt, daß die streitenden Parteien sich auf der Ebene der Gleichordnung befinden - was bedeuten würde, daß auch formale Kriterien entscheidend wären -, oder ob der Ansatz für die Unterscheidung beim Streitgegenstand gesucht werden muß, indem man nur darauf abstellt, daß der Beklagte im konkreten Streit gerade als Verfassungsrechtssubjekt in Anspruch genommen wird. Letztlich ist dabei der h.M. der Vorzug zu geben.

Kaum weiterführend ist der Hinweis auf die Wurzeln der h.M.: Die h.M. sei deswegen abzulehnen, weil die Theorie der doppelten Verfassungsunmittelbarkeit stark von der in der Weimarer Zeit vertretenen Lehre beeinflußt sei, wonach verfassungsrechtliche Streitigkeiten nur zwischen Verfassungsorganen, Streitigkeiten zwischen Staat und Bürger dagegen nur im Bereich des Verwaltungshandelns denkbar seien. Durch das Grundgesetz habe sich die Verfassungsrechtslage jedoch fundamental geändert, was durch die Bindung aller Staatsgewalten an die Grundrechte (Art. 1 III GG) und die Zulassung der Verfassungsbeschwerde (Art. 93 I Nr. 4 a GG) deutlich werde[314]. Diese Argumentation läßt nicht erkennen, weshalb die Änderung der Verfassungsrechtslage auf den Begriff der verfassungsrechtlichen Streitigkeit von Einfluß gewesen sein soll. Eine unmittelbare Bindung der Verwaltung an die Grundrechte bedeutet nur, daß bei (verwaltungsgerichtlichen) Streitigkeiten zwischen Staat und Bürger die Grundrechte ins Zentrum der Prüfung rückten. Verändert hat sich somit nur der Prüfungsmaßstab, der jedoch für die Bestimmung der verfassungsrechtlichen Streitigkeiten keine Rolle spielen kann[315].

Auch die der h.M. widersprechenden Urteile können den grundsätzlich richtigen Ansatz der h.M. nicht ins Wanken bringen, zumal da die angeführten Belege zu den Urteilen des Bundesverwaltungsgerichts durchaus angreifbar sind. Hinsichtlich der Klage eines Bürgers auf Erlaß eines förmlichen Gesetzes, die im Urteil des Bundesverwaltungsgerichts vom 03.11.1988[316] zudem auch nur Gegenstand eines obiter dictum war[317], ist anzuführen, daß eine derartige Klage aufgrund der unmittelbaren demokratischen Legitimation des Parlaments und des damit verbunden Beurteilungs- und Entscheidungsspielraums als unzulässig anzusehen ist und auch die angeführten Entscheidungen diese Frage offen lassen[318].

---

314 Schoch/Ehlers, § 40 Rn. 144.

315 Vgl. unten IV 2 b.

316 BVerwGE 80, 355.

317 Streitgegenstand war der Anspruch einer Tarifvertragspartei auf Allgemeinverbindlicherklärung eines Tarifvertrags, also untergesetzliches Recht.

318 BVerwG, Urt. v. 15.01.1987, BVerwGE 75, 330 (334): „sollte im Rahmen der Rechtsschutzgewährung das bewußte Unterlassen wie ein positiver Akt der Legislative mit Eingriffswirkung zu beurteilen sein"; BVerwG, Urt. v. 03.11.1988, BVerwGE 80, 355 (358): „soweit ein solcher Anspruch [auf Erlaß eines förmlichen Gesetzes] besteht".

Ebenso führt auch eine teleologische Auslegung des Begriffs zu keinem anderen Ergebnis. Sinn und Zweck der Ausklammerung verfassungsrechtlicher Streitigkeiten ist es, die Einmischung der Verwaltungsgerichte in die spezifisch verfassungsrechtliche Willensbildung und Betätigung oberster Staatsorgane zu verhindern[319]. Diesbezügliche Streitigkeiten sollen einer besonders qualifizierten Gerichtsbarkeit, nämlich den Verfassungsgerichten vorbehalten sein. Zwar mag es sein, daß aufgrund der von der h.M. vollzogenen Beschränkung einige sich im Grenzbereich befindende Sachverhalte vor den Verwaltungsgerichten verhandelt werden, welche die Tätigkeit von obersten Staatsorganen betreffen. Dem ist jedoch entgegenzusetzen, daß der Einfluß von Privaten auf die spezifisch verfassungsrechtliche Willensbildung und Betätigung unmittelbar am Verfassungsleben beteiligter Rechtsträger denkbar gering ist[320] und zudem den Verwaltungsgerichten, die auch regelmäßig mit Verfassungsrecht befaßt sind, eine gewisse Kompetenz zur Klärung derartiger Fragen nicht abgesprochen werden sollte.

Schließlich dürfen auch die Interessen der Verfassungsorgane nicht isoliert betrachtet werden. So mag es zwar aus der Sicht des Rechtsschutzgegners zweckmäßig erscheinen, den Begriff der verfassungsrechtlichen Streitigkeiten nicht darauf zu beschränken, daß auch der Kläger ein unmittelbar am Verfassungsleben beteiligter Rechtsträger ist, um eine Einmischung der Fachgerichte zu vermeiden. Dem stehen jedoch die Interessen des Rechtsschutzsuchenden gegenüber, die in die Betrachtung miteinzubeziehen sind. Die Verweisung des Bürgers vor die Verfassungsgerichte ist mit mehreren Nachteilen verbunden: Zum einen sind nicht alle Streitigkeiten im formellen Sinne justiziabel, weil eben eine entsprechende Verfahrensart nicht zur Verfügung steht[321]. Zum anderen ist aber auch der Rechtsschutz durch die Verfassungsbeschwerde mit Einschränkungen behaftet: Es existiert kein Instanzenzug, und Prüfungsgegenstand ist nur das Verfassungsrecht, nicht aber sonstiges einfaches Recht[322].

Darüberhinaus sind auch systematische und funktionell-rechtliche Überlegungen anzustellen: Während sich der Gesetzgeber hinsichtlich der Verwaltungsgerichtsbarkeit für eine Generalklausel, nämlich § 40 VwGO, entschieden hat, sind die Zuständigkeiten für die Verfassungsgerichtsbarkeit enumerativ be-

---

319 Eyermann/Rennert, § 40 Rn. 17; Schoch/Ehlers, § 40 Rn. 145.

320 Einen gewissen Schutz gewährt das System der repräsentativen Demokratie. Das von Schoch (vgl. oben Fn. 304) angeführte Argument, es dürfe keinen Unterschied machen, ob ein Bürger auf Aufhebung der Immunität eines Abgeordneten klage oder ein Abgeordneter, weckt Bedenken, ob einem Privaten derartige Einflußmöglichkeiten auf parlamentsinterne Fragen überhaupt zugestanden werden sollten. Davon abgesehen zeigt gerade das Institut des Organstreits, daß es eben auf die Person des Antragstellers bzw. Klägers gerade ankommen kann.

321 Vgl. oben II 1.

322 Zu den Besonderheiten der Verfassungsbeschwerde vgl. auch oben B III 1 a.

stimmt[323]. Hinsichtlich von Rechtsbeziehungen zwischen Staat und Bürger, die auch „den typischen Kasus der Verwaltungsgerichtsbarkeit"[324] darstellen, sollte daher im Zweifel das Verwaltungsgericht zuständig sein. Dem entspricht das Bemühen des Gesetzgebers und der Rechtsprechung, die Zuständigkeiten des Verfassungsgerichts nicht zu weit zu interpretieren. Dies zeigt sich insbesondere in dem grundsätzlichen Erfordernis der Rechtswegerschöpfung vor Einlegung einer Verfassungsbeschwerde (§ 90 II BVerfGG) sowie in dem von der Rechtsprechung entwickelten Grundsatz der Subsidiarität der Verfassungsbeschwerde[325]. Eine weitere Schwäche der Ansicht, daß lediglich dann eine verfassungsrechtliche Streitigkeit vorliege, wenn ein Verfassungssubjekt als solches in Anspruch genommen werde, besteht darin, daß sie dem Begriff der verfassungsrechtlichen Streitigkeit keineswegs zu größerer Klarheit verhilft[326]. Es bleibt das Problem, wann denn nun ein Verfassungssubjekt als solches in Anspruch genommen wird. Durch die Abkehr vom formellen Erfordernis der Verfassungsunmittelbarkeit des Rechtsschutzsuchenden stellt diese Ansicht wieder materielle Kriterien in den Vordergrund, die naturgemäß eine gewisse Rechtsunsicherheit in sich tragen. Auch der Aspekt der Rechtssicherheit bzw. Rechtsklarheit spricht daher für die h.M.

## III. Folgerungen für die Normenkontrolle

Die Diskussion des Merkmals der verfassungsrechtlichen Streitigkeit ist nun auf die Rechtsnatur der Normenkontrolle zu übertragen.

### 1. Inzidente Kontrolle

Unstrittig ist die Rechtsnatur der *inzidenten* Kontrolle: Sie stellt keine verfassungsrechtliche Streitigkeit dar[327]. Dies ergibt sich daraus, daß die Kontrolle der Norm nicht Streitgegenstand ist und die Entscheidung über sie nicht in Rechtskraft erwächst.

Es liegt auch dann keine verfassungsrechtliche Streitigkeit vor, wenn es sich um ein formelles Gesetz handelt und die sonstigen Voraussetzungen des Art. 100 I

323 Dies eröffnet die Möglichkeit, die Verfassungsgerichtsbarkeit kompetenziell unter Kontrolle zu halten (Benda/Klein, Rn. 31).

324 Schmitt Glaeser, Rn. 59.

325 Vgl. dazu unten E I.

326 Auch Ehlers selbst (§ 40 Rn. 157) räumt ein, daß die von ihm vorgeschlagene Definition „nicht in jedem Falle eindeutige Rechtsgewißheit vermittelt" und schlägt vor, in Zweifelsfällen zumindest bei der Beteiligung eines Bürgers eine nichtverfassungsrechtliche Streitigkeit anzunehmen.

327 Schenke, Verwaltungsprozeßrecht, Rn. 131.

GG vorliegen. Das Verfahren vor den eine Vorlage beschließenden Verwaltungsgerichten bleibt ein inzidentes Kontrollverfahren. Die nach Vorlage des Verwaltungsgerichts ergehende verfassungsgerichtliche (konkrete) prinzipale Normenkontrollentscheidung ist kein Teil des Rechtsschutzverfahrens, da die Beteiligten des Ausgangsverfahrens am Verfahren vor dem Verfassungsgericht nicht förmlich beteiligt sind (vgl. § 82 III S. 1 BVerfGG). Die Vorlage an das Verfassungsgericht bewirkt lediglich eine Modifizierung des durch die inzidente Normenkontrolle gewährleisteten Rechtsschutzes[328].

## 2. Prinzipale Kontrolle

Hinsichtlich der *prinzipalen* Normenkontrolle ist zu unterscheiden, ob es sich um die Überprüfung von gesetzlichem oder untergesetzlichem Recht handelt.

### a) Formelle Gesetze

Die Einstufung der Kontrolle von formellen Gesetzen durch den Bürger hängt davon ab, ob man die Theorie der doppelten Verfassungsunmittelbarkeit anerkennt. Einschlägige Rechtsschutzform für die prinzipale Normenkontrolle von formellen Gesetzen durch den Bürger ist die sog. Rechtssatzverfassungsbeschwerde. Die h.M. lehnt die Einstufung der Rechtssatzverfassungsbeschwerde als verfassungsrechtliche Streitigkeit ab, da der Bürger kein Verfassungsrechtssubjekt darstelle. Der Rechtsweg zum Bundesverfassungsgericht ist nach der h.M. aber deswegen eröffnet, da es sich bei Art. 93 I Nr. 4 a GG um eine abdrängende Sonderzuweisung i.S.d. § 40 I S. 1 HS. 2 VwGO handelt[329].
Legt man die Gegenansicht zugrunde, nach der nur der Beklagte ein unmittelbar am Verfassungsleben beteiligter Rechtsträger sein muß, so ergibt sich die Zuständigkeit des Bundesverfassungsgerichts bereits aus materiellen Gründen ohne den Umweg über die Sonderzuweisung. Nach dieser Ansicht ist in formeller Hinsicht ausreichend, daß bei einem derartigen Klagebegehren das Verfassungsorgan Parlament als solches in Anspruch genommen wird. Die materiellen Kriterien sind ebenfalls erfüllt: Die Verfassungswidrigkeit kann sich nur aus der Auslegung und Anwendung von Verfassungsnormen ergeben, so daß das Verfassungsrecht den eigentlichen Kern des Rechtsstreits bildet bzw. das streitige Rechtsverhältnis entscheidend vom Verfassungsrecht geformt ist; eine unmittelbar verfassungsrechtliche Rechtsfolge ist mit der drohenden Nichtigkeit oder der Feststellung der Nichtigkeit bzw. Unvereinbarkeit mit Verfassungsrecht auch zu bejahen.

---

328 Vgl. Schenke, Verwaltungsprozeßrecht, Rn. 1071.

329 Vgl. Schmitt Glaeser, Rn. 59.

### b) Untergesetzliche Normen

Als Rechtsschutz gegen Rechtsverletzungen durch untergesetzliche Normen kommen die Rechtssatzverfassungsbeschwerde vor dem Bundesverfassungsgericht und die verwaltungsgerichtliche Normenkontrolle in Frage[330].

#### *(1) Die Rechtssatzverfassungsbeschwerde gemäß Art. 93 I Nr. 4 a GG*

Hinsichtlich der Rechtssatzverfassungsbeschwerde kommt die h.M. hier zum gleichen Ergebnis wie bei der Kontrolle von formellen Gesetzen: Die Zuständigkeit des Bundesverfassungsgerichtes ergibt sich aus der Sonderzuweisung des Art. 93 I Nr. 4 a GG, da es sich nicht um eine verfassungsrechtliche Streitigkeit handelt. Bei untergesetzlichen Normen scheitert diese Einstufung aber nicht nur an dem formellen Kriterium der Streitbeteiligten, sondern möglicherweise auch am Streitgegenstand, falls der nach den materiellen Kriterien der h.M. notwendige Bezug zum Verfassungsrecht fehlt. Dies wäre dann der Fall, wenn weder um Rechte und Pflichten gestritten wird, die unmittelbar in der Verfassung geregelt sind, noch das streitige Rechtsverhältnis entscheidend vom Verfassungsrecht geformt ist noch die Rechtsfolgen, über die gestritten wird, unmittelbar verfassungsrechtlich sind.
Nach der Gegenansicht, die nur in der Position des Beklagten einen unmittelbar am Verfassungsleben beteiligten Rechtsträger als notwendig erachtet, kann es sich um eine verfassungsrechtliche Streitigkeit handeln, falls die materiellen Kriterien an eine verfassungsrechtliche Streitigkeit erfüllt sind. Trifft dies nicht zu, ergibt sich wie bei der h.M. die Zuständigkeit des Bundesverfassungsgerichtes (nur) aus der Sonderzuweisung des Art. 93 I Nr. 4 a GG.

#### *(2) Die verwaltungsgerichtliche Normenkontrolle gemäß § 47 VwGO*

Die Beurteilung der verwaltungsgerichtlichen Normenkontrolle gemäß § 47 VwGO erscheint auf den ersten Blick unproblematisch. Sowohl dem Antragsteller als auch dem Antragsgegner fehlt die nötige Verfassungsunmittelbarkeit: Rechtsschutzsuchender ist ein Bürger oder eine Behörde, Rechtsschutzgegner derjenige Rechtsträger, der die Norm erlassen hat (vgl. § 47 II S. 1, 2 VwGO). Fehlt zudem der nach den materiellen Kriterien der h.M. notwendige Bezug zum Verfassungsrecht, ist auch unter materiellen Gesichtspunkten eine verfassungsrechtliche Streitigkeit ausgeschlossen.

Die Frage, ob das Verfahren nach § 47 VwGO als verfassungsrechtliche oder als verwaltungsrechtliche Streitigkeit einzustufen ist, wäre jedoch anders zu beantworten, wenn man der Ansicht folgt, die prinzipale Normenkontrolle auch

---

330 Versuche, auf anderem Wege zu einer prinzipalen Kontrolle zu gelangen (insbes. mittels Erweiterung von § 47 VwGO oder mittels einer Feststellungsklage eigener Art), halten einer kritischen Überprüfung nicht stand (vgl. unten D I, II, III und IV 1 a).

von untergesetzlichem Recht stelle materielle Verfassungsgerichtsbarkeit dar und sei aus diesem Grunde unabhängig von den materiellen Kriterien der h.M. als verfassungsrechtliche Streitigkeiten einzuordnen. Dann handelte es sich auch bei der Normenkontrolle von untergesetzlichem Bundesrecht um eine verfassungsgerichtliche Streitigkeit.

## IV. Prinzipale Normenkontrolle als materielle Verfassungsgerichtsbarkeit?

Diese These wird maßgeblich von Schenke[331] vertreten. Da die verfassungsgerichtlichen Zuständigkeiten nicht systematisierbar seien, müsse die Bestimmung des Rechtswegs durch Rückgriff auf das Wesen der Verfassungsgerichtsbarkeit erfolgen. Danach sei die prinzipale Normenkontrolle eine Sache der Verfassungsgerichte. Die Zuordnung zu den verfassungsrechtlichen Streitigkeiten ergebe sich aus dem Wesen der prinzipalen Normenkontrolle als „materieller Verfassungsgerichtsbarkeit“ unabhängig von den durch die h.M. zu § 40 VwGO entwickelten materiellen Kriterien.
Die ganz h.M.[332] betrachtet dagegen die Normenkontrolle von untergesetzlichen Rechtsvorschriften als Verwaltungsgerichtsbarkeit, da die gerichtliche Kontrolle der Exekutive - auch soweit sie rechtssetzend tätig wird - Aufgabe der Verwaltungsgerichte sei. Sie sieht die entscheidende Weichenstellung also im Prüfungsgegenstand. Wenn die Rechtmäßigkeit von Rechtsnormen der Verwaltung in Frage stehe, handele es sich um Verwaltungsgerichtsbarkeit. Konsequenterweise müsse die Kontrolle von Rechtsnormen des parlamentarischen Gesetzgebers damit Verfassungsgerichtsbarkeit darstellen.

---

331 Schenke, NJW 1978, S. 671 (673 ff.); ders., Rechtsschutz, S. 264 ff.; ders., JuS 1981, S. 81 (86); ders., Verwaltungsprozeßrecht, Rn. 132; ders., JZ 1996, S. 998 (1000 f.); ähnlich: Bergmann, VwArch 51 (1960), S. 36 (39); Guthardt-Schulz, S. 73; Kelsen, VVDStRL 5 (1928), S. 30 (60); Müller, DÖV 1965, S. 759; Renck, BayVBl. 1979, S. 262 (263); Ule, AöR 82 (1957), S. 123 (128); Wolfram, S. 34; Ziekow in NK, § 47 Rn. 8 ff.; im Ergebnis ebenso: BayVGH, GerBesch. v. 30.11.1993, NJW-RR 1995, S. 116.

332 BVerwG, Urt. v. 03.11.1988, BVerwGE 80, 355 (358 f.); Bettermann, AöR 86 (1961), S. 129 (157); v. Engelhardt, S. 198; Hufen, § 19 Rn. 7; Kopp, VwGO, § 47 Rn. 4; v.Kupsch, S. 95 ff.; Maurer, FS für Kern, S. 275 (292); Meyer Klaus, S. 161 (174); Obermayer, DVBl. 1965, S. 625 (628); ders., HS Speyer, S. 142 (146); Wilken, Diss., S. 21.

## 1. Die vorgebrachten Argumente

Im einzelnen argumentiert Schenke wie folgt:
Die prinzipale Normenkontrolle unterscheide sich wegen der Allgemeinverbindlichkeit der gerichtlichen Entscheidung in charakteristischer Weise von jeder anderen bekannten Art der Gerichtsbarkeit[333]. Diese weit über den Einzelfall hinausreichende Bedeutung, die der Entscheidung rechtssatzähnliche Wirkungen verleihe, stelle das Spezifikum der prinzipalen Normenkontrolle dar, das diese als materielle Verfassungsgerichtsbarkeit qualifiziere. In diesem Zusammenhang sei auch das Schlagwort zu sehen, Normenkontrolle sei negative Gesetzgebung[334]. Durch die generelle Regelungswirkung der Aufhebung einer Norm gehe die Normenkontrolle über den üblichen Zuständigkeitsrahmen anderer Gerichte hinaus, was typischerweise zur Folge habe, daß sie einer ganz bestimmten Art von Gerichten vorbehalten sei, die sich nach Stellung und Aufgabenbereich von den sonstigen Gerichten unterscheide[335]. Die Konzentration der Normenkontrolle bei den Verfassungsgerichten, denen eine Ausnahmestellung gegenüber anderer Gerichten zukomme, mache deutlich, daß es sich um materielle Verfassungsgerichtsbarkeit handele. Schenke verweist dabei insbesondere auf die Regierungsbegründung zur alten Fassung des § 47 VwGO[336], wonach die Normenkontrolle „ihrem Wesen nach an sich zur Verfassungsgerichtsbarkeit" gehöre. Gerade diese Einordnung sei für die Ausgestaltung der verwaltungsgerichtlichen Normenkontrolle wesentlich gewesen[337]. Es sei auch letztlich der Grund für die nur *fakultativ* statuierte Einführung der verwaltungsgerichtlichen Normenkontrolle durch die Länder gewesen (§ 47 I Nr. 2 VwGO), da die prinzipale Überprüfung am Maßstab des Landesrechts somit Landesverfassungsgerichtsbarkeit darstelle, für die der Bund gemäß Art. 74 Nr. 1 GG keine Gesetzgebungskompetenz besitzt[338].
Ein weiteres Argument entnimmt Schenke[339] der Rechtsprechung des Bundesverfassungsgerichts zu Art. 100 GG. Das Bundesverfassungsgericht habe es als zulässig angesehen, daß einzelne Bundesländer über den in Art. 100 GG vorgeschriebenen Rahmen hinaus konkrete prinzipale Normenkontrollen vorsehen und auch untergesetzliches Landesrecht in die ausschließliche Verwerfungskompetenz des Landesverfassungsgerichts miteinbeziehen[340]. Zur Be-

---

333 Schenke, NJW 1978, S. 671 (673); ders., Rechtsschutz, S. 265; ebenso auch Bergmann, VwArch 51 (1960), S. 36 (39).

334 Vgl. hierzu insbes. Bettermann, DVBl. 1982, S. 91 ff. und Schmidt, Diss., S. 112 ff.

335 Schenke, NJW 1978, S. 671 (673); ders., Rechtsschutz, S. 265.

336 BT-Drucks. 3/55, S. 33.

337 Schenke, NJW 1978, S. 671 (673).

338 Schenke, NJW 1978, S. 671 (673 f.).

339 Schenke, NJW 1978, S. 671 (674); ders., Rechtsschutz, S. 267 f.

340 BVerfG, Urt. v. 20.03.1952, BVerfGE 1, 184 (201); BVerfG, Beschl. v. 11.05.1955, BVerfGE 4, 178 (188 f.).

gründung verweise das Bundesverfassungsgericht darauf, daß die Länder ihre Verfassungsgerichtsbarkeit nach eigenem Ermessen ordnen können. Damit habe das Bundesverfassungsgericht die prinzipale Normenkontrolle untergesetzlicher Rechtsvorschriften als Verfassungsgerichtsbarkeit qualifiziert. Dies ergebe sich auch daraus, daß sonst durch die bundesrechtlich erlassenen Verfahrensordnungen gemäß Art. 74 Nr. 1 GG eine Kodifikationssperre bestehen würde.
Die Rechtsprechung des Bundesverfassungsgerichts bildet auch die Grundlage für ein weiteres Argument[341]: Bei in die Freiheitssphäre des Bürgers eingreifenden Verwaltungsakten und Urteilen überprüfe das Bundesverfassungsgericht nur, ob die Verletzung spezifischen Verfassungsrechts vorliege[342]. Bei der Kontrolle von untergesetzlichem Recht prüfe das Bundesverfassungsgericht dagegen stets auch, ob eine Grundrechtsverletzung dadurch bedingt ist, daß die Vorschrift gegen einfache Gesetze verstößt. Schenke sieht die Erklärung für diese Differenzierung darin, daß sich das Bundesverfassungsgericht bei der Normenkontrolle „in seinem ureigensten Bereich“ bewege, in dem es grundsätzlich nicht zu einer Konkurrenz mit einer anderen Gerichtsbarkeit kommen könne. Dieser Bereich sei eben der Sektor der Verfassungsgerichtsbarkeit im materiellen Sinne.
Einen weiteren Anhaltspunkt für seine These sieht Schenke[343] schließlich im Verhältnis von § 47 VwGO zu § 40 VwGO. Er vertritt die Ansicht, daß § 47 VwGO nicht unter § 40 I VwGO subsumierbar sei und eine Erweiterung des verwaltungsrechtlichen Rechtswegs darstelle. § 40 I VwGO treffe für die prinzipale Normenkontrolle aufgrund ihres Wesens als materieller Verfassungsgerichtsbarkeit nicht zu. Nur so sei seiner Ansicht nach auch das Verhältnis von § 47 VwGO zu § 40 I VwGO erklärbar.

Innerhalb der neueren Literatur hat sich neben Schenke noch Ziekow[344] ausführlicher mit dem Charakter der Normenkontrolle auseinandergesetzt. Auch er vertritt die Auffassung, bei der Normenkontrolle handele es sich um materielle Verfassungsgerichtsbarkeit. Neben den von Schenke angesprochenen Argumenten weist Ziekow darauf hin[345], daß allein die Auffassung, die Normenkontrolle stelle materielle Verfassungsgerichtsbarkeit dar, systematische Folgerichtigkeit für sich in Anspruch nehmen könne. Nur sie könne erklären, weshalb § 47 VwGO im Abschnitt „Verwaltungsrechtsweg und Zuständigkeit“ stehe, obwohl er doch keine von § 45 VwGO abweichende Regelung enthalte.

---

341 Schenke, NJW 1978, S. 671 (674); ders., Rechtsschutz, S. 266 f.; ders., JuS 1981, S. 81 (87).

342 BVerfG, Urt. v. 16.01.1957, BVerfGE 6, 32 (43).

343 Rechtsschutz, S. 261; NJW 1978, S. 671 (674 f.).

344 In NK, § 47 Rn. 8 ff.

345 In NK, § 47 Rn. 9.

## 2. Kritik

### a) Das Verhältnis von § 47 VwGO zu § 40 VwGO

Im Zentrum der Diskussion um das Verhältnis von § 47 VwGO zu § 40 VwGO steht die Formulierung des § 47 I VwGO, nach der das Oberverwaltungsgericht nur „im Rahmen seiner Gerichtsbarkeit" entscheidet.

*(1) Die Auslegung der Gerichtsbarkeitsklausel nach h.A.*

Über die Auslegung dieser Gerichtsbarkeitsklausel des § 47 I VwGO besteht in Rechtsprechung und Rechtslehre Übereinstimmung. Die Normenkontrolle ist nur hinsichtlich von Rechtssätzen zulässig, in deren Vollzug im Verwaltungsrechtsweg anfechtbare oder mit Verpflichtungsklagen erzwingbare Verwaltungsakte ergehen oder aus deren Anwendung sonstige öffentlich-rechtliche Streitigkeiten entstehen können, für die der Verwaltungsrechtsweg gegeben ist. Gleiches gelte hinsichtlich von Rechtssätzen, durch die solche Rechtssätze aufgehoben werden[346]. Es ist hypothetisch danach zu fragen, ob die Anwendung der Norm zu Streitigkeiten führt, für die nach § 40 VwGO der Weg zu den allgemeinen Verwaltungsgerichten offensteht. Diese Beschränkung soll verhindern, daß das Oberverwaltungsgericht die Gerichte anderer Gerichtszweige für solche Streitigkeiten präjudiziert, für die diese sonst im Streitfall zuständig sind[347]. Im Ergebnis führt diese Regelung daher zu einer Begrenzung des Prüfungsgegenstandes.

*(2) Die dogmatische Fundierung*

Es fragt sich jedoch, wie sich diese in der Praxis durchgängig angewandte Auslegung der Gerichtsbarkeitsklausel dogmatisch fundieren läßt. Nur dann können daraus Rückschlüsse für die Einordnung der gesetzlich nicht normierten Normenkontrolle gezogen werden[348].

---

346 Kopp, VwGO, § 47 Rn. 17 m.w.N.

347 So auch die Amtliche Begründung zum Regierungsentwurf (BT-Drucks. 3/55, S. 33): „Es ist sachlich nicht vertretbar, daß die Oberverwaltungsgerichte ... andere Gerichte für Streitigkeiten präjudizieren, zu deren Entscheidung letztere ausschließlich zuständig sind. Eine derartige Überordnung der Oberverwaltungsgerichte liefe dem Grundsatz der Gleichwertigkeit der einzelnen Zweige der Gerichtsbarkeit zuwider ... 'Im Rahmen seiner Gerichtsbarkeit' bedeutet daher, daß die Verwaltungsgerichte für Normenkontrollen soweit zuständig sind, als sie Streitigkeiten um die zu kontrollierende Norm im Einzelfall zu entscheiden haben." Vgl. dazu auch Schoch/Gerhardt, § 47 Rn. 32.

348 In der einschlägigen Kommentarliteratur hat diese Frage nur geringe Beachtung gefunden. Bezeichnend insoweit Schmidt (Eyermann/Schmidt, § 47 Rn. 32), der die Einschränkung durch die Gerichtsbarkeitsklausel als „eine dem § 40 vergleichbare Regelung" beschreibt. Ob diese Einschränkung nun alternativ oder kumulativ zu der Einschränkung des § 40 VwGO besteht, bleibt offen.

Die Auslegung allein bietet noch kein tragfähiges Indiz für die Beurteilung des Verhältnisses von § 40 I VwGO zu § 47 VwGO. Einerseits könnte man argumentieren, daß durch die Beschränkung auf Normen, aus deren Vollzug sich Streitigkeiten ergeben können, für die der Verwaltungsrechtsweg eröffnet wäre, an § 40 VwGO angeknüpft wird und § 47 VwGO nur mehr eine weitere Verfahrensart einführt, die sich im Rahmen des § 40 VwGO hält. Die Gerichtsbarkeitsklausel wäre damit eine zusätzliche Einschränkung neben dem Erfordernis des § 40 VwGO[349]. Andererseits deutet die hypothetische Frage nach sich aus der Anwendung der Norm ergebenden Streitigkeiten i.S.d. § 40 VwGO darauf hin, daß die Normenkontrolle selbst gerade keine Streitigkeit i.S.d. § 40 I VwGO darstellt. Wenn jedoch keine Streitigkeit i.S.d. § 40 I VwGO vorliegt, muß § 47 VwGO eine Erweiterung des Verwaltungsrechtswegs beinhalten[350].

(a) Wortlaut

Der Wortlaut der Gerichtsbarkeitsklausel scheint auf den ersten Blick Aufschluß zu geben. Die Formulierung „im Rahmen seiner Gerichtsbarkeit" setzt eine anderweitige Umgrenzung der Verwaltungsgerichtsbarkeit voraus, die gerade in § 40 I VwGO enthalten ist. Insofern liegt eine Verweisung auf die Generalklausel des § 40 I VwGO vor. Der „Rahmen" der durch § 47 VwGO eröffneten Prüfungsmöglichkeiten wird durch § 40 VwGO bestimmt. Diese Bezugnahme ist ein starkes Indiz dafür, daß der Verwaltungsrechtsweg durch § 47 VwGO nicht erweitert und nur eine weitere Verfahrensart neben den sonstigen Verfahren der VwGO etabliert werden soll.
Eine genaue Betrachtung des Wortlauts führt jedoch zu dem Problem, wie die Normenkontrolle unter den Begriff der Streitigkeit zu subsumieren ist. Denn soll § 47 I VwGO der Rechtswegvorschrift des § 40 VwGO untergeordnet werden, muß sich die Normenkontrolle auch mit den Wortlaut des § 40 I VwGO vereinbaren lassen, der eine öffentlich-rechtliche Streitigkeit als Gegenstand des verwaltungsgerichtlichen Verfahrens erfordert.
Bemüht man sich um eine allgemeine Definition des Begriffs „Rechtsstreit", so ist darunter eine Auseinandersetzung zweier oder mehrerer Parteien oder Beteiligten über ein Rechtsverhältnis zu verstehen[351]. Der allgemeine Sprachgebrauch legt somit eine eher weite Begriffsbestimmung nahe, welche die Normenkontrolle miteinbeziehen würde.
In der rechtswissenschaftlichen Diskussion wird dem Problem der Einstufung der Normenkontrolle als „Streitigkeit" nur geringe Beachtung geschenkt. Der

349 Besler, S. 86 f.; Erichsen, VwArch 68 (1977), S. 179 (183); v. Kupsch, S. 68 ff.

350 So v. Engelhardt, S. 173; Renck, DÖV 1964, S. 1 (7); ders., NJW 1980, S. 1022 (1026); Schenke, Rechtsschutz, S. 261 ff.; Wilken, Diss., S. 8 ff.; Ziekow in NK, § 47 Rn. 9 u. Rn. 39 ff.

351 Tilch, Deutsches Rechtslexikon, Bd. 3; ähnlich Köbler, Juristisches Wörterbuch: „Streit mehrerer Beteiligter über ein Rechtsverhältnis vor einer entscheidungsbefugten Stelle".

Begriff wird vielmehr gewissermaßen „untechnisch“ gebraucht und nicht mit dogmatischen Fragen verbunden[352]. Ehlers[353] legt den Begriff der Streitigkeit i.S.d. § 40 I S. 1 VwGO weit aus: Eine solche liege vor, wenn mindestens zwei Personen vorhanden sind, die gegensätzliche Interessen haben und eine Kontroverse vorliegt. Damit werden im wesentlichen nur Fälle des Insichprozesses oder der lediglich gutachterlichen Klärung von abstrakten Rechtsfragen ausgeschieden. Das Verfahren des § 47 VwGO wäre von dieser Definition ohne Bedenken erfaßt. Wilken, der sich, soweit ersichtlich, als einziger intensiv mit dieser Wortlautproblematik auseinandergesetzt hat[354], diskutiert eine Vielzahl möglicher Definitionen. Er hält letztlich eine enge Auslegung des Begriffs für sachgerecht und lehnt eine Einbeziehung der Normenkontrolle deswegen ab, da es sich nicht um einen „Streit“ handele. Ob diese Auslegung einer lebensnahen Betrachtung des Begriffs gerecht wird, erscheint insbesondere auch aufgrund der mittlerweile zwingend[355] kontradiktorischen Ausgestaltung der verwaltungsgerichtlichen Normenkontrolle in § 47 II S. 2 VwGO fraglich. Der Hinweis, daß der Begriff bei einer zu weiten Interpretation jegliche Kontur zu verlieren und völlig aufgelöst zu werden drohe[356], mag berechtigt sein. Andererseits ist der Begriff der Rechtsstreitigkeit jedoch bereits in seiner Grundbedeutung so weit angelegt, daß dieser Gefahr kaum wirksam abgeholfen werden kann. Vielmehr ist zu befürchten, daß dem Begriff in der von Wilken gewählten Auslegung eine Funktion auferlegt wird, die er nicht erfüllen kann und soll.

Der Wortlaut von § 40 I S. 1 VwGO und § 47 I VwGO spricht somit eher gegen eine Erweiterung des Verwaltungsrechtswegs durch § 47 VwGO[357].

---

352 Problematisiert wird dies lediglich von Ehlers (in Schoch, § 40 Rn. 98), v. Kupsch (S. 78 ff.) und Wilken (S. 10 ff.). Maurer (FS für Kern, S. 275, 291) geht mit der Behauptung darüber hinweg, die Einstufung als öffentlich-rechtliche Streitigkeit könne „nicht ernstlich bestritten“ werden; als Vertreter der Gegenansicht stellt Klaus Meyer (HS Speyer, S. 161, 174) nur fest, die Normenkontrolle sei keine Streitigkeit in dem von § 40 VwGO gemeinten Sinne, da es kein konkretes streitiges Rechtsverhältnis gebe.

353 Schoch/Ehlers, § 40 Rn. 98.

354 A.a.O. (Rn. 352).

355 Die Ausführungen von Wilken zum Fehlen des kontradiktorischen Elementes (Diss., S. 12 f.) sind durch die Einführung von § 47 II S. 2 VwGO obsolet geworden.

356 So Wilken, Diss., S. 10.

357 Nicht tragfähig ist jedenfalls der Lösungsansatz von v. Kupsch (S. 67 ff.): Einerseits ordnet er dezidiert § 47 VwGO dem § 40 VwGO unter, andererseits ist er der Ansicht, daß das Verfahren der abstrakten Normenkontrolle nicht von dem Terminus „öffentlich-rechtliche Streitigkeiten“ erfaßt wird. Seine Argumentation zur Lösung dieses Dilemmas ist nicht haltbar: Da der Gesetzgeber die Normenkontrolle in § 47 VwGO zugelassen habe, müsse er in der Generalklausel von einem Streitbegriff ausgegangen sein, der die Normenkontrolle umschließe. Diese „zwingend gebotene Auffassung“, die „das Ergebnis weniger der juristischen Auslegung als der sprachlichen Ausdrucksform“ sei (S. 79), setzt sich aber gerade über den Wortlaut des Gesetzes hinweg.

(b) Gesetzessystematik

Ähnlich verhält sich dies mit der Systematik der §§ 40 ff. VwGO, die auch auf eine Unterordnung des § 47 VwGO unter die Generalklausel des § 40 VwGO hindeutet. Unter der Überschrift des sechsten Abschnitts „Verwaltungsrechtsweg und Zuständigkeit“ wird zunächst in § 40 VwGO die Zulässigkeit des Verwaltungsrechtswegs allgemein bestimmt und dieser in § 42 und § 43 VwGO näher präzisiert. Dann folgen Zuständigkeitsregelungen: die sachliche Zuständigkeit der Verwaltungsgerichte (§ 45 VwGO), diejenige des Oberverwaltungsgerichts (§§ 46, 48 VwGO) und schließlich des Bundesverwaltungsgerichts (§§ 49, 50 VwGO). Es liegt daher nahe, § 47 VwGO in erster Linie als Vorschrift über den sachlichen Zuständigkeitsbereich des Oberverwaltungsgerichts zu betrachten[358]; eine Rechtswegbestimmung vermutet man an dieser Stelle nicht. Eine derartige Deutung wird auch der besonderen Bedeutung der Generalklausel des § 40 VwGO am ehesten gerecht.

Die Gegenansicht weist nun darauf hin, daß die Gerichtsbarkeitsklausel überflüssig sei, wenn die Normenkontrolle nur eine besondere Verfahrensart innerhalb des von § 40 VwGO abgesteckten Rahmens sei[359]. Eine derartige Beschränkung sei dann ebensowenig nötig wie in § 42 oder § 43 VwGO. Diese Argumentation trifft einen wesentlichen Punkt; sie kann die These der Erweiterung des Verwaltungsrechtswegs aber letztlich auch nicht stützen. So geht diese Ansicht dabei von der unzutreffenden Annahme aus, § 40 VwGO regele den Verwaltungsrechtsweg abschließend. Gemäß § 40 I S. 1 letzter HS. und § 40 I S. 2 VwGO kann die Rechtswegzuständigkeit der Verwaltungsgerichte aber auch durch ausdrückliche Zuweisung von Streitigkeiten - auch solcher nicht öffentlich-rechtlicher Natur - durch Gesetz begründet werden, so daß § 40 VwGO gerade nicht abschließend ist[360]. Die Gerichtsbarkeitsklausel ist jedoch ein Zeichen dafür, daß die Vorschriften des § 40 I VwGO und § 47 I VwGO nicht vollständig ineinander greifen. Das Verfahren der Normenkontrolle besitzt gegenüber den sonstigen Klagearten der VwGO schon allein durch seine zusätzliche Funktion als objektives Beanstandungsverfahren[361] eine Sonderstellung[362]. Daß sich die Normenkontrolle nicht problemlos in die Regelungen des sechsten Abschnitts der VwGO einfügt, zeigt sich eben darin, daß der Gesetzgeber die

---

358 Vgl. auch die redaktionellen Überschriften zu § 47 VwGO bei Sartorius I, Kopp und Eyermann.

359 V. Kupsch, S. 68; Schenke, Rechtsschutz, S. 261; Wilken, Diss., S. 15; Ziekow in NK, § 47 Rn. 9.

360 § 50 I Nr. 4 VwGO kann als Argument hierfür nicht herangezogen werden. Es handelt sich um eine bloße Zuständigkeits-, nicht um eine Rechtswegvorschrift. Für Klagen aus dem Angestelltenverhältnis bleibt der Rechtsweg zu den Zivil- und Arbeitsgerichten unberührt (Eyermann/Schmidt, § 50 Rn. 11; Kopp, § 50 Rn. 8; Redeker/v. Oertzen, § 50 Rn. 4; Schoch/Bier, § 50 Rn. 11; a.A.: Wilken, Diss., S. 9).

361 Kopp, VwGO, § 47 Rn. 3 m.w.N.

362 Vgl. Eyermann/Schmidt, § 47 Rn. 4.

Einfügung der Gerichtsbarkeitsklausel in § 47 I VwGO für notwendig hielt. Das Verhältnis von § 40 I S. 1 VwGO zu § 47 VwGO läßt sich nicht eindeutig bestimmen. Aufgrund des deutlichen Wortlauts („im Rahmen seiner Gerichtsbarkeit") und der Systematik der §§ 40 ff. VwGO liegt es jedoch näher, darin lediglich eine Klarstellung des Prüfungsgegenstandes im Hinblick auf die Rechtswegbestimmung in § 40 I S. 1 VwGO zu sehen als eine Erweiterung des Verwaltungsrechtswegs[363]. Als Argument für die These der prinzipalen Normenkontrolle als materieller Verfassungsgerichtsbarkeit ist das Verhältnis der beiden Normen jedenfalls zumindest sehr zweifelhaft.

### b) Weitere Einwände

Der Ansatz der h.M., die den Prüfungsgegenstand als ausschlaggebend betrachtet, unterscheidet Verfassungs- und Verwaltungsgerichtsbarkeit in funktioneller Hinsicht, nämlich danach, welche Aufgaben dem jeweiligen Gericht im System der deutschen Gerichtsbarkeit zweckmäßigerweise zugeteilt sind. In diesem Sinn ist auch die oben erläuterte Auslegung der Rechtswegbestimmung des § 40 VwGO durch die h.M. zu sehen. Nur mit einem funktionell verstandenen Begriff der Verfassungsgerichtsbarkeit lassen sich im Rahmen des § 40 VwGO

---

363 Wenig überzeugend ist das von Wilken (Diss., S. 15 ff.) gegen die Einordnung der Normenkontrolle unter § 40 I S. 1 VwGO vorgebrachte Argument, die Einstufung der Normenkontrolle als Rechtsstreitigkeit würde zu wenig sinnvollen Ergebnissen im Bereich der Sozial- und Finanzgerichtsbarkeit führen. Da davon auszugehen sei, daß der Gesetzgeber den Begriff der „öffentlich-rechtlichen Streitigkeiten" in § 55 SGG und § 33 FGO nicht anders als in § 40 VwGO verstanden wissen wollte, ergebe sich aus der Einbeziehung der Normenkontrolle in § 40 VwGO die Folgerung, daß auch der Sozial- und Finanzrechtsweg für Normenkontrollen offen stehe. Daß das SGG und die FGO hierfür kein besonderes Verfahren bereithielten, sei kein Hindernis. Auch in der VwGO sei die allgemeine Leistungsklage nicht geregelt, trotzdem werde ihre Zulässigkeit aus der Rechtswegbestimmung des § 40 VwGO abgeleitet. Dieses Heranziehen der Sozial- und Finanzgerichtsbarkeit ist wenig fruchtbar. Zunächst geht schon der Vergleich mit der allgemeinen Leistungsklage im Verwaltungsprozeß fehl. Die Zulässigkeit der allgemeinen Leistungsklage wird primär daraus abgeleitet, daß sie in der VwGO an mehreren Stellen erwähnt (§§ 43 II, 111 VwGO) bzw. vorausgesetzt (§§ 113 IV, 169 II VwGO) ist. Zudem besteht zu der in der VwGO geregelten Anfechtungs- und Verpflichtungsklage (§ 42 VwGO) große Sachnähe, da oft nur ein geringer, lediglich rechtstechnischer Unterschied besteht, ob das Klageziel auf einen Verwaltungsakt oder eine Handlung, Duldung oder Unterlassung gerichtet ist. Demgegenüber besitzt das Verfahren der verwaltungsgerichtlichen Normenkontrolle aufgrund seines Charakters als objektives Beanstandungsverfahren viele Eigentümlichkeiten. Desweiteren zeigen aber auch andere, mit der Bejahung einer Normenkontrolle in der Sozial- und Finanzgerichtsbarkeit verbundene Probleme (Zuständigkeit der erstinstanzlichen Gerichte; Sperrung der Gesetzgebungszuständigkeit für die Länder, da konkurrierende Gesetzgebungskompetenz gemäß Art. 74 Nr. 1 GG), daß diese Argumentation wenig zur Einstufung der Normenkontrolle in der Verwaltungsgerichtsordnung beitragen kann.

auch praktikable Ergebnisse erzielen. Die von Schenke propagierte, enumerative Bestimmung der verfassungsgerichtlichen Streitigkeiten jenseits einer abstrakten Formel[364] ist in der Praxis kaum zu handhaben und läßt den Aspekt der Rechtssicherheit völlig unbeachtet. Mag der Hinweis auf die Heterogenität der bestehenden verfassungsgerichtlichen Kompetenzen auch berechtigt sein, so ignoriert der vorgeschlagene Lösungsansatz jedoch die sehr wohl vorhandenen, von Rechtsprechung und Literatur herausgearbeiteten Strukturen.

Während nach der h.M. für den Bereich der Normenkontrolle der Prüfungsgegenstand den entscheidenden materiellen Ansatzpunkt darstellt, sieht Schenke in der Art der Tätigkeit das entscheidende materielle Kriterium. Er versucht, das „Wesen" von verfassungsgerichtlicher Tätigkeit mit Hilfe des Gesichtspunkts zu bestimmen, daß es eine bestimmte Art von richterlicher Tätigkeit gebe, die allein den Verfassungsgerichten vorbehalten sei. Dies überzeugt nicht. Abgesehen davon, daß zweifelhaft ist, ob verfassungsgerichtliche Tätigkeit überhaupt derart wesensmäßig eingrenzbar ist, bleibt er auch für die Behauptung, daß aus der Einstufung als materieller Verfassungsgerichtsbarkeit notwendigerweise eine funktionelle Zuweisung an die Verfassungsgerichte erfolgen muß, den Beweis schuldig. Mögen sich auch in den Zuständigkeiten der Verfassungsgerichte wesensmäßige Besonderheiten finden, so heißt das noch nicht, daß sich dies auch zwingend auf die Zuständigkeitsverteilung niederschlagen muß. Eine funktional ausgerichtete Kompetenzverteilung innerhalb der verschiedenen Zweige der deutschen Gerichtsbarkeit kann durchaus ergeben, daß auch die Verwaltungsgerichte materielle Verfassungsgerichtsbarkeit in dem von Schenke verstandenen Sinn ausüben.

Der Wortlaut der Regierungsbegründung zu § 47 VwGO, wonach die Normenkontrolle „ihrem Wesen nach an sich zur Verfassungsgerichtsbarkeit" gehöre, legt zwar den Begriff der „Verfassungsgerichtsbarkeit" tatsächlich in der auch von Schenke vertretenen Art und Weise aus. Daß diese Einstufung aber letztlich als nicht entscheidend angesehen wurde, zeigt bereits die einschränkende Formulierung („an sich") und die Tatsache, daß in § 47 VwGO eine Normenkontrolle vor den Verwaltungsgerichten verankert wurde.

Auch die Tatsache, daß die Entscheidung des Gerichts allgemeinverbindliche Wirkung besitzt, zwingt nicht zu dem Schluß, daß es sich um verfassungsgerichtliche Tätigkeit handeln muß. Vielmehr folgt die inter-omnes-Wirkung aus der Natur der Normenkontrolle[365]. Streitgegenstand ist eine Norm, d.h. eine Regelung mit generell-abstrakter Wirkung. Da der Kreis der von der Regelung betroffenen Adressaten nicht bestimmbar ist, muß der Regelung eine einheitliche Wirkung zukommen. Dies gilt eben auch für die Frage ihrer Gültigkeit. Eine ähnliche, aus der Natur der Sache resultierende Allgemeinverbindlichkeit findet sich auch in den anderen Gerichtsbarkeiten im Rahmen von Gestaltungs-

---

364 Schenke, JZ 1996, S. 998 (1001).

365 So auch Wilken, Diss., S. 21.

urteilen. Zwar ist zuzugeben, daß die allgemein verbindliche Nichtigerklärung einer Norm sich von der Wirkung derartiger Urteile insofern unterscheidet, als die Zahl der potentiell Betroffenen grundsätzlich unbestimmt ist, falls eine Norm den Streitgegenstand darstellt. Die Gestaltung einer Rechtslage bzw. die Feststellung eines Rechtsverhältnisses zielt zunächst auf die im Prozeß beteiligten Parteien ab, während eine Norm schon von vornherein auf einen unbestimmten Adressatenkreis angelegt ist[366]. Der Vergleich mit anderen Gerichtsbarkeiten ist jedoch insoweit gerechtfertigt, als er die inter-omnes-Wirkung eines Urteils als nicht spezifisch verfassungsrechtliche Eigenschaft offenlegt. Die Allgemeinverbindlichkeit der Entscheidung kann vor allem aber auch deswegen nicht als konstituierendes Element einer verfassungsgerichtlichen Tätigkeit angesehen werden, da die allgemeinverbindliche Wirkung bei der verwaltungsgerichtlichen Normenkontrolle nur im Fall der Verwerfung der Norm eintritt (vgl. § 47 V S. 2 HS. 2 VwGO)[367]. Es kann nicht von der Art der Entscheidung abhängen, ob das für die Normenkontrolle zuständige Gericht eine verfassungsgerichtliche oder verwaltungsgerichtliche Tätigkeit ausgeübt. Eine derartige Aufspaltung, die zudem nur ex post erfolgen könnte, ist abzulehnen[368]. Nicht weiterführend ist auch das Schlagwort der Normenkontrolle als negativer Gesetzgebung. Eine Parallele zum Normgebungsverfahren mag darin zu sehen sein, daß im Fall der Ungültigerklärung die Entscheidungsformel ebenso zu veröffentlichen ist wie die Rechtsvorschrift bekanntzumachen wäre (§ 47 V S. 2 a.E. VwGO). Der Blick auf die materiell-rechtliche Seite macht aber die Schwäche dieses Schlagworts deutlich. Die Nichtigerklärung einer Norm im Verfahren der prinzipalen Normenkontrolle wirkt im Gegensatz zum Verfahren der Aufhebung einer Norm ex tunc, d.h., sie stellt lediglich fest, daß eine Vorschrift von Anfang an nicht galt bzw. durch Inkrafttreten einer entgegenstehenden höherrangigen Norm ipso iure unwirksam geworden ist[369]. Sie verändert also das Recht nicht und stellt daher gerade keine Rechtssetzung dar. Die gegenteilige Ansicht hätte auch die merkwürdige Konsequenz, daß Normenkontrollentscheidungen, wenn sie denn Rechtsvorschriften aufheben würden,

---

366 Kritisch zu diesem Vergleich auch Schenke (Rechtsschutz, S. 265 Fn. 25) mit dem Hinweis, diese Allgemeinverbindlichkeit sei „von durchaus anderer Art“, ohne dies jedoch näher zu begründen.

367 Die verfassungsgerichtliche Normenkontrolle ist in jedem Fall allgemeinverbindlich. Dies ergibt sich aus § 31 II BVerfGG, der den Entscheidungen sogar Gesetzeskraft zuerkennt.

368 So auch Besler, S. 130.

369 Maßgeblicher Zeitpunkt für die Nichtigkeit der Norm ist der Zeitpunkt der Kollisionsentstehung, vgl. BVerfG, Beschl. v. 12.10.1951, BVerfGE 1, 14 (37); Urt. v. 11.06.1958, BVerfGE 7, 377 (387); Benda/Klein, Rn. 1165; Ulsamer in M/S/K/U, § 78 Rn. 15; Wilken, Diss., S. 22. Positivrechtlich ergibt sich die ex-tunc-Wirkung aus der Regelung des § 79 BVerfGG, die sonst nicht verständlich wäre (Benda/Klein, Rn. 1166).

selbst Normen wären und damit ihrerseits der Normenkontrolle unterlägen[370]. Daß die Normenkontrolle nur bestimmten Gerichten vorbehalten ist, nämlich den Verfassungsgerichten und im Fall der verwaltungsgerichtlichen Normenkontrolle dem Oberverwaltungsgericht bzw. Verwaltungsgerichtshof, beruht auf der besonderen Bedeutung, die sich aus der Vielzahl der von der Entscheidung betroffenen Personen ergibt. Diese weitreichende Wirkung ergibt sich wiederum daraus, daß eine Norm den Gegenstand des Verfahrens bildet. Die herausgehobene Bedeutung der Entscheidung allein zwingt jedoch nicht zu dem Schluß, es müsse sich somit um verfassungsgerichtliche Tätigkeit handeln. Mit diesem Argument lassen sich auch erstinstanzliche Zuständigkeiten von Obergerichten der sonstigen Gerichtszweige begründen. Hinzukommen muß ein unmittelbarer Bezug zum Verfassungsrecht.
Die von Schenke dem Begriff der Verfassungsgerichtsbarkeit beigemessene Bedeutung ist auch für seine auf die Gesetzgebungkompetenzen gestützte Argumentation bestimmend. Daß die Einführung der Normenkontrolle den Ländern in § 47 I Nr. 2 VwGO freigestellt wurde, hängt nicht zwingend mit einer Klassifizierung als materieller Verfassungsgerichtsbarkeit zusammen. Als Grund für die Regelung des § 47 I Nr. 2 VwGO ist vielmehr anzusehen, daß der Bund - im Gegensatz zur Nr. 1 - von seiner gemäß Art. 74 Nr. 1 GG bestehenden Gesetzgebungskompetenz schlichtweg keinen Gebrauch gemacht hat, da die Länder für die Einführung einer Kontrolle von Landesrecht die größere Sachnähe besitzen[371].
Aus gleichem Grunde ist auch Schenkes Interpretation der Ansicht des Bundesverfassungsgerichts hinsichtlich der konkreten Normenkontrolle zu kritisieren. Schenkes Schlußfolgerung, das Bundesverfassungsgericht qualifiziere die prinzipale Normenkontrolle untergesetzlicher Rechtsvorschriften als Verfassungsgerichtsbarkeit, ist für sich gesehen nicht angreifbar. Er legt jedoch dem Begriff der Verfassungsgerichtsbarkeit den vom ihm entwickelten Bedeutungsgehalt zugrunde, der sich der Begründung des Bundesverfassungsgerichts so nicht entnehmen läßt. Die Verwendung des Begriffs durch das Bundesverfassungsgericht kann nur in dem Sinne interpretiert werden, daß die Verfassungsgerichtsbarkeit damit im Sinne einer funktionellen Kompetenzverteilung angesprochen wurde. Die Länder können demnach die Befugnisse ihrer Verfassungsgerichte nach ihrem eigenen Ermessen bestimmen. Diesem Ermessen sind natürlich auch materielle Grenzen gesetzt. Nach welchen materiellen Kriterien die Länder bestimmte Verfahren in den Bereich der Verfassungsgerichtsbarkeit einbeziehen können, wird aus den Aussagen des Bundesverfassungsgerichts nicht deutlich. Wie aber die Einbeziehung der Verfassungsbeschwerde in den

---

370 Wilken, Diss., S. 22; a.A. Schmidt, Diss., S. 112 ff., und Eyermann/Schmidt, § 47 Rn. 4 (Rechtsprechung „im eigentlichen Sinne").

371 In diesem Sinne ist auch die Begründung zu § 47 VwGO auszulegen, es sei „vor allem Sache der Länder, wie sie die Prüfung des Landesrechts auf seine Gesetzmäßigkeit gestalten wollen" (BT-Drucks. 3/55, S. 33).

Kompetenzbereich der Verfassungsgerichte zeigt, kann es für eine verfassungsgerichtliche Tätigkeit genügen, daß ein Handeln der Verwaltung an der Verfassung überprüft wird. Entscheidendes materielles Element kann also bereits der Prüfungsmaßstab darstellen, es muß sich nicht um eine besondere Verfahrensform, einen besonderen Prüfungsgegenstand oder um besondere Verfahrensbeteiligte handeln.
Da es sich somit nicht nur um verfahrensrechtliche Aspekte handelt, kann die Verwaltungsgerichtsordnung auch keine Regelungssperre nach Art. 74 Nr. 1 GG begründen. Konsequenterweise enthält sie auch keine Regelung hinsichtlich der Aussetzung des Verfahrens und der Vorlage einer Rechtsfrage an die Verfassungsgerichte der Länder. Solche Regelungen können nur in den Verfassungen selbst geregelt werden, da sie auch materielle Aspekte der Verfassungsgerichtsbarkeit betreffen.
Schließlich ist noch auf das Argument Schenkes einzugehen, das Bundesverfassungsgericht erstrecke seine Prüfungsbefugnis bei der Kontrolle von untergesetzlichen Normen im Gegensatz zur Überprüfung von Verwaltungsakten und Urteilen auch auf einen Verstoß gegen einfache Gesetze, weil das Gericht sich hier „in seinem ureigensten Bereich", nämlich der materiellen Verfassungsgerichtsbarkeit bewege. Auch bei der Verfassungsbeschwerde gegen Normen kann ein Verstoß gegen einfaches Recht nur insoweit gerügt werden, als er verfassungsrechtlich relevant ist[372]. Daß das Bundesverfassungsgericht beim unmittelbaren oder mittelbaren Angriff gegen eine belastende Norm diese einer vollständigen Überprüfung auf ihre formelle wie materielle Verfassungsmäßigkeit unterzieht und den Prüfungsumfang nicht auf die Verletzung von sog. spezifischen Verfassungsrecht beschränkt[373], hat seinen Grund darin, daß im Bereich der Normenkontrolle die Gefahr nicht existiert, als „Superrevisionsgericht" mißbraucht zu werden. Hier steht vielmehr das Verhältnis zum Gesetzgeber in Rede[374]. Die Einschränkung auf eine spezifische Verfassungsrechtsverletzung ist nicht notwendig und wird daher, zumal da sie sich letztlich nur mit der Funktionsfähigkeit des Bundesverfassungsgerichts begründen läßt[375], auch nicht vertreten.

Der Argumentation von Ziekow ist ebenso wie derjenigen von Schenke der grundsätzliche Einwand entgegenzuhalten, daß sie von einem Begriff der Ver-

---

372 Insbesondere: Eine Rechtsverordnung überschreitet entgegen Art. 80 I GG ihre Ermächtigungsgrundlage (z.B. BVerfG, Beschl. v. 12.10.1976, BVerfGE 42, 374, 385), ein Gesetz wurde kompetenzwidrig erlassen (z.B. BVerfG, Beschl. v. 18.05.1988, BVerfGE 78, 205, 209 f.) oder verstößt gegen den Verhältnismäßigkeitsgrundsatz (z.B. BVerfG, Beschl. v. 18.12.1974, BVerfGE 38, 281, 298) (vgl. dazu Pestalozza, Verfassungsgerichtsbarkeit, § 12 Rn. 31 Fn. 94).

373 Vgl. Dreier/Dreier, Art. 2 I Rn. 29.

374 Vgl. Schlaich, Rn. 315.

375 Vgl. oben B III 1 a.

fassungsgerichtsbarkeit ausgeht, der letztlich nicht haltbar ist. Dem System der Aufteilung der Zuständigkeiten zwischen den Gerichtsbarkeiten liegt eben kein materieller Begriff der Verfassungsgerichtsbarkeit zugrunde. Die darauf aufbauenden Argumente Ziekows können daher nicht überzeugen. Das Argument, nur so sei zu erklären, weshalb § 47 VwGO im Abschnitt „Verwaltungsrechtsweg und Zuständigkeit" stehe, obwohl er doch keine von § 45 VwGO abweichende Regelung enthalte, basiert auf der Annahme, § 47 VwGO stelle wegen seines Charakters als materielle Verfassungsgerichtsbarkeit eine Sonderzuweisung gemäß § 40 I S. 1 a.E. VwGO dar. Legt man dagegen nicht den von Ziekow und Schenke gewählten materiellen Begriff der Verfassungsgerichtsbarkeit zugrunde, so weicht § 47 VwGO mit der Zuständigkeit des Oberverwaltungsgerichts bzw. Verwaltungsgerichtshofs sehr wohl von der in § 45 VwGO bestimmten Erstzuständigkeit des Verwaltungsgerichts ab. Auch die Einschränkung des § 47 I S. 1 VwGO „im Rahmen seiner Gerichtsbarkeit" ist auf der Grundlage der h.M. kein „überflüssiger Verweis auf § 40 I S. 1 VwGO"[376]. Wie oben gezeigt, spricht gerade die Systematik der §§ 40 ff VwGO und das Verhältnis von § 40 VwGO zu § 47 VwGO gegen die von Schenke und Ziekow vertretene Auffassung.

Festzuhalten ist somit, daß die Grenzlinie zwischen verfassungs- und verwaltungsgerichtlichem Charakter der Normenkontrolle durch die Rechtsqualität der im Streit befindlichen Norm bestimmt wird, die sich wiederum nach dem Normerlasser richtet. Entscheidendes Begriffspaar ist die Unterscheidung von formellgesetzlichem, also von einem parlamentarischen Gesetzgeber erlassenem Recht und untergesetzlichem, d.h. von der Verwaltung erlassenem Recht. Beim Erlaß von Rechtsverordnungen und Satzungen handelt es sich um Verwaltung[377]. Wie auch Würtemberger[378] feststellt, läuft Schenke Gefahr, bei seiner These den Normcharakter überzubewerten. Daß sich die Verwaltung genauso wie der Gesetzgeber abstrakt-genereller Regelungen bedient[379], kann nicht über den fundamentalen Unterschied hinwegtäuschen, daß es sich im einen Fall um ein Tätigwerden der Exekutive und im anderen Fall um die Tätigkeit eines demokratisch legitimierten Legislativorgans handelt. Demgegenüber ist es nur von untergeordneter Bedeutung, ob sich die Verwaltung der Form des Verwaltungsakts oder der Rechtsverordnung bedient hat. Es mag richtig sein, daß es aus der Sicht des Rechtsschutz suchenden Bürgers keinen Unterschied macht, ob in seine Rechte durch ein formelles Gesetz oder durch eine untergesetzliche

---

[376] So aber Ziekow in NK, § 47 Rn. 9.

[377] Heute absolut h.M. (vgl. Maurer, Allgemeines Verwaltungsrecht, § 4 Rn. 13 u. Rn. 16); a.A. Schenke, Rechtsschutz, S. 267 Fn. 35.

[378] Normerlaßklage, S. 370 (381).

[379] Darin mag die von Schenke (Rechtsschutz, S. 267 Fn. 35) angeführte Funktionsgleichheit von Gesetz und Rechtsverordnung liegen.

Rechtsvorschrift eingegriffen wird[380]. Gleiches gilt aber auch für die Differenzierung zwischen einem Eingriff durch einen Verwaltungsakt und einer Rechtsverordnung. In diesem Fall wäre mit Blick auf den Rechtsschutz suchenden Bürger eine Abgrenzung sogar noch sachwidriger, da bei Maßnahmen mit Eingriffscharakter die Grenzen zwischen Verwaltungsakt und Norm fließend sind[381].

Der Begriff der Verfassungsgerichtsbarkeit läßt sich demnach schwer nach materiellen Kriterien bestimmen. Nicht ohne Grund wird auch die Ansicht vertreten, daß die bestehende Verfassungsordnung einen materiellen Begriff der Verfassungsgerichtsbarkeit gar nicht kenne[382]. Ob eine Materie vor ein Verfassungsgericht gelangt, ist maßgeblich unter dem Aspekt der funktionell richtigen Kompetenzverteilung zu betrachten. Welche Kriterien im einzelnen Fall letztlich eine verfassungsgerichtliche Zuständigkeit begründen, braucht hier nicht beantwortet zu werden. Für die prinzipale Normenkontrolle von untergesetzlichen Rechtsnormen jedenfalls gilt, daß der entscheidende materielle Ansatzpunkt im Prüfungsgegenstand zu sehen ist. Normen der Verwaltung sollen von den Verwaltungsgerichten kontrolliert werden. Sie haben nicht den langwierigen Weg eines parlamentarischen Gesetzgebungsverfahrens hinter sich und entbehren der besonderen demokratischen Legitimation, die formellen Gesetzen zu eigen ist[383]. Damit ist nicht ausgeschlossen, daß nicht auch eine Zuständigkeit der Verfassungsgerichte begründet werden könnte, falls dies erforderlich und zweckmäßig erscheint. Bei der prinzipalen Kontrolle von untergesetzlichen Normen handelt es sich somit um eine primär verwaltungsgerichtliche Materie, die auch vor die Verfassungsgerichte gezogen werden *kann,* nicht aber muß.

---

380 So Schenke, Rechtsschutz, S. 267 Fn. 35.

381 Vielfach stellen solche untergesetzlichen Normen bloße Verwaltungsakte im Gewand von Normen dar (Würtenberger, Normerlaßklage, S. 370, 382); zur Annäherung von Norm und Verwaltungsakt vgl. auch oben A III 1.

382 Bartlsperger, DVBl. 1967, S. 360 (371).

383 Würtenberger, Normerlaßklage, S. 370 (382).

# D. Form des Rechtsschutzes

Im Folgenden ist nun darauf einzugehen, welche Form des Rechtsschutzes gegen untergesetzliche Normen in Frage kommt. Da Art. 19 IV GG keine bestimmte Rechtsschutzform fordert, ist von den bestehenden Klagemöglichkeiten auszugehen. Dabei sind auch die Möglichkeiten der prinzipalen Kontrolle mit in Betracht zu ziehen. Auch wenn, wie oben festgestellt, eine prinzipale Kontrolle regelmäßig über das von Art. 19 IV GG postulierte Rechtsschutzziel hinausschießt, so stellt sie gleichwohl ein wirksames Instrument des Rechtsschutzes dar[384].

## I. Anfechtungsklage

Eine Anfechtungsklage scheidet von vornherein aus, da sie nur gegen Verwaltungsakte gegeben ist (§ 42 I Alt. 1 VwGO). Merkmal unmittelbar wirkender Normen ist, daß sie keines Vollzugs mehr bedürfen, so daß eine Anfechtungsklage gegen Vollziehungsakte der Norm nicht in Frage kommt[385]. Eine Gestaltungsklage gegen die Norm selbst entfällt auch deshalb, weil rechtswidrige Normen nach h.M. nichtig sind und daher überhaupt nicht „aufgehoben" werden können[386].
Die Verweisung auf die Anfechtbarkeit des Sanktionsaktes, der einen Normenverstoß ahndet, löst das Problem nicht, sondern umgeht es[387]. Erfolgt die Nachprüfung in einem Strafverfahren, so liegt schon kein verwaltungsprozessuales Problem mehr vor. Bleibt die Sache vor den Verwaltungsgerichten, erweist sich eine derartige „Verschiebung" des Rechtsschutzes als verfehlt: Dem Bürger kann nicht zugemutet werden, zunächst Ordnungsverfügungen gegen sich ergehen zu lassen, um die strittigen Rechtsfragen erst im darauf folgenden Bußgeldverfahren klären zu lassen[388]. Vor allem dann, wenn die Begehung eines Normverstoßes mit erheblichen, insbesondere finanziellen Risiken verbunden ist, wird die Unzumutbarkeit der Verweisung auf eine nachträgliche gerichtliche Überprüfung deutlich[389]. Die Vorstellung, der Bürger müsse erst vorsätzlich gegen eine Rechtsnorm verstoßen, um dann dagegen Rechtsschutz zu erlangen, widerspricht rechtsstaatlichen Grundprinzipien. Auch in rechts- und gesellschaftspolitischer Hinsicht erscheint es kaum wünschenswert, den Ungehorsam

---

384 Schenke, JuS 1981, S. 81 (84).

385 Ausführlich dazu Schenke, Rechtsschutz, S. 197 f.

386 Maurer, FS für Kern, S. 275 (295).

387 Siemer, Feststellungsklage, S. 22.

388 Schnapp, VSSR 1974, S. 191 (207).

389 Siemer, Feststellungsklage, S. 22; ders., FS für Menger, S. 501 (507).

gegen eine Norm zu provozieren, von deren Rechtswidrigkeit der Bürger überzeugt ist[390].
Abzulehnen ist auch die Ansicht von Frenz[391], der gegen unmittelbar wirkende Normen dann eine Anfechtungsklage zulassen will, wenn die Norm ausschließlich den Gehalt eines Verwaltungsaktes hat und der Erlaß als Rechtssatz nicht gesetzlich vorgeschrieben ist. Frenz begründet die Erweiterung des § 42 VwGO in diesen speziellen Fällen teleologisch: Ausgangspunkt sei, daß der Rechtsschutz des Art. 19 IV GG mit dem materiellen Gehalt einer Maßnahme korrespondieren müsse. Mit der zunehmenden Austauschbarkeit der Rechtsformen Verwaltungsakt und Rechtsnorm ginge jedoch eine Wahl der Art des Rechtsschutzes einher, die das Art. 19 IV GG entsprechende Klagesystem aushöhle und zu einer Verkürzung des Rechtsschutzes führe. Nur wenn der Verwaltung diese Wahlfreiheit hinsichtlich der Form des Rechtsaktes fehle (wie z.B. im Falle von Bebauungsplänen gemäß § 10 BauGB), sei dies nicht zu befürchten. Häufig könne jedoch der Rechtsschutz gegen Verwaltungsakte durch die Wahl der Handlungsform Norm umgangen werden. Da derartige, als Normen ausgestaltete Maßnahmen in den meisten Fällen neben der unmittelbaren Verletzung subjektiver Rechte auch abstrakt-generelle Wirkungen beinhalten würden, müsse die Anfechtungsklage aber regelmäßig wegen der Gefahr widersprechender Entscheidungen hinter die zugleich eröffnete, den individuellen Rechtsschutz mit umfassende Normenkontrollklage nach § 47 VwGO zurücktreten.
Der von Frenz sehr eng gezogene Anwendungsbereich macht bereits deutlich, daß für eine analoge Anwendung der Regelungen der Anfechtungsklage regelmäßig kein Bedürfnis besteht[392]. Für diejenigen Rechtsakte der Verwaltung, welche die von Frenz errichteten Hürden überwinden, ist aber eine Überprüfung mittels anderer Klagen, insbesondere der Feststellungsklage, vorzuziehen. Zwar ist der Rechtsschutz durch eine Feststellungsklage nicht primär als Instrument zur Abwehr einer subjektiven Rechtsverletzung konzipiert. Das Ziel, die individuelle Rechtsverletzung des Bürgers zu beseitigen, kann dadurch jedoch erreicht werden[393]. Jedenfalls bedarf es nicht der dogmatisch sehr fragwürdigen Konstruktion einer analogen Anwendung des § 42 VwGO, welche die Grenzen zwischen Norm und Einzelakt unnötigerweise verwischt. Sie geht zudem von der unzutreffenden These aus, daß sich der Rechtsschutz nicht nach der Form des Rechtsaktes bestimme, sondern nach seiner Wirkung[394]. Ein fälschlicher-

---

390 Siemer, Feststellungsklage, S. 22; vgl. auch Boin, JA 1994, S. 306 (308).

391 BayVBl. 1993, S. 483 (489).

392 Ein Beispiel für eine derartig spezielle Norm bleibt Frenz schuldig; Schnapp (VSSR 1974, S. 191) betrachtet als Norm mit „materiellem Verwaltungsaktcharakter“ (Schnapp, a.a.O., S. 205) eine auf § 226 IV RVO gestützte Rechtsverordnung (vgl. dazu auch oben B II c).

393 Vgl. unten D IV 2.

394 Vgl. Renck, BayVBl. 1994, S. 457 (458).

weise als Rechtsverordnung ergangener Verwaltungsakt bleibt trotzdem eine unwirksame Rechtsvorschrift, gegen welche verfahrensrechtlich der Rechtsschutz gegen Normen in Ansatz gebracht werden muß[395]. Die These von Frenz eröffnet zudem das Folgeproblem der Anwendungskonkurrenz von § 47 VwGO und Anfechtungsklage, zumal da Frenz den Anwendungsbereich der § 47 VwGO auch auf diejenigen Länder ausdehnen will, welche die verwaltungsgerichtliche Normenkontrolle nicht eingeführt haben[396].

## II. Allgemeine Leistungsklage

Abzulehnen ist auch der Weg einer allgemeinen Leistungsklage. Nach Erlaß[397] der Norm kann nur ein Anpruch auf Beseitigung der Norm geltend gemacht werden. Eine „Kassation" der Norm scheitert wiederum aber daran, daß eine rechtswidrige Norm nichtig ist und daher mangels „materiellen Substrats"[398] nicht die Norm selbst, sondern nur der Anschein der Geltung beseitigt werden kann[399]. Die Leistungsklage paßt auch insofern nicht, als sie von Typus her ebenso wie die Anfechtungsklage auf Einzelakte ausgerichtet ist. Für die Überprüfung von Normen liegt die Annahme einer Feststellungsklage schon insofern näher, als die VwGO dafür in § 47 VwGO ein Verfahren vorgesehen hat, das seinem Wesen nach ein Feststellungsverfahren ist[400]. Schließlich würde eine derartige Leistungsklage auch die Regelung des § 47 VwGO unterlaufen, da die verwaltungsgerichtliche prinzipale „Normenkassation" dort abschließend gere-

---

395 Die Möglichkeiten der verwaltungsrechtlichen Handlungsformen dürfen nicht „als bloßer Hülsenlieferant" (Renck, s. Fn. 394) mißverstanden werden

396 Vor dem Hintergrund des Art. 19 IV GG sei § 47 I Nr. 2 VwGO als „unbedingte Verpflichtung" (Frenz, BayVBl. 1993, S. 483, 491) zu lesen; würden die Länder trotzdem nicht tätig, ergebe sich die Rechtsgrundlage für eine verwaltungsgerichtliche Normenkontrolle unmittelbar aus Art. 19 IV GG i.V.m. § 47 I Nr. 2 VwGO (a.a.O.); vgl. unten III.

397 Vor Erlaß stellt sich das Problem der vorbeugenden Unterlassungsklage. Diese wird zwar grundsätzlich als statthaft angesehen, sie scheitert aber regelmäßig am subjektiven Recht auf Unterlassen (Eyermann/Happ, § 42 Rn. 65; Schenke, Rechtsschutz, S. 127 ff.). Inwieweit hiervon im Planungsrecht Ausnahmen zuzulassen sind (so z.B. BVerwG, Urt. v. 29.07.1977, BVerwGE 54, 211, 214 für gemeindliche Bebauungspläne), kann im Rahmen dieser Arbeit nicht erörtert werden (vgl. dazu Redeker/v.Oertzen, § 42 Rn. 163 m.w.N.).

398 Maurer, FS für Kern, S. 275 (297).

399 Ebenso Boin, JA 1994, S. 306; Siemer, Feststellungsklage, S. 23; ders., FS für Menger, S. 501 (507).

400 Renck, BayVBl. 1994, S. 457 (458); Tschira/Schmitt Glaeser, BayVBl. 1975, S. 492 ff. (493); Eyermann/Happ (§ 43 Rn. 9) spricht von einem „feststellenden Charakter" der Ungültigkeitserklärung einer Norm.

gelt ist[401]. Zwar wirkt das aufgrund einer allgemeinen Leistungsklage ergehende Urteil gemäß § 121 VwGO nur inter partes. Die Behörde, die die Norm erlassen hat, müßte im Fall ihres Unterliegens die Norm jedoch aufheben, so daß sich das Urteil auch auf alle anderen Adressaten der Norm auswirken würde. Im Ergebnis wäre das Urteil daher ebenso allgemeinverbindlich wie die Nichtigkeitserklärung im Rahmen der Normenkontrolle (vgl. § 47 V S. 2 HS. 2 VwGO)[402]. § 47 VwGO könnte damit umgangen werden.

## III. Erweiterung des § 47 VwGO aufgrund von Art. 19 IV GG

Einige Stimmen in der Literatur sind der Ansicht, Art. 19 IV GG fordere eine Ausdehnung des Anwendungsbereichs von § 47 VwGO. Die Forderung zielt auf die Regelung des § 47 I Nr. 2 VwGO, welche die Einführung der verwaltungsgerichtlichen Normenkontrolle dem Landesgesetzgeber anheimstellt.
V. Engelhardt[403] vertritt die Ansicht, § 47 I Nr. 2 VwGO verstoße insoweit gegen Art. 19 IV GG und den Gleichheitssatz (Art. 3 I, III, 33 I GG) und sei somit nichtig mit der Folge, daß er direkt im ganzen Bundesgebiet gelte. Nach Bartelsperger[404] erfordert Art. 19 IV GG und der Gleichheitssatz für unmittelbar wirkende Normen eine verfassungskonforme Umgestaltung des § 47 VwGO in der Weise, daß in allen Bundesländern eine prinzipale verwaltungsgerichtliche Normenkontrolle bestehe, die unmittelbar auf Art. 19 IV GG beruhe und sich an die Regelung des § 47 VwGO anzulehnen habe. Frenz[405] ist der Ansicht, § 47 I Nr. 2 VwGO sei vor dem Hintergrund des Art. 19 IV GG als unbedingte Verpflichtung zu lesen. Seien die Länder dieser nicht nachgekommen, so müsse bei unmittelbar wirkenden Normen § 47 I Nr. 2 VwGO selbst in Verbindung mit Art. 19 IV GG als Grundlage dienen. Ähnlich argumentiert Obermayer[406]: Soweit das geschriebene Verwaltungsprozeßrecht gegen unmittelbar wirkende untergesetzliche Normen keinen Rechtsschutz gewähre, erhalte das Rechtsschutzmodell des § 47 VwGO, das den Ländern lediglich angeboten worden sei, den Charakter einer verbindlichen Regelung. Damit gelte § 47 VwGO auch in den Ländern, die die Normenkontrolle nicht eingeführt haben[407]. Grundlage sei

[401] Boin, JA 1994, S. 306 f.; Siemer, Feststellungsklage, S. 23.

[402] Boin, JA 1994, S. 306 (307).

[403] S. 249 ff. (255).

[404] DVBl. 1967, S. 360 (372).

[405] BayVBl. 1993, S. 483 ff. (490 f.).

[406] HS Speyer, S. 142 ff. (157); vgl. auch ders., DVBl. 1965, S. 625 (632).

[407] Als Einschränkung sei lediglich zu berücksichtigen, daß die dem Beanstandungsverfahren zugeordnete behördliche Antragsbefugnis entfalle (Obermayer, a.a.O., vgl. Fn.

das prozessuale Leitbild der Verfassung, die nicht bloß einen Programmsatz darstelle, sondern berechtigend und verpflichtend das Prozeßgeschehen beherrsche[408]. Auch Umbach[409] ist der Ansicht, daß § 47 VwGO als „gesetzliches Teilmodell“ zu fungieren habe und ein adäquater, effektiver Rechtsschutz, den nur ein prinzipales Verfahren gewährleisten könne, in Anlehnung an § 47 VwGO zu finden sei.

Obermayer[410] äußert sich auch zu der zweiten, hier insbesondere interessierenden „Rechtsschutzlücke“ des § 47 VwGO: Das Modell des § 47 VwGO sei auch auf die von § 47 VwGO nicht erfaßten, unmittelbar wirkenden Bundesrechtsverordnungen anzuwenden. Aus der Natur der Sache heraus sei dabei die Prüfungskompetenz des OVG durch die Zuständigkeit des Bundesverwaltungsgerichts zu ersetzen.

Stern hatte bereits 1963[411] eine Ausdehnung des § 47 VwGO auf bundesrechtliche und zudem nichtverwaltungsrechtliche Normen gefordert. Art. 19 IV S. 1 GG erweitere den Verwaltungsrechtsweg, soweit er in seinem Umfang unvollständig ausgestaltet sei, und „erzwinge“ eine solche verfassungskonforme Auslegung. Später[412] rückte er jedoch von dieser Ansicht wieder ab und hielt eine zufriedenstellende Lösung nur durch den Gesetzgeber für möglich. Eine verfassungskonforme Auslegung sei zum einen dann nicht erlaubt, wenn durch die Untätigkeit des Landesgesetzgebers die Normenkontrolle nicht offenstehe. Gleiches gelte, wenn es sich um Normen handele, die nicht in den Zuständigkeitsbereich des § 40 VwGO fielen. Da Stern für bundesrechtliche Normen nicht den Schritt der Zuständigkeitsverweisung an das Bundesverwaltungsgericht vollzieht und somit Landesverwaltungsgerichte Bundesrecht kontrollieren müssten[413], argumentiert er gegen die Einbeziehung von bundesrechtlichen Normen damit, daß die Nichtigkeit der Bundesnorm dann nur für das der Gebietshoheit des Landesverwaltungsgerichts unterliegende Land festgestellt werden könne.

Stern ist darin beizupflichten, daß Erweiterungen des gegenständlichen Anwendungsbereichs des § 47 VwGO nur durch ein Tätigwerden des Gesetzgebers zu bewerkstelligen sind[414]. Art. 19 IV GG kann sie de lege lata nicht bewirken.

---

406).

408 Obermayer, DVBl. 1965, S. 625 (626).

409 DVBl. 1971, S. 741 (743).

410 A.a.O. (Fn. 408).

411 JuS 1963, S. 68 ff. (70).

412 FS für Schäfer (1975), S. 59 ff. (68).

413 Im Fall von JuS 1963, S. 68 ff. (70) sollte der Hessische VGH für die Überprüfung einer Vorschrift der Deutschen Bundesbank zur Erhöhung des Diskontsatzes und der Mindestreservesätze zuständig sein.

414 Ebenso Kuffer, S. 99 f.; Mayer, FS für Heydte, S. 1067 (1075 u. 1080); Schnapp, VSSR 1974, S. 191 (209 f.).

Grenze jeder Auslegung bildet der Wortlaut des Gesetzes[415]. Die Beschränkung der Normenkontrolle in § 47 I Nr. 2 VwGO, der unmißverständlich auf die Einführung durch den Landesgesetzgeber verweist, ist gesetzlich eindeutig festgelegt und kann daher nicht im Wege der verfassungskonformen Auslegung „hinweginterpretiert“[416] werden[417]. Dies gilt auch für die Beschränkung auf Normen im Zuständigkeitsbereich des § 40 VwGO (§ 47 I VwGO: „Das Oberverwaltungsgericht entscheidet im Rahmen seiner Gerichtsbarkeit...“) und die Beschränkung auf unter dem Landesgesetz stehende Rechtsvorschriften.
Vor allem aber ist eine derartige Konstruktion durch Art. 19 IV GG und die bestehenden Prozeßordnungen auch nicht gefordert[418]. Um effektiven Rechtsschutz i.S.d. Art. 19 IV GG zu gewährleisten, ist in den weitaus meisten Fällen kein prinzipales Normenkontrollverfahren erforderlich[419]. Wie zu sehen sein wird[420], genügt eine inzidente Kontrolle im Rahmen einer Feststellungsklage nach § 43 VwGO. § 47 VwGO geht über den verfassungsrechtlich geforderten Rahmen hinaus, sodaß die in dieser Vorschrift enthaltenen Beschränkungen keinen Verstoß gegen Art. 19 IV GG darstellen können. Anders wäre dies nur, wenn effektiver Rechtsschutz nur in diesem Verfahren gewährleistet werden könnte[421]. Es entfällt damit auch der Ansatzpunkt über Art. 3 I GG, mit dem eine verwaltungsgerichtliche Normenkontrolle in den Länder erzwingbar sein soll, die sie bisher nicht eingeführt haben[422]. Auch einer unmittelbar auf Art. 19 IV GG gestützten Klage ist damit eine Absage zu erteilen. Das gewöhnliche

---

415 Für eine Auslegung gegen den Wortlaut des Gesetzes ist nur Platz, wenn ein sinnvolles Verständnis der Vorschrift anders nicht möglich ist (vgl. Menger/Erichsen, VwArch 58 (1967), S. 70, 80). Davon kann hier jedoch keine Rede sein.

416 Maurer, FS für Kern, S. 275 ff. (295); vgl. auch Schnapp, VSSR 1974, S. 191 (209).

417 Auf den eindeutigen Wortlaut verweisen auch v. Engelhardt, S. 250; Kuffer, S. 100; Meyer Klaus, S. 161 (167); Schenke, JuS 1981, S. 81 (86); Siemer, Feststellungsklage, S. 19 f. Die Geltungskraft übergeordneter Verfassungsprinzipien mag zwar durch den Gesetzeswortlaut nicht beseitigt werden können (so die Argumentation von Obermayer, HS Speyer, S. 142, 158). Die Folge derartiger Verstöße ist jedoch die Nichtigkeit des Gesetzes, das von Gesetzgeber daraufhin zu korrigieren ist. Eine über den Wortlaut hinausreichende Auslegung steht den Gerichten - auch den Verfassungsgerichten (vgl. Benda/Klein, Rn. 1199) - nicht zu. In dieser Richtung argumentiert auch Maurer (FS für Kern, S. 275, 295), wenn er darauf hinweist, daß die Erweiterung der Normenkontrolle auf das gesamte Bundesgebiet eine Teilnichtigkeit des § 47 VwGO zur Folge habe, die nicht von den Landesverwaltungsgerichten festgestellt werden könne, sondern eine Vorlage gemäß Art. 100 I GG an das Bundesverfassungsgericht nötig mache. Hinsichtlich der Entscheidung des Bundesverfassungsgerichts zu den als Gesetz ergangenen Hamburger Bebauungsplänen (Beschl. v. 14.05.1985, BVerfGE 70, 35, 50 ff.) vgl. Fn. 597.

418 Ebenso Kopp/Schenke, § 47 Rn. 9; Renck, BayVBl. 1994, S. 457 (459).

419 Vgl. oben B II.

420 Vgl. unten D IV 2.

421 Kuffer, S. 100.

422 Wilken, DVBl. 1969, S. 532 (536).

Verfahrensrecht stellt ausreichenden effektiven Rechtsschutz gegen unmittelbar wirkende untergesetzliche Normen zur Verfügung. Für eine analoge Anwendung des § 47 VwGO fehlt es daher schon an der erforderlichen Rechtsschutzlücke.
Die Erweiterung des Anwendungsbereichs des § 47 VwGO ohne eine Änderung des Gesetzeswortlauts ist somit abzulehnen[423].

# IV. Feststellungklage

Am naheliegendsten erscheint als Rechtsschutz gegen Normen - schon aufgrund der feststellenden Natur der Normenkontrollklage des § 47 VwGO[424] - die Form der Feststellungsklage. Unbestritten ist dabei, daß eine Klage auf Feststellung der Nichtigkeit einer Rechtsnorm nach § 43 VwGO nicht möglich ist, da es insoweit an einem „Rechtsverhältnis" fehlt[425]. Von einigen Autoren wird daher die Einführung einer Feststellungsklage eigener Art gefordert.

## 1. Feststellungsklage eigener Art

### a) Prinzipaler Rechtsschutz

Maurer[426] bejaht die Möglichkeit eines Angriffs gegen die Norm selbst mittels einer Feststellungsklage eigener Art[427]. Zulässig sei eine Klage auf Feststellung, daß der Kläger durch die Norm in seinen Rechten verletzt und die Norm daher

---

423 Im Ergebnis ebenso, wenn auch mit teils anderer inzidenter Klageform Kopp, VwGO, § 47 Rn. 8; Meyer, S. 161 (167); umfassend gegen die Heranziehung von § 47 VwGO Siemer, Feststellungsklage, S. 19 ff.

424 Vgl. Fn. 400.

425 BVerwG, Beschl. v. 27.11.1964, DÖV 1969, S. 169; Urt. v. 09.12.1982, NJW 1982, S. 2208; Eyermann/Happ, § 43 Rn. 9 u. Rn. 16; Hufen, § 18 Rn. 17; Kopp, VwGO, § 43 Rn. 8 u. Rn. 14; Kopp/Schenke, § 43 Rn. 8; Redeker/v.Oertzen, § 43 Rn. 6; vgl. auch unten 2 b (1).

426 FS für Kern, S. 275 (305 ff.).

427 Vgl. dazu auch die Äußerung des Bad.-Württ. VGH (Beschl. v. 14.06.1961, AöR 86 (1961), S. 95, 99), dem durch die Norm Betroffenen stünden „alle Klagarten der Verwaltungsgerichtsordnung, äußerstenfalls auch Klagarten atypischer Art zur Verfügung, wenn nur durch sie der Rechtsschutz nach Art. 19 IV GG gewährleistet erscheint". Bachof (AöR 86 (1961), S. 186, 192), der in Zusammenhang mit dieser These regelmäßig zitiert wird (vgl. z.B. Umbach, DVBl. 1971, S. 741, 743 Fn. 51 oder Wilken, DVBl. 1969, S. 532 u. S. 536 Fn. 53), stützt den Beschluß des Bad.-Württ. VGH nur insoweit, als die Suche nach der richtigen Rechtsschutzform von den Klagearten der VwGO ausgehen und mit Blick auf Art. 19 IV GG die im Einzelfall jeweils angemessene Lösung gewählt werden solle. Eine atypische Klage fordert er explizit nicht.

ihm gegenüber unwirksam sei. Die Entwicklung eines besonderen Klagetyps sei notwendig, da die VwGO keine geeignete Klageform zur Verfügung stelle, die den erforderlichen Rechtsschutz gewährleisten könne[428]. Die Wirkung inter partes ergebe sich aus § 121 VwGO, der den allgemeinen Prozeßgrundsatz zum Ausdruck bringe, daß eine inter-omnes-Wirkung nur bei ausdrücklicher Regelung anzunehmen sei[429].

*(1) Das Problem der „relativ unwirksamen Norm"*

Kritisiert wurde an dieser Ansicht vor allem die inter-partes-Wirkung einer derartigen Entscheidung[430]: Da eine Norm eine abstrakte und generelle Regelung darstelle, müsse die Entscheidung über ihre Gültigkeit oder Ungültigkeit nach der Natur der Sache auch abstrakt und generell wirken. Eine „relativ unwirksame Norm", die nur gegenüber dem Kläger nicht gelte, könne es nicht geben, da die generelle Verbindlichkeit gegenüber allen Normunterworfenen gerade das Kennzeichen einer Norm darstelle; dies widerspreche dem staats- und verwaltungsrechtlichen System der Formtypik von Norm und Einzelakt[431].

Die Diskussion einer derartigen Feststellungsklage beinhaltet damit das schon angesprochene Problem, ob die prinzipale Kontrolle einer Norm zwangsläufig mit allgemeinverbindlicher Wirkung erfolgen muß. Da die Allgemeinverbindlichkeit der Entscheidung nichts anderes bedeutet als die Erstreckung der Rechtskraft inter omnes, hieße dies nämlich, daß hinsichtlich der Gültigkeit von Normen eine Rechtskraft inter partes nicht möglich wäre.

Der von den Kritikern der oben genannten Ansicht erhobene Vorwurf, die prinzipale Feststellung der Nichtigkeit führe zu einer „relativen Unwirksamkeit", bedarf der genaueren Prüfung[432]. Dabei ist insbesondere ein Vergleich zur inzidenten Normenkontrolle anzustellen, die ohne derartige Bedenken von Rechtsprechung und Literatur akzeptiert wird. Der Unterschied zwischen inzidenter

---

428 Maurer, FS für Kern, S. 275 (307).

429 Dies zeige insbesondere auch die Regelung bei der Verfassungsbeschwerde gegen Gesetze in §§ 95 III, 31 II BVerfGG (vgl. Maurer, FS für Kern, S. 275, 309).

430 Bettermann, ZZP 72 (1969), S. 32 (36); ders., AöR 86 (1971), 125 (160); v. Engelhardt, S. 148; Umbach, DVBl. 1971, S. 741 (743); Wilken, Diss., S. 97; ders., DVBl. 1969, S. 532 (534).

431 Wilken, DVBl. 1969, S. 532 (534); in diese Richtung geht auch die Kritik von Umbach, „die Einzelakt-Feststellungsklage [trüge] der Normstruktur .... keine Rechnung" (DVBl. 1971, S. 741, 743).

432 Wenig hilfreich ist der Hinweis von Maurer (FS für Kern, S. 275, 311), man solle die Wirkung der Entscheidung „nicht unnötig dramatisieren" (Maurer, a.a.O.), da die zuständige Behörde auf ein derartiges, inter partes wirkendes Feststellungsurteil hin die Norm von sich aus nicht mehr anwenden oder sogar aufheben werde. Die bloße Hoffnung auf ein Tätigwerden der Behörde kann dem Rechtsschutzbedürfnis des Bürgers nicht gerecht werden.

und prinzipaler Kontrolle liegt in der Rechtskraft der Entscheidung: Wird eine Norm mittels der von Maurer vorgeschlagenen Feststellungsklage prinzipal kontrolliert, so nimmt die Feststellung, daß die Norm gegenüber dem Kläger unwirksam sei, an der Rechtskraft des Urteils teil. Dies bedeutet, daß jede nochmalige Verhandlung und Entscheidung über diese Streitfrage zwischen den Beteiligten ausgeschlossen ist[433]. Die inzidente Kontrolle hat dagegen nur die Unanwendbarkeit der Norm im konkreten Fall zur Folge: Ebenso wie bei der vorgeschlagenen prinzipalen Kontrolle gilt die Norm lediglich gegenüber dem Kläger nicht; zusätzlich ist dies jedoch auf den konkreten, entschiedenen Sachverhalt beschränkt. Während nach einer inzidenten Kontrolle die Frage der Geltung der Norm für den Kläger somit jederzeit wieder Gegenstand einer gerichtlichen Überprüfung sein kann, ist dies nach einer prinzipal erfolgten Kontrolle ausgeschlossen. Bedeutsam ist dabei, daß diese materielle Rechtskraftwirkung nur zwischen den am Rechtsstreit Beteiligten gilt. Nur in diesem Verhältnis hat die Norm aufgrund des Feststellungsurteils für den Kläger ihre Wirkung auch hinsichtlich späterer Verfahren verloren. Nur bei gleichbleibenden Beteiligten geht somit die „relative Unwirksamkeit" der prinzipalen Kontrolle über die Wirkung eines Inzidenturteils hinaus[434].

Entscheidend ist daher, ob die Person des Beklagten wechselt. Die Frage, gegen wen eine derartige atypische Feststellungsklage zu richten ist, wirft eine Vielzahl schwieriger Probleme auf[435]. Naheliegend ist es, die Regelung zur Feststellungsklage nach § 43 VwGO heranzuziehen. Richtiger Beklagter im Rahmen der Feststellungsklage ist der sachliche Streitgegner, d.h. derjenige Rechtsträger, demgegenüber das Rechtsverhältnis festgestellt werden soll[436]. Dies kann entweder die Körperschaft bzw. Behörde sein, welche die Norm anwendet, oder diejenige, welche die Norm erlassen hat. Bei Normen, die der Umsetzung durch einen Verwaltungsakt bedürfen, ist zu berücksichtigen, daß nur die normanwendende Körperschaft bzw. Behörde am Rechtsverhältnis beteiligt ist, da durch die Norm selbst noch kein Rechtsverhältnis i.S. einer aus einem konkreten Sachverhalt sich ergebenden rechtlichen Beziehung[437] geschaffen wird. Zwar ist nach h.M. nicht erforderlich, daß das festzustellende Rechtsverhältnis unmittelbar zwischen den Parteien des Feststellungsprozesses besteht[438], so daß sich

---

433 Eyermann/Rennert, § 121 Fn. 9.

434 Nur dann kann auch der Begriff der „relativen" Unwirksamkeit so verstanden werden, daß die Norm lediglich gegenüber dem Kläger unwirksam ist. Anderenfalls bezieht sich die Relativität der Gültigkeit der Norm immer zusätzlich auch auf die Person des Beklagten.

435 Zu dieser Frage, allerdings hinsichtlich der Klage auf Feststellung, daß die Norm den Kläger in seinen Rechten verletze (vgl. unten b), siehe auch Bettermann, AöR 86 (1961), S. 129 (165 ff.) und Wilken, DVBl. 1969, S. 532 (535).

436 Eyermann/Happ, § 78 Rn. 10; Kopp, VwGO, § 43 Rn. 15.

437 Vgl. dazu unten 2 b.

438 Vgl. unten Fn. 534.

allein daraus die Beklagtenstellung des Normerlassers nicht ablehnen läßt. Da aber die Rechtsverletzung des Klägers erst durch die Anwendung der Norm entsteht, macht es nur Sinn, die normanwendende Stelle als diejenige zu betrachten, dergegenüber das Rechtsverhältnis festgestellt werden soll. Die anwendende Behörde bzw. Körperschaft differiert jedoch nach örtlichem und eventuell auch nach sachlichem Anwendungsbereich, so daß sich der Kläger im Fall von vollziehbaren Normen keineswegs immer auf die Rechtskraftwirkung des erfolgten Feststellungsurteils berufen können wird. Regelmäßig wird daher die Wirkung eines derartigen Feststellungsurteils aufgrund verschiedener Beteiligter nicht über die Wirkung eines Inzidenturteils hinausgehen. Unklar bleibt dabei jedoch, inwieweit die normerlassende Stelle von der Rechtskraft erfaßt ist, was prozeßrechtlich wohl nur durch eine Beiladung (§ 65 VwGO) zu erreichen wäre[439].
Auch im Falle unmittelbar wirkender Normen ist zwischen Normanwender und Normerlasser zu unterscheiden. Normanwender ist hier diejenige Behörde oder Körperschaft, welche die Regelung durchzusetzen oder ihre Befolgung zu überwachen hat[440]. Durch unmittelbar wirkende Normen wird dabei nicht nur im Verhältnis Bürger - Normanwender, sondern auch zwischen Bürger und Normerlasser ein Rechtsverhältnis begründet, da bereits durch den Erlaß der Norm konkret bestimmte Rechten und Pflichten begründet werden[441]. Da in diesen Fällen der Normerlasser für die Rechtsverletzung ursächlich ist, wäre denkbar, ihn als Streitgegner zu bestimmen und die Feststellungsklage gegen ihn zu richten. Die Rechtskraftwirkung des Feststellungsurteils wäre dann für den Kläger von erheblichem Nutzen: Auch in späteren Verfahren ändert sich damit die Person des Beklagten nicht, so daß ein abweichendes Urteil ausgeschlossen ist. Hier wäre die Norm tatsächlich „relativ unwirksam“ und hätte für den Kläger ihre Relevanz verloren. Vorzuziehen ist jedoch, die normanwendende Stelle als richtigen Beklagten anzusehen[442]. Sie ist mit dem konkreten Sachverhalt befaßt und bei Verstoß gegen die Norm in der Regel zum Einschreiten verpflichtet. Nur ihr gegenüber wird der Kläger auch das notwendige[443] Feststellungsinteresse geltend machen können. Dies führt dann ebenso wie im Fall der vollziehbaren Norm dazu, daß aufgrund verschiedener Beteiligter die Wirkung des Urteils im Rahmen einer prinzipalen Kontrolle nicht über diejenige einer inziden-

---

439 Diskutiert wird auch, dieses Problem durch die Fiktion zu lösen, „der Staat“ oder „die öffentliche Gewalt“ bilde eine Einheit (Bettermann, AöR 86 (1961), S. 129, 166 f.), was jedoch angesichts des Fehlens jeglichen normativen Anhaltspunkts ebensowenig befriedigen kann.

440 Siemer, Feststellungsklage, S. 53 f.

441 Genauer zur Problematik des Rechtsverhältnisses und der Meinung von Siemer vgl. unten 2 c (2) (c).

442 So auch in BVerwG, Urt. v. 09.12.1982, NJW 1983, S. 2208.

443 Diese Zulässigkeitsschranke ist auch bei einer „atypischen“ Feststellungsklage zu fordern.

ten Kontrolle hinausgeht.
Der Vorwurf, die von Maurer vorgeschlagene Klageart führe zu einer relativ unwirksamen Norm, ist daher nur mit Einschränkungen gerechtfertigt. Häufig unterscheidet sich die Wirkung eines derartigen Feststellungsurteils in ihrer Reichweite nicht von derjenigen einer inzidenten Normenkontrolle.
Probleme grundsätzlicher Art werden mit der Frage angesprochen, ob über die Gültigkeit einer abstrakten und generellen Regelung nur durch ein abstrakt und generell wirkendes Urteil entschieden werden kann. Ein wesentliches Argument für die Möglichkeit einer inter-partes-Wirkung des Urteils ist der feststellende Charakter der Normenkontrollentscheidung. Nach h.M. handelt es sich bei der Normenkontrolle um eine Entscheidung mit lediglich deklaratorischer Wirkung. Da eine rechtswidrige Norm „eo ipso" nichtig sei[444] und sie demzufolge nicht aufgehoben zu werden brauche, habe das Normenkontrollurteil keine Gestaltungswirkung[445]. Über die Gültigkeit der Norm werde daher nicht gestaltend („konstitutiv") entschieden; die Gültigkeit bzw. Nichtigkeit werde nur festgestellt. Bei Feststellungsurteilen über die Gültigkeit einer Norm sei nun eine inter-partes-Wirkung durchaus möglich[446]. Die Gefahr, daß einzelne Gerichte dabei zu unterschiedlichen Ergebnissen gelangen, ändere daran nichts. Die Möglichkeit der logischen Unvereinbarkeit von Gerichtsentscheidungen bei Streitgegenständen, die in ihrer Wirkung über das Verhältnis der Streitbeteiligten hinausgehen, gebe es auch in anderen Verfahrensordnungen[447]. Für die Möglichkeit einer inter partes wirkenden prinzipalen Kontrolle läßt sich schließlich auch die Tatsache anführen, daß primäre Intention der in § 47 V S. 2 VwGO angeordneten Allgemeinverbindlichkeit der Aspekt der Rechtsklarheit und der Einheitlichkeit der Rechtsanwendung war[448] und nicht eine rechtslogische Notwendigkeit.
Diese Argumentation steht jedoch auf unsicherem Boden. Der Rechtssatz von der ipso-iure-Nichtigkeit rechtswidriger Normen und die Annahme einer lediglich deklaratorischen Wirkung der Feststellungsentscheidung erweisen sich - jedenfalls im Hinblick auf verfassungsgerichtliche Normenkontrollen - insoweit

---

444 Eyermann/Schmidt, § 47 Rn. 90; Kopp, VwGO, § 47 Rn. 63; Schoch/Gerhardt, Vorb. § 47 Rn. 6; Stern in BK, Art. 93 Rn. 271 ff.

445 Dem widerspreche auch nicht die Formulierung des § 47 V S. 2 VwGO, das Gericht „erkläre" die Norm für nichtig. „Erklären" (declarare) sei etwas anderes als „aufheben" (vgl. Eyermann/Schmidt, § 47 Rn. 90).

446 Maurer (FS für Kern, S. 275, 310) räumt einerseits ein, daß es eine relative Nichtigkeit nicht geben könne, hält es jedoch für „keineswegs logisch unmöglich, daß die Nichtigkeit einer Rechtsnorm nur gegenüber einer Person *festgestellt* wird" (Hervorhebung im Originaltext).

447 So Schenke (Rechtsschutz, S. 150 Fn. 16) mit dem Hinweis, daß ein Gericht beispielsweise im Verhältnis zwischen A und B feststellen könne, A sei Eigentümer einer Sache, während es im Verhältnis A zu C die Eigentümerstellung des C konstatiere.

448 Vgl. Kopp, VwGO, § 47 Rn. 3.

als fragwürdig, als in zunehmendem Maße eine Differenzierung zwischen Verfassungswidrigkeit und Nichtigkeit vorgenommen wird[449]. Zudem folgt aus diesen Grundsätzen, daß die Verwerfung einer Norm mit rückwirkender Beseitigung der Vorschrift und ihrer Rechtswirkungen seit dem Kollisionszeitpunkt erfolgen muß, was wiederum eine Reihe von Problemen nach sich zieht[450]. Abgesehen von diesen dogmatischen Bedenken erscheint das Argument von der „lediglich feststellenden" Wirkung der Entscheidung auch deshalb als nicht gerechtfertigt, als die Feststellung der Nichtigkeit verbunden mit einer Rechtskrafterstreckung inter omnes *faktisch* eine Entscheidung über die Gültigkeit der Norm darstellt. Für den Bürger macht es keinen Unterschied, ob die Norm deswegen nicht gilt, weil ein Urteil mit kassatorischer Wirkung sie aufgehoben hat oder weil nur festgestellt wurde - jedoch mit allgemeinverbindlicher Wirkung - , daß die Norm nichtig ist. Auch dürfte es dem Bürger nur schwer verständlich sein, daß ein Gericht die gleiche Norm für gültig, das andere Gericht sie für ungültig erklärt, weil jeweils ein anderer Bürger geklagt hat[451].
Damit mag sich zwar die Forderung nach der Allgemeinverbindlichkeit der Entscheidung nicht „aus rechtslogischen Gründen"[452] ergeben. Die Probleme, die mit der Konstruktion einer inter partes wirkenden prinzipalen Normenkontrolle verbunden wären, machen jedoch deutlich, weshalb der Gesetzgeber bislang von dieser Rechtsfigur abgesehen hat.

### *(2) Weitere Einwände*

Der vorgeschlagene Weg erweist sich aber auch aus anderen Gründen als nicht gangbar.
Einzuwenden ist die Konkurrenz zur Normenkontrolle nach § 47 VwGO, da durch die postulierte Feststellungsklage eine weitere Rechtsschutzmöglichkeit mit im wesentlichen gleichem Streitgegenstand - wenn auch nur mit einge-

---

449 Schmidt-Bleibtreu in M/S/K/U, § 95 Rn. 34: dadurch „wächst der konstitutive Charakter dieses Ausspruchs"; kritisch dazu auch Moench, S. 114 ff.; Stuth in Umbach/Clemens, 78 Rn. 4 ff. und § 79 Rn. 14 ff.; Ulsamer in M/S/K/U, § 78 Rn. 16; zu Tenorierungsmöglichkeiten im Zuge verwaltungsgerichtlicher Normenkontrollentscheidungen vgl. oben B II 2 d (1).

450 Vgl. dazu Stuth in Umbach/Clemens, § 78 Rn. 4 ff; zum Verfahren nach § 47 VwGO vgl. Kopp, § 47 Rn. 63 ff. m.w.N.

451 Bettermann, AöR 86 (1961), S. 129 (165). Dieser Widerspruch ist bei Normen noch deutlicher als bei dinglichen Rechtspositionen, wie z.B. der Eigentümerstellung, so daß das Argument von Schenke (vgl. oben Fn. 447) die Bedenken dahingehend nicht auszuräumen vermag.

452 So Schenke (Rechtsschutz, S. 150). Er sieht Bedenken gegen eine inter-partes-Wirkung allenfalls insoweit als berechtigt an, als eine nicht allgemeinverbindliche Normenkontrolle unter dem Gesichtspunkt eines an Art. 3 GG gekoppelten Prinzips der Systemgerechtigkeit einen „verfassungsrechtlich bedenkliche[n] Fremdkörper" (Schenke, a.a.O.) darstelle.

schränkter Rechtskraft - vor den erstinstanzlichen Verwaltungsgerichten zur Verfügung stehen würde. Dies wäre mit der gesetzgeberischen Ausgestaltung der prinzipalen Normenkontrolle in § 47 VwGO unvereinbar[453]. Wollte man beide Verfahren nebeneinander zulassen, bestünde die Gefahr widersprechender Entscheidungen[454]. Dieses Problem läßt sich auch nicht dadurch lösen, daß man die Feststellungsklage nur in den Ländern zuläßt, in denen keine Normenkontrolle gemäß § 47 VwGO eröffnet ist. Dann bestünde je nach Bundesland wegen der andersartigen Voraussetzungen, Prüfungsmaßstäbe und Rechtsmittel gegen die Entscheidung ein völlig unterschiedlicher Rechtsschutz[455].

Die von Maurer vorgeschlagene Lösung kann vor allem aber deshalb nicht überzeugen, da die Forderung nach einer „atypischen Klage" jenseits der von der VwGO zur Verfügung gestellten Klagearten zurückzuweisen ist. Zwar ist die Annahme eines durch die VwGO geschaffenen numerus clausus der Klagearten abzulehnen[456] und der Rechtsprechung - jedenfalls in Grenzen - durchaus ein Entwicklungsspielraum einzuräumen[457]. Die Diskussion von Klagen eigener Art ist - ebenso wie der Gedanke einer analogen Anwendung bestehender Vorschriften[458] - aber dann nicht angezeigt, wenn sich bereits aus der einschlägigen gesetzlichen Regelung eine Lösung ableiten läßt[459]. Zunächst ist von dem bestehenden Verfahrenssystem auszugehen. Jedes andere methodische Vorgehen läuft Gefahr, die Rechtsschutzmöglichkeiten des Bürgers der Beliebigkeit auszusetzen und das Verfahrenssystem der Verwaltungsgerichtsordnung aus den Angeln zu heben[460]. Wie zu sehen sein wird, stellt das Rechtschutzsystem der VwGO mit der Feststellungsklage nach § 43 VwGO eine geeignete Klageart bereit, so daß für die Entwicklung einer neuen Klageart schon kein Bedürfnis

453 Kopp/Schenke, § 43 Rn. 8 und § 47 Rn. 9; Schenke, Verwaltungsprozeßrecht, Rn. 1073.

454 Das Ergebnis, daß die Feststellungsklage auch da möglich sein muß, wo ein Normenkontrollverfahren angestrengt werden kann, führt Maurer (FS für Kern, S. 275, 311 f.) zu der Überlegung, § 47 VwGO ganz abzuschaffen oder auf ein reines Beanstandungsverfahren zu beschränken.

455 Vgl. Kuffer, S. 108.

456 Ebenso BVerwG, Beschl. v. 08.12.1977, NJW 1978, S. 1870; Hufen, § 13 Rn. 3 ff.; Kuffer, S. 104; Schenke, Verwaltungsprozeßrecht, Rn. 171; Schmitt Glaeser, Rn. 25; a.A. OVG Saarlouis, Urt. v. 03.12.1992, NVwZ-RR 1993, S. 210.

457 Neue Klagearten sind dann durch Interpretation oder Rechtsfortbildung anzuerkennen, wenn dies entweder verfassungsrechtlich geboten ist oder sich ohne systematische Widersprüche in die VwGO einfügt (Schoch/Pietzcker, Vorb § 42 Abs. 1 Rn. 16); zur Zulässigkeit der Entwicklung sonstiger Klagearten vgl. auch oben B III 2 a.

458 Vgl. oben III.

459 Schenke, JuS 1981, S. 81 (86); ders., Verwaltungsprozeßrecht, Rn. 1073.

460 Siemer, Feststellungsklage, S. 21. Zur Gefahr, daß die Konstruktion von Klagen eigener Art das Klagesystem der VwGO zu unterlaufen droht, vgl. auch Menger/Erichsen, VwArch 58 (1967), S. 375 (378).

besteht[461].
Eine prinzipale Kontrolle mittels einer Feststellungsklage sui generis ist daher abzulehnen.

### b) Inzidenter Rechtsschutz

Eine andere Ansicht[462] fordert eine atypische Klage mit dem Ziel einer inzidenten Überprüfung der betreffenden Norm. Vor dem Verwaltungsgericht könne danach die Feststellung begehrt werden, daß die Rechtsvorschrift den Kläger in seinen Rechten verletze. In Anlehnung an die Verfassungsbeschwerde gegen Normen (vgl. § 95 III BVerfGG) sei Gegenstand des Verfahrens nur die Rechtsverletzungsbehauptung des Klägers. Die Gültigkeit der Norm sei dagegen lediglich eine für die Feststellungsentscheidung erhebliche Vorfrage, die nicht in Rechtskraft erwachse.
Gegen diese Ansicht sind zunächst die bereits vorgebrachten Einwände gegen die Entwicklung eigener Klagearten anzuführen. Ein solcher Weg kann nur dann überzeugen, wenn derselbe Rechtsschutz nicht durch die von der VwGO bereitgestellten Verfahrensarten möglich wäre[463].
Auch in anderer Hinsicht hält diese Ansicht einer kritischen Überprüfung nicht stand. So muß in Frage gestellt werden, ob der von diesen Autoren befürwortete Weg tatsächlich eine Inzidentkontrolle darstellt. Die Trennung der Gültigkeit einer Norm von der durch sie verursachten Rechtsverletzung ist so nicht haltbar. Steht fest, daß eine Norm einen Bürger in seinen Rechten verletzt, so ist sie zwangsläufig rechtswidrig. Die Verletzung eines subjektiven Rechts durch eine Norm impliziert rechtslogisch stets die Feststellung ihrer Rechtswidrigkeit[464]. Darin besteht kein Unterschied zur Dogmatik der Rechtsverletzung durch einen Verwaltungsakt[465]. Bei Normen ist im deutschen Rechtssystem die Rechts-

---

461 Diese Gründe stehen einer prinzipalen Feststellungsklage jedoch nicht entgegen, wenn in der konkreten Rechtsschutzsituation weder § 47 VwGO einschlägig ist noch ein inzidenter Rechtsschutz mittels einer Feststellungsklage nach § 43 VwGO als effektiver Rechtsschutz ausreicht. Da eine prinzipale, aber inter partes wirkende Klage auf Feststellung der Ungültigkeit der Norm nicht rechtslogisch ausgeschlossen ist, kann sie unter engen Voraussetzungen im Einzelfall zulässig sein (vgl. oben B III 2 a).

462 Bergmann, VwArch 51 (1960), S. 36 (38); Wilken, DVBl. 1969, S. 532 (535); auch Kuffer (S. 106 ff., 119) tendiert zu dieser Ansicht, fordert jedoch angesichts der „vielen verbleibenden Zweifelsfragen" (S. 110) ein Tätigwerden des Gesetzgebers (vgl. dazu unten Teil F).

463 Vgl. oben III, IV 1 a (2).

464 Schenke, Rechtsschutz, S. 249.

465 Die in § 113 I 1 VwGO enthaltene Unterscheidung von Rechtswidrigkeit des Verwaltungsakts und Rechtsverletzung resultiert daraus, daß sich dieser Schluß nicht umkehren läßt und nicht jeder rechtswidrige Verwaltungsakt tatsächlich auch eine Rechtsverletzung des Klägers nach sich zieht.

widrigkeit jedoch mit ihrer Ungültigkeit verbunden[466]. Die Feststellung der Rechtsverletzung durch eine Norm hat also logisch zwingend ihre Ungültigkeit zur Folge. Der genannte Feststellungsantrag versucht, diesen Automatismus zu vertuschen, indem er statt der Gültigkeit der Norm die „Vorstufe" dazu - nämlich die Rechtsverletzung des Klägers - als Streitgegenstand bestimmt[467]. Das kausale Stufenverhältnis besteht darin, daß aus der Rechtsverletzung die Ungültigkeit der Norm folgt: Weil die Norm den Kläger in seinen Rechten verletzt, ist sie nichtig und nicht umgekehrt[468]. Die Bezeichnung der Gültigkeit der Norm als Vorfrage stellt diesen Zusammenhang somit auf den Kopf. Mit Schenke[469] ist dieser Ansicht daher entgegenzuhalten, daß sie der Sache nach auf eine unzulässige[470] prinzipale Normenkontrolle hinausläuft.
Desweiteren ist auch zu bedenken, welche Konsequenzen sich für den obsiegenden Bürger aus einem derartigen Feststellungsurteil ergeben. Ihm ist nur damit geholfen, daß die Norm - wenn er sie schon nicht aus der Welt schaffen kann - zumindest nicht auf ihn anwendbar ist. Diese Folge würde aber genau das bedeuten, was sich schon unter Punkt a (1) als sehr problematisch herausgestellt hat und gerade auch von Wilken abgelehnt wurde, nämlich die relative Unwirksamkeit einer Norm[471]. Ferner wirft auch ein Urteil mit inter-partes-Wirkung die schwierigen Fragen auf, gegen wen die Klage zu richten ist und wann sich bei einer Klage gegen den Normgeber oder den Normanwender die Rechtskraft auf die jeweilige andere Körperschaft erstreckt[472]. Das Ausmaß der Folgeprobleme macht auch bei der Form der inzidenten Klage deutlich, wie schwierig sich diese Konstruktion einer auf Art. 19 IV GG gestützten Feststellungsklage eigener Art in das herrschende Verfahrenssystem einordnen läßt[473].
Versucht man, im Bereich dieser Klage zur Frage des Klagegegners die gefor-

---

466 So zumindest die ganz h.M. (vgl. dazu oben Fn. 444). Ausnahmen hiervon sind nur im Rahmen von prinzipalen Normenkontrollverfahren möglich, wenn das Gericht wegen untragbarer Auswirkungen einer ex tunc wirkenden Nichtigkeit von der regelmäßig angezeigten Nichtigerklärung absieht (vgl. dazu auch B II d (1)).

467 Insofern handelt es sich entgegen Wilken (DVBl. 1969, S. 532, 535) eben doch um einen Etikettenschwindel (so auch Schenke, Rechtsschutz, S. 249 Fn. 138).

468 Anders ist dies im Verhältnis einer Norm zu aus ihr folgenden Vollzugsakten. Hier kann eine echte Inzidentkontrolle der Norm erfolgen, da sich zwar aus der Rechtswidrigkeit der Norm zwangsläufig die Rechtswidrigkeit des Vollzugsakts ergibt, letzteres jedoch nicht automatisch zur Rechtswidrigkeit der Norm führt.

469 Rechtsschutz, S. 248 f.; Verwaltungsprozeßrecht, Rn. 1073.

470 Vgl. oben a.

471 So auch Bettermann, AöR 86 (1961), S. 129 (165).

472 Zu dieser Problematik eingehend Bettermann (AöR 86 (1961), S. 129, 165 ff.) und Willken (DVBl. 1969, S. 532, 535), die beide letztlich keine klare Lösung anbieten können. Vgl. dazu auch Obermayer, HS Speyer, S. 142 (158).

473 Schenke (Verwaltungsprozeßrecht, Rn. 1073) spricht zutreffend von einem „Fremdkörper in unserem Rechtsschutzsystem".

derte Feststellungsklage eigener Art mit dem Verfahrenssystem der VwGO zu vergleichen, so fehlt zum einen die konkretisierende Wirkung, die bei § 43 VwGO der Bezugnahme auf ein zugrundeliegendes Rechtsverhältnis zukommt. Zum anderen verbietet sich aber auch die entsprechende Anwendung der Regelung der prinzipalen Normenkontrolle in § 47 II S. 2 VwGO, da die Verweisung auf den Normerlasser in Zusammenhang mit der inter-omnes-Wirkung der Nichtigkeitsentscheidung (§ 47 V S. 2 HS. 1 VwGO) zu sehen ist.
Schließlich kann auch das Verfahren der Verfassungsbeschwerde nicht als Vorbild dienen[474]. Da die Verfassungsbeschwerde in besonderer Weise die Sicherung subjektiver Rechte des Einzelnen mit objektiven Funktionen verbindet[475] und insofern Ausnahmecharakter besitzt[476], können ihre Regelungen nicht auf den Rechtsschutz durch ein erstinstanzielles Verwaltungsgericht mittels einer Feststellungsklage übertragen werden. § 95 III BVerfGG stellt insofern eine singuläre Vorschrift dar, die weder mit dem Rechtsschutz durch § 43 VwGO noch dem Verfahren der verwaltungsgerichtlichen Normenkontrolle nach § 47 VwGO vergleichbar ist. Vor allem aber verkennt Wilken auch im System der Rechtssatzverfassungsbeschwerde das Verhältnis von Feststellungsentscheidung (§ 95 I BVerfGG) und Nichtigkeitserklärung (§ 95 III BVerfGG). Die Gültigkeit der Norm ist keine für die Feststellung erforderliche Vorfragenentscheidung[477]. Im Gegenteil: Die Feststellung der Grundrechtsverletzung ist Voraussetzung für eine Nichtigkeitserklärung nach § 95 III BVerfGG[478].
Angesichts dieser Einwände kann auch die Forderung nach einer atypischen Klage mit dem Ziel einer inzidenten Überprüfung der Norm nicht überzeugen.

## 2. Feststellungsklage gemäß § 43 VwGO

Überwiegend wird deshalb versucht, für den Rechtsschutz gegen untergesetzliche Normen die Regelung der Feststellungsklage nach § 43 VwGO fruchtbar zu machen. Daß es sich dabei nur um eine inzidente Kontrolle handeln kann, ist unumstritten[479]. Abweichungen gibt es jedoch hinsichtlich des zugrundeliegen-

---

474 So aber Wilken, DVBl. 1969, S. 532 (535).

475 Vgl. BVerfG, Beschl. v. 28.06.1972, BVerfGE 33, 247 (258 f.): die Verfassungsbeschwerde als „spezifisches Rechtsschutzmittel des objektiven Verfassungsrechts".

476 Schenke, Rechtsschutz, S. 248; zur besonderen Stellung der Verfassungsbeschwerde im Rechtsschutzsystem vgl. auch oben B III 1 a.

477 So aber sieht es Wilken, DVBl. 1969, S. 532 (535).

478 Schmidt-Bleibtreu in M/S/K/U, § 95 Rn. 33.

479 Abgesehen von der Möglichkeit des § 47 VwGO sind „Klagebegehren, die im Ergebnis darauf hinauslaufen, die Rechtmäßigkeit einer Norm zum eigentlichen Gegenstand eines Verwaltungsstreitverfahrens zu machen, unzulässig [ ], gleichviel in welche Form sie gekleidet werden" (BVerwG, Urt. v. 09.12.1982, NJW 1982, S. 2208); zu weiteren Nachweisen vgl. Fn. 425.

den Rechtsverhältnisses und der Formulierung des zulässigen Klageantrags.

### a) Die Inzidentkontrolle als „verkappte abstrakte Normenkontrolle“ ?

Die ältere Rechtsprechung[480] stellte die Zulässigkeit einer Inzidentkontrolle mittels Feststellungsklage, gleich, in welche Form sie gekleidet ist, auch deshalb in Frage, weil mit einer derartigen inzidenten Kontrollmöglichkeit eine unzulässige „verkappte abstrakte Normenkontrolle“ eingeführt werden würde, wenn es im Verfahren vor den Fachgerichten letztlich nur auf die Verfassungsmäßigkeit der Norm ankommt. Eine derartige Klage bedeute eine unzulässige Umgehung von § 47 VwGO.
Richtig daran ist, daß eine Klage, die im Ergebnis darauf hinausläuft, die Rechtmäßigkeit einer Norm zum eigentlichen Gegenstand eines Verwaltungsprozesses zu machen, angesichts der Regelung des § 47 VwGO unzulässig sein muß[481]. Davon kann bei der hier vertretenen Klageart jedoch keine Rede sein[482]. Verfahrensgegenstand der Feststellungsklage gemäß § 43 I VwGO ist das Bestehen oder Nichtbestehen eines Rechtsverhältnisses, nicht die Gültigkeit einer Rechtsnorm[483]. Die Verfassungsmäßigkeit der Norm ist nur Vorfrage und nicht Streitgegenstand. Die Rechtskraft des Feststellungsurteils ist gemäß § 121 VwGO auf das Verhältnis der Prozeßbeteiligten zueinander beschränkt, selbst wenn die Frage der Gültigkeit der Norm im Tenor des Urteils erschiene[484]. Dieser wesentliche Unterschied von inzidenter und prinzipaler Kontrolle begründet die Zulässigkeit der Inzidentkontrolle. Der Vorwurf einer „verkappten prinzipalen Kontrolle“ geht daher an der Sache vorbei[485].
Unzutreffend ist auch die Annahme, die begehrte Feststellung bewirke in unzulässiger Weise ein dem Verfahrensziel der prinzipalen Normenkontrolle nahekommendes Ergebnis, indem es über den Einzelfall hinaus allgemeinverbindliche Wirkungen erziele[486]. Die Wirkung der Normenkontrolle des § 47 VwGO kann nicht über die Feststellungsklage „erschlichen“[487] werden. Da nur inzident und nicht prinzipal über die Rechtmäßigkeit der Norm entschieden wird, bewe-

---

[480] BVerfG, Urt. v. 29.07.1959, BVerfGE 10, 89 (98); BVerwG, Beschl. v. 27. 11.1964, DÖV 1965, S. 169; BVerwG, Beschl. v. 21.03.1974, DÖV 1974, S. 426 (427).

[481] BVerwG, Urt. v. 09.12.1982, NJW 1983, S. 2208. § 47 VwGO kommt insofern eine Art Monopol-Stellung zu („Quasi-Monopol“).

[482] Ablehnend auch Schoch/Pietzcker, § 43 Rn. 25.

[483] Aus diesem Grund geht das Argument von Stern, eine Rechtsnorm sei kein Rechtsverhältnis (FS für Schäfer, S. 59, 67), am Wesen der geforderten Feststellungsklage vorbei.

[484] Vgl. dazu Siemer, Feststellungsklage, S. 59.

[485] Ebenso Warmke, Diss., S. 174.

[486] So das OVG Münster als Vorinstanz zum Urteil des BVerwG v. 09.12.1982, NJW 1983, S. 2208.

[487] Vgl. BVerwG, Beschl. v. 27.11.1964, DÖV 1965, S. 169.

gen sich die Verfahren nach § 43 VwGO und § 47 VwGO auf völlig verschiedenen Ebenen[488]. Daß die Entscheidung über den zu entscheidenden Einzelfall hinaus faktisch und präjudiziell für andere Personen Bedeutung hat, gilt für alle Sachentscheidungen, in deren Rahmen eine inzidente Normenkontrolle erfolgt[489], also z.B. auch für eine Anfechtungsklage, bei der eine Inzidentprüfung ohne Bedenken als zulässig erachtet wird. Dies mag im Einzelfall einer allgemeinverbindlichen Wirkung nahe kommen. Die Zulässigkeit der Feststellungsklage wird dadurch aber nicht berührt. Zudem werden nicht alle Rechtsschutzsituationen von § 47 VwGO erfaßt, so daß es sich auch nicht um ein lex-specialis-Verhältnis handelt. Ist nur das Vorliegen der Tatbestandsvoraussetzungen umstritten und nicht die Rechtmäßigkeit der Norm, so kann der Bürger dies nur mittels der Feststellungsklage klären lassen. Überhaupt nicht erfaßt ist der Rechtsschutz gegen Bundesverordnungen. Auch unter dem Gesichtspunkt des effektiven Rechtsschutzes ist daher eine derartige Feststellungsklage neben § 47 VwGO zuzulassen[490].

### b) Der Begriff des Rechtsverhältnisses

Eine genaue Analyse des durch § 43 VwGO eröffneten Rechtsschutzes hat am Begriff des Rechtsverhältnisses anzusetzen[491].

Nach der gängigen, insbesondere durch die Rechtsprechung des Bundesverwaltungsgerichts geprägten Definition sind unter Rechtsverhältnis i.S.d. § 43 I VwGO „die aus einem konkreten Sachverhalt aufgrund einer Rechtsnorm (des öffentlichen Rechts) sich ergebenden rechtlichen Beziehungen einer Person zu einer anderen Person oder einer Sache“[492] zu verstehen. Mit dieser Definition werden zahlreiche weitere Fragen aufgeworfen. Erläuterungsbedürftig ist der Begriff der „rechtlichen Beziehung“ ebenso wie derjenige des „konkreten Sachverhalts“. Die Begriffe sind dabei zusammen abzuhandeln, da sie sich kaum voneinander trennen lassen. Der Begriff der rechtlichen Beziehung setzt die Frage nach dem Sachverhalt und seiner Konkretisierung nämlich bereits voraus[493]. Als problematisch erweist sich dabei insbesondere, ob durch die

488 Schenke, Rechtsschutz, S. 230; vgl. auch Siemer (Feststellungsklage, S. 58): verschieden seien „Funktion, Gegenstand und Reichweite der Verfahren“.

489 BVerwG, Urt. v. 09.12.1982, NJW 1983, S. 2208.

490 Schenke, Rechtsschutz, S. 231; ders., Verwaltungsprozeßrecht, Rn. 1076.

491 Diese wesentliche Voraussetzung der Feststellungsklage wird nur zu oft im Dunkeln gelassen; zu Beispielen für den ungenauen Gebrauch vgl. die Nachweise bei Siemer, Feststellungsklage, S. 21 Fn. 63.

492 BVerwG, Urt. v. 08.06.1962, BVerwGE 14, 235 (236); Urt. v. 23.01.1992, BVerwGE 89, 327 (329); BayVGH, Urt. v. 18.12.1991, BayVBl. 1992, 469; Eyermann/Happ, § 43 Rn. 12; Hufen, § 18 Rn. 7; Kopp, § 43 Rn. 11; Redeker/v.Oertzen, § 43 Rn. 3; Schmitt Glaeser, Rn. 328; zu weiteren Nachweisen vgl. Kopp, VwGO, § 43 Rn. 11.

493 Eyermann/Happ, § 43 Rn. 12.

Norm selbst bereits ein Rechtsverhältnis begründet wird und zwischen welchen Rechtsträgern dieses Rechtsverhältnis möglich ist.

### *(1) Das Rechtsverhältnis als Rechtsbeziehung*

Die Umschreibung des Rechtsverhältnisses als rechtliche Beziehung bringt zum Ausdruck, daß Rechtsverhältnisse durch subjektive Rechte und Pflichten gekennzeichnet sind[494]. Bei vielen Rechtsverhältnissen handelt es sich nur um ein einziges Recht oder eine einzige Pflicht, während manche ein ganzes Bündel von Rechten und Pflichten umfassen[495]. Auch Teile von Rechtsverhältnissen, soweit sie selbständig feststellbar sind, können in diesen Fällen gerichtlich überprüft werden[496].
Rechtsverhältnisse lassen sich dabei entweder von der Rechtsposition des Bürgers oder des Staates aus begründen[497]. So kann dem Rechtsverhältnis ein subjektives Recht des Bürgers zugrundeliegen (z.B. auf Bestehen der Mitgliedschaft in einem öffentlich-rechtlichen Verband), in das durch die Norm eingegriffen wird. In anderen Konstellationen steht dagegen das Recht des Staates im Mittelpunkt, das durch die Norm begründet werden soll (z.B. im Fall des durch eine Norm begründeten Anschluß- und Benutzungszwangs).
Kein Rechtsverhältnis zum Gegenstand hat die Frage nach der Gültigkeit einer Rechtsnorm[498], da die Gültigkeit der Norm an sich noch keine Rechtsbeziehung begründet. Ebenso können auch bloße Vorfragen wie die Frage, in welchem Sinn eine bestimmte Vorschrift auszulegen ist oder ob einzelne Tatbestandsmerkmale einer Norm erfüllt sind, nicht Gegenstand einer Feststellungsklage sein[499], da das Bestehen von Rechten und Pflichten damit nur mittelbar verbunden ist[500]. Hinter der Frage nach der Gültigkeit einer Norm verbirgt sich aber

---

494 BVerwG, Urt. v. 23.01.1992, BVerwGE 89, 327 (330); BVerwG, Urt. v. 08.12.1995, BVerwGE 100, 83 (90); Eyermann/Happ, § 43 Rn. 13; Schenke, Rechtsschutz, S. 216 ff.; Schoch/Pietzcker, § 43 Rn. 5. Genau betrachtet können dabei rechtliche Beziehungen nur zwischen Personen existieren; eine rechtliche Beziehung zu einer Sache ist nur insoweit möglich, als Rechtsbeziehungen durch diese Sache zu anderen Personen vermittelt werden ( vgl. Kopp, VwGO, § 43 Rn. 11; Schoch/Pietzcker, § 43 Rn. 5; ausführlich Schenke, Rechtsschutz, S. 216).

495 Z.B. Staatsangehörigkeit, Beamtenernennung, öffentlich-rechtlicher Vertrag; vgl. Eyermann/Happ, § 43 Rn. 13.

496 BVerwG, Urt. v. 11.03.1993, BVerwGE 92, 172 (174); Eyermann/Happ, § 43 Rn. 20; Kopp, VwGO, § 43 Rn. 12.

497 Vgl. Schenke, JuS 1981, S. 81 (85); ausführlich ders., Rechtsschutz, S. 223 ff.

498 Vgl. oben Fn. 425.

499 Eyermann/Happ, § 43 Rn. 15; Kopp, VwGO, § 43 Rn. 14.

500 Das Erfordernis einer Rechtsbeziehung vermischt sich hier unweigerlich mit der Voraussetzung eines konkreten Sachverhalts; kritisch zum Merkmal des konkreten Sachverhalts Siemer, Feststellungsklage, S. 27 ff., und FS für Menger, S. 509 ff.

stets die Frage nach dem Bestehen des Rechtsverhältnisses, das durch die Norm begründet werden könnte, d.h. die Frage, welche Rechte und Pflichten die Norm auslöst[501].
Der Formulierung des Klageantrags kommt daher erhebliche Bedeutung zu[502].

*(2) Die Konkretheit des Rechtsverhältnisses*

Ein feststellungsfähiges Rechtsverhältnis setzt weiterhin einen konkreten Sachverhalt voraus. Dieses Merkmal dient in erster Linie zur Abgrenzung gegenüber lediglich abstrakten Rechtsfragen, die über die Rechtsbeziehungen der Parteien des Rechtsstreits nichts besagen[503]. Erforderlich ist das Vorliegen eines bestimmten, bereits überschaubaren Sachverhalts[504], was regelmäßig nur bei Streitigkeiten über künftige Rechtsverhältnisse problematisch ist. Die Rechtsprechung fordert zusätzlich, daß zwischen den Beteiligten des Rechtsverhältnisses ein Meinungsstreit besteht, aus dem heraus sich eine Seite berühmt, ein bestimmtes Tun oder Unterlassen der anderen Seite verlangen zu können[505]. In der Literatur dagegen wird dieser Aspekt zu Recht als Frage des Rechtsschutzinteresses eingestuft[506].
Für die Fälle der Beeinträchtigung durch unmittelbar wirkende Normen ist an der Konkretheit des Rechtsverhältnisses nicht zu zweifeln. Aus der Tatsache, daß diese Normen unmittelbar Rechte und Pflichten begründen, folgt, daß derartige Normen sowohl hinsichtlich ihres Tatbestandes als auch ihrer Rechtsfolgen die erforderliche Konkretheit besitzen[507]. Das Rechtsverhältnis wird bereits dadurch begründet, daß der Kläger die Tatbestandsvoraussetzungen der fraglichen Norm erfüllt. Daraus ergibt sich zugleich auch die unmittelbare Beschwer des Klägers, da die daraus folgenden, den Kläger betreffenden Rechtsfolgen in der Norm selbst festgesetzt sind, so daß es sich für den Kläger nicht lediglich um eine abstrakte, mehr oder weniger theoretische Rechtsfrage handelt.

---

501 Eyermann/Happ, § 43 Rn. 9.

502 In der gerichtlichen Praxis besteht die Möglichkeit, einen unzulässigen Feststellungsantrag im Zweifel als Antrag nach § 47 VwGO oder einen zulässigen Feststellungsantrag (wie zu sehen sein wird: als Antrag auf Feststellung des aus der Norm folgenden Rechtsverhältnisses) umzudeuten (vgl. Kopp, VwGO, § 43 Rn. 8).

503 Vgl. Hufen (§ 18 Rn. 18): Die Feststellungsklage sei keine „allgemeine 'Auskunftsklage' über die Rechtslage".

504 BVerwG, Urt. v. 07.05.1985, BVerwGE 77, 207 (211 f.); Urt. v. 30.05.1985, BVerwGE 71, 318 (319); Urt. v. 16.11.1989, DÖV 1990, S. 662; Urt. v. 23.01.1992, DÖV 1992, S. 790 (791); BayVGH, Urt. v. 10.12.1986, BayVBl. 1987, S. 239 (240).

505 BVerwG, Urt. v. 23.01.1992, BVerwGE 89, 327 (330).

506 Eyermann/Happ, § 43 Rn. 12 u. Rn. 25; Kopp, VwGO, § 43 Rn. 17.

507 Zur Frage, ob hinsichtlich der Beteiligten des Rechtsverhältnisses zwischen Normanwender und Normerlasser zu differenzieren ist, vgl. unten c (2) (c).

### c) Die vorgeschlagenen Lösungsmodelle und eigene Stellungnahme

Ausgehend von dem oben erläuterten Begriff des Rechtsverhältnisses sind nun die verschiedenen Ansätze in Literatur und Rechtsprechung zu erörtern. Die einzelnen Lösungsmodelle unterscheiden sich z.T. nur sehr subtil in ihren Formulierungen und werden demzufolge trotz verschiedenen Verfahrensgegenstands oft nur unzureichend differenziert[508].

#### *(1) Rechtsverhältnis aufgrund einer bestehenden Ermächtigungsnorm*

Renck[509] betrachtet als das feststellungsfähige Rechtsverhältnis i.S.d. § 43 VwGO die Berechtigung des Staates zum Erlaß einer Norm.
Nach der Struktur unserer Rechtsordnung sei die Freiheit des Bürgers dem Staat vorgegeben. Daher dürfe der Gesetzgeber in die Freiheitssphäre des Bürgers nur dann eingreifen, wenn hierfür eine normative Ermächtigung vorliege, aus der sich ergebe, ob und in welchem Umfang die Rechte des Einzelnen eingeschränkt werden dürften. Durch diese Ermächtigung werde zwischen dem normgebenden Staat und dem normunterworfenen Bürger eine rechtliche Beziehung geschaffen, die als Rechtsverhältnis i.S.d. § 43 VwGO qualifiziert werden könne und für alle aus der Ermächtigungsnorm verpflichteten Bürger zutreffe.
Gegen diese Auffassung bestehen jedoch erhebliche Bedenken. Zunächst ist klarzustellen - dies wird aus den Ausführungen von Renck nicht deutlich -, daß das nach dieser Ansicht für § 43 VwGO entscheidende Rechtsverhältnis regelmäßig[510] nicht durch die zu überprüfende Norm begründet wird, sondern dem Normerlaß vorgelagert ist[511]. Die zu überprüfende Norm schafft nach dieser Ansicht nicht das Rechtsverhältnis, sondern ist selbst Ausdruck einer aufgrund der Ermächtigungsnorm schon vorhandenen Rechtsbeziehung.
Diese Funktion der Norm innerhalb des Feststellungsverfahrens ist problematisch. Da die Norm nicht Voraussetzung, sondern Folge des festzustellenden Rechtsverhältnisses ist, kann mit einer solchen Verfahrensgestaltung das Klageziel der inzidenten Kontrolle der Norm nicht erreicht werden[512]. Der Richter ist nicht gezwungen, über die Gültigkeit der Norm zu entscheiden, da dies keine entscheidungserhebliche Vorfrage darstellt. Der Inhalt der in Frage stehenden Norm ist nur insoweit relevant, als er den Bereich des Rechtsverhältnisses bestimmt, der überprüft werden soll[513]. Legt man den durch das Bundesverwaltungsgericht geprägten Begriff des Rechtsverhältnisses zugrunde, wonach das

---

508 Dies bemängelt auch Schenke, Verwaltungsprozeßrecht, Rn. 1072.

509 DÖV 1964, S. 651 (655); JuS 1966, S. 273 (278).

510 Es sei denn, die zu überprüfende Norm ist ein Artikel des Grundgesetzes; dann sind jedoch gemäß Art. 100 I GG die Verwaltungsgerichte nicht entscheidungsbefugt.

511 Vgl. Schenke, JuS 1981, S. 81 (86); ders., Verwaltungsprozeßrecht, Rn. 1075.

512 So auch Maurer, FS für Kern, S. 275 (298 f.).

513 Nur innerhalb dieses Teilbereichs kann der Kläger auch ein Feststellungsinteresse geltend machen; regelmäßig wird dies sogar nur für einen Teil der Norm gelten.

feststellungsfähige Rechtsverhältnis als „die aus einem konkreten Sachverhalt aufgrund einer Rechtsnorm sich ergebenden rechtlichen Beziehungen" zu definieren sei, so zeigt sich, daß die notwendige Konkretheit des Rechtsverhältnisses nach Rencks Betrachtungsweise durch die Norm selbst hergestellt werden soll. In aller Regel[514] wird durch eine Norm jedoch - auch wenn es sich um eine self-executing-Norm handelt - kein „konkreter Sachverhalt" begründet, da Normen ihrem Wesen nach generell wirken, d.h. auf eine Vielzahl von Sachverhalten anwendbar sind[515].
Ein weiterer Kritikpunkt an Rencks Ansicht ergibt sich aus einer näheren Betrachtung der Ermächtigungsnorm. Die zum Eingriff ermächtigende Norm ist immer (zumindest auch) das Grundgesetz, da sich jeder Eingriff des Staates an den Normen des Grundgesetzes messen lassen muß. Es ist diejenige Vorschrift, welche „die Voraussetzungen dafür festlegt, ob und in welchem Umfang die Freiheitssphäre eingeschränkt werden kann"[516]. Jede darunter befindliche Norm kann die grundgesetzlich eröffneten Eingriffsbefugnisse des Staates nur konkretisieren. Der Ansicht von Renck wird daher zu Recht entgegengehalten[517], daß sie das allgemeine Gewaltverhältnis zum konkreten Rechtsverhältnis macht. Auch hierin zeigt sich die fehlende Bestimmtheit des durch die Ermächtigungsnorm eröffneten Rechtsverhältnisses.
Die Ansicht von Renck kann somit nicht überzeugen.

*(2) Rechtsverhältnis aufgrund der Norm selbst*

Die anderen Lösungsansätze setzen bei der zu überprüfenden Norm selbst an. Nach überwiegender Ansicht in der Literatur[518] und nach neuerer Rechtspre-

---

514 Zu dem seltenen Fall einer Norm mit „materiellem Verwaltungsaktcharakter" (nämlich einer auf § 226 IV RVO gestützten Rechtsverordnung) vgl. Schnapp, VSSR 1974, S. 191 (205).

515 Ablehnend auch Kopp/Schenke, § 47 Rn. 9; ders., JuS 1981, S. 81 (86); ders., Verwaltungsprozeßrecht, Rn. 1075. In gleicher Weise hält Siemer (Feststellungsklage, S. 54 f.) ein durch die Ermächtigungsnorm begründetes Rechtsverhältnis für nicht zulässig; er kommt zu diesem Ergebnis aber aufgrund einer genauen Bestimmung von Zurechnungs- und Zuordnungssubjekt der Norm, da er das Merkmal der Konkretisierung für den Begriff des Rechtsverhältnisses nicht als konstitutiv betrachtet (Feststellungsklage, S. 27 ff.); vgl. dazu auch c (2) (c).

516 Vgl. Renck, JuS 1966, S. 273 (278).

517 Maurer, FS für Kern, S. 275 (298).

518 Bachof, AöR 86 (1961), S. 186 (188 f.); v.d. Hövel, Diss., S. 122 ff.; Hoppe, FS für Redeker, S. 377 (389); Klein Harald, FS für Zeidler, S. 1325 (1339 Fn. 50); Kleinmann, S. 48 ff.; Kopp, VwGO, § 43 Rn. 8, § 47 Rn. 8; Pietzner/Ronellenfitsch, § 11 Rn. 7; Schenke, Rechtsschutz, S. 215 ff.; ders., Verwaltungsprozeßrecht, Rn. 1074 ff.; Schoch/Pietzcker, Vorb. § 42 Abs. 1 Rn. 25, § 43 Rn. 25; Siemer, Feststellungsklage, S. 26 ff.; ders., FS für Menger, S. 501 (508 ff.).

chung[519] kann eine Klage auf Feststellung des Bestehens oder Nichtbestehens des durch die Norm begründeten Rechtsverhältnisses erhoben werden. Bei der Prüfung der aufgrund der Norm bestehenden Rechte und Pflichten wird inzident über die Gültigkeit der Norm entschieden. Einige dogmatische Besonderheiten innerhalb der h.M. bedürfen dabei der gesonderten Betrachtung.

(a) Die Ansicht von Kopp

Kopp[520] erachtet als zulässig eine Klage auf Feststellung, daß der Normgeber mit dem Erlaß einer untergesetzlichen Rechtsnorm gegen Rechte des Klägers bzw. Verpflichtungen diesem gegenüber verstößt. Er beruft sich dabei („analog“) auf ein Urteil des Bundesverwaltungsgerichts[521], in dem das Gericht eine Klage gemäß § 43 I VwGO auf Feststellung, daß durch die Ablehnung des Antrags auf Allgemeinverbindlicherklärung die Rechte der klagenden Tarifvertragspartei verletzt wurden, als zulässig einstuft. § 47 VwGO, so die Richter in diesem Urteil, schließe nicht die Zulässigkeit von Klagen aus, die zwar auf eine Überprüfung von Rechtssetzungsakten der Exekutive abzielten, aber eigene subjektiv-öffentliche Rechte des Bürgers zum Gegenstand hätten[522]. Das Gericht wiederum verweist dabei auf ein früheres Urteil[523], in dem es die Feststellung des Nichtbestehens der Mitgliedschaft in einer öffentlich-rechtlichen Körperschaft mittels einer Klage gemäß § 43 I VwGO für zulässig erklärt hat, da die Begründetheit zwar ausschließlich von der Gültigkeit der umstrittenen untergesetzlichen Norm des Landesrechts[524] abhänge, die Rechtmäßigkeit der Norm aber nur eine streitentscheidende Vorfrage darstelle und durch den mit gegenseitigen Rechten und Pflichten ausgestattenen Status der Mitgliedschaft in einer öffentlich-rechtlichen Körperschaft ein Rechtsverhältnis i.S.d. § 43 I VwGO begründet sei. In diesem Punkt - dem zugrundeliegenden Rechtsverhältnis - stößt die von Kopp vorgeschlagenen Klage auf Bedenken. Kopps Formulierung (Klage auf Feststellung, daß der Normgeber mit dem Erlaß einer untergesetzlichen Rechtsnorm gegen Rechte des Klägers bzw. Verpflichtungen diesem gegenüber verstößt) läßt nicht erkennen, welches denn das der Klage zugrundeliegende Rechtsverhältnis sein soll. Es ist richtig, daß trotz § 47 VwGO Klagen zulässig sein müssen, die im Rahmen der Prüfung einer subjektiven Rechtsver-

519 Das Bundesverfassungsgericht und das Bundesverwaltungsgericht haben ihre frühere skeptische Haltung (vgl. Fn. 480) mittlerweile aufgegeben: BVerfG, Beschl. v. 02.12.1986, BVerfGE 74, 69 (76); BVerwG, Urt. v. 26.08.1976, BVerwGE 51, 104 (106); Urt. v. 09.12.1982, NJW 1983, S. 2208; Urt. v. 16.06.1983, NJW 1984, S. 677.

520 VwGO, § 47 Rn. 8 a.E., Rn. 10.

521 Urt. v. 03.11.1988, BVerwGE 80, 355.

522 Urt. v. 03.11.1988, BVerwGE 80, 355 (362).

523 Urt. v. 09.12.1982, NJW 1983, S. 2208.

524 In diesem Fall § 1 I der NeugliederungsVO des nordrhein-westfälischen Verkehrsministeriums.

letzung die Überprüfung einer untergesetzlichen Norm beinhalten. Die Klage muß sich jedoch in das vorgegebene System der Klagearten einfügen. Danach ist Dreh- und Angelpunkt einer Klage gemäß § 43 I VwGO das zu überprüfende Rechtsverhältnis.
Möglicherweise handelt es sich bei erwähnten Kommentarstelle[525] lediglich um eine ungenaue Formulierung, da Kopp auf eine andere Kommentarstelle verweist[526], in der er sich für eine Klage ausspricht, welche die Feststellung von Rechten und Pflichten begehrt, die sich aus einer Rechtsnorm angesichts eines konkreten Sachverhalts ergeben. Damit entspricht er der Ansicht der h.M. Zwar ergeben sich auch innerhalb der h.M. Abweichungen hinsichtlich der Begründung und der Beteiligten des Rechtsverhältnisses. Jedenfalls ist aber nicht auf den Erlaß der Norm abzustellen, sondern auf die aus dem Erlaß der Norm resultierenden Rechtsfolgen in Form von Rechten und Pflichten. Auch wenn im Ergebnis letztlich dieselben Rechte und Pflichten Streitgegenstand sind, so ist das zu beurteilende Rechtsverhältnis im Feststellungsantrag doch näher zu präzisieren.

(b) Die Ansicht von Schenke

Schenke hält für zutreffend eine Klage auf Feststellung, daß ein durch die Norm intendiertes Rechtsverhältnis nicht bestehe[527]. Wesentlich für den Begriff des Rechtsverhältnisses bei § 43 VwGO ist seiner Ansicht nach das Bestehen eines subjektiven öffentlichen Rechts. Durch eine Rechtspflicht ohne ein korrespondierendes subjektives Recht könne kein Rechtsverhältnis begründet werden. Dieser Aspekt wird jedoch dadurch relativiert, daß auch nach Schenke[528] bei Normen, die lediglich Rechte des Bürgers beschneiden, jedenfalls auf die durch die Freiheitsgrundrechte gewährte Befugnis des Bürgers als subjektives öffentliches Recht zurückgegriffen werden kann, das durch die Norm betroffen ist und somit ein feststellungsfähiges Rechtsverhältnis begründet. Die eingeführte Beschränkung weicht daher im Ergebnis nicht von der h.M. ab, so daß eine nähere Erörterung dieses Aspektes hier nicht angezeigt ist.

(c) Die Ansicht von Siemer

Nach Siemer[529] könne im Rahmen des § 43 VwGO die Feststellung begehrt werden, daß wegen der Ungültigkeit der Norm kein Rechtsverhältnis begründet wurde. Bei den self-executing-Normen sind nach seiner Ansicht aber die Part-

525 Kopp, VwGO, § 47 Rn. 8 a.E.; vgl. aber auch Rn. 10.

526 VwGO, § 43 Rn. 8.

527 Verwaltungsprozeßrecht, Rn. 1074 ff.; Rechtsschutz, S. 223 ff.

528 Verwaltungsprozeßrecht, Rn. 1076.

529 Feststellungsklage, S. 26 ff.; FS für Menger, S. 501 (508 ff.).

ner des Rechtsverhältnisses genau zu bestimmen. Dabei sei nicht das Merkmal der Konkretisierung in Ansatz zu bringen, sondern das Zurechnungs- und Zuordnungssubjekt der Norm genau zu ermitteln. Ein feststellungsfähiges Rechtsverhältnis könne nur zwischen dem Normadressaten als Zurechnungssubjekt und dem Norm*anwender* bestehen, also derjenigen Körperschaft oder Behörde, die die Regelung durchzusetzen oder ihre Befolgung zu überwachen hat. Nur der Normanwender sei Zuordnungssubjekt der Norm, nicht dagegen der Norm*erlasser*, da die Rechte des Normerlassers nicht durch die Norm selbst, sondern durch die dazu ermächtigende Norm bestimmt würden. Diese könne aber kein Rechtsverhältnis zwischen Bürger und Normerlasser begründen: Da der ermächtigende Rechtssatz nur die Voraussetzungen des Normerlasses regele, sei der Bürger nicht Zurechnungssubjekt dieser Norm. Anders sei dies bei zu Einzelakten ermächtigenden Normen: Hier würden die Bedingungen eines individuellen Eingriffs festgelegt, so daß diese Normen auch ein Rechtsverhältnis zwischen Bürger und Normerlasser begründeten.

Gegen Siemer ist zunächst anzuführen, daß der Versuch, das Rechtsverhältnis bei Normen grundsätzlich[530] durch die Begriffe des Zuordnungs- und Zurechnungssubjekts anstelle des Begriffs der Konkretisierung zu bestimmen, dem Merkmal des Rechtsverhältnisses einen extrem weiten Anwendungsbereich beimißt und ihn als Kriterium zur Bestimmung des Klagegegenstands nahezu unbrauchbar macht. Nicht zu jedem Bürger, auf den eine Norm anwendbar ist, wird schon ein Rechtsverhältnis begründet. Dies trifft nur im Falle von unmittelbar wirkenden Normen zu, die ohne einen Umsetzungsakt den Bürger unmittelbar in seinen Rechten beeinträchtigen. Die Abgrenzung zur Behandlung einer lediglich abstrakten Rechtsfrage kann nicht vollständig auf die Zulässigkeitsvoraussetzungen des Feststellungsinteresses und des Rechtsschutzbedürfnisses verlagert werden. Bereits das Tatbestandsmerkmal des Rechtsverhältnisses erfordert begrifflich eine Eingrenzung.
Unabhängig von der Frage der gebrauchten Termini ist Siemer dagegen insoweit zuzustimmen, als zwischen Normerlasser und Bürger kein Rechtsverhältnis bestehen kann. Die Rechte und Pflichten des Bürgers im Verhältnis zum Normerlasser können nicht am Regelungsgehalt der erlassenen Norm, sondern nur an höherrangigem Recht gemessen werden, und dies sind in erster Linie die zum Normerlaß ermächtigenden Normen[531]. Aufgrund dieser Normen ergeben sich jedoch für den Bürger regelmäßig noch keine Rechte und Pflichten, da sie nur die Möglichkeit eines Normerlasses regeln. Dabei kann es dahinstehen, ob man hier deswegen das Bestehen eines Rechtsverhältnisses verneint, weil der Bürger nicht Zurechnungssubjekt sei oder weil es an der nötigen Konkretheit mangele.

530 Auch bei Vollzugsnormen sei das Merkmal der Konkretisierung nicht tauglich (vgl. Siemer, Feststellungsklage, S. 27 ff.)

531 So Siemer, Feststellungsklage, S. 54.

Von einem mit den „Staat“ bestehenden Rechtsverhältnis auszugehen, ist daher zumindest ungenau[532].
Andererseits ist auch zu bedenken, ob eine derartige Unterscheidung hinsichtlich der Beteiligten des Rechtsverhältnisses überhaupt notwendig ist. Für die prozessual wichtige Frage des richtigen Klagegegners sind die am Rechtsverhältnis beteiligten Personen nur mittelbar von Bedeutung. Richtiger Beklagter der Feststellungsklage ist derjenige Rechtsträger, demgegenüber das Rechtsverhältnis festgestellt werden soll[533]. Dieser braucht aber nicht notwendig an dem Rechtsverhältnis beteiligt zu sein. Nach h.M.[534] ist nicht erforderlich, daß das festzustellende Rechtsverhältnis unmittelbar zwischen den Parteien des Feststellungsprozesses besteht. Die Klage kann auch auf Feststellung des Bestehens oder Nichtbestehens eines Rechtsverhältnisses zwischen einer Partei und einem Dritten gerichtet sein[535]. Voraussetzung ist nur, daß von dem festzustellenden Rechtsverhältnis jedenfalls auch eigene Rechte des Klägers abhängen. So wäre es durchaus möglich, den Normerlasser als am Rechtsverhältnis beteiligt und den Normanwender als Beklagten anzusehen[536]. Für die Durchsetzung des Rechtsschutzes ist die Bestimmung der am Rechtsverhältnis beteiligten Stelle daher ohne Bedeutung[537].

Zulässig ist somit eine Feststellungsklage gemäß § 43 I VwGO gerichtet auf Feststellung des Bestehens oder Nichtbestehens des durch die Norm begründeten Rechtsverhältnisses. Das feststellungsfähige Rechtsverhältnis i.S.d. § 43 VwGO ergibt sich dabei aus den aufgrund der Norm zwischen der normanwendenden Behörde bzw. Körperschaft und dem Bürger bestehenden Rechten und Pflichten. Sowohl unter dem Aspekt der notwendigen Konkretheit des Rechtsverhältnisses als auch dem der unmittelbaren Beschwer des Klägers wird dabei zu fordern sein, daß die betreffenden Rechte und Pflichten unmittelbar durch die Norm begründet sind.

---

532 So Renck (vgl. Fn. 509) und Schenke (vgl. Fn. 511).

533 Kopp, VwGO, § 43 Rn. 15; Eyermann/Happ, § 78 Rn. 10.

534 BVerwG, Urt. v. 17.01.1972, BVerwGE 39, 247 (248); Urt. v. 18.12.1975, BVerwGE 50, 60 (62); Beschl. v. 09.10.1984, NVwZ 1985, S. 112 (113); Beschl. v. 30.07.1990, NVwZ 1991, S. 470 (471); Eyermann/Happ, § 43 Rn. 22; Hufen, § 29 Rn. 2; Kopp, VwGO, § 43 Rn. 16; Redeker/v.Oertzen, § 43 Rn. 10; a.A. Schoch/Pietzcker, § 43 Rn. 24.

535 BVerwG, Beschl. v. 30.07.1990, NVwZ 1991, S. 470 (471).

536 Dazu, daß in der Regel der Normanwender zu verklagen sein wird, vgl. oben 1 a (1).

537 Insoweit mag daher der „Staat“ als Beteiligter ausreichen. Anders jedoch bei der Frage des richtigen Beklagten, vgl. oben 1 a (1).

# E. Verhältnis von inzidentem verwaltungsgerichtlichem Rechtsschutz zur Verfassungsbeschwerde

Als Rechtsschutz gegen unmittelbar wirkende Verordnungen des Bundes kommen somit die Verfassungsbeschwerde gemäß Art. 93 I Nr. 4 a GG, §§ 13 Nr. 8 a, 90 ff. BVerfGG und die allgemeine Feststellungsklage gemäß § 43 I VwGO in Betracht. Zu klären ist nun das Verhältnis der beiden Rechtsschutzformen zueinander. Dabei sind insbesondere der Grundsatz der Subsidiarität der Verfassungsbeschwerde und das gemäß § 93 a BVerfGG für Verfassungsbeschwerden notwendige Annahmeverfahren zu berücksichtigen.

## I. Der Grundsatz der Subsidiarität der Verfassungsbeschwerde

### 1. Die Bedeutung des Subsidiaritätsprinzips im allgemeinen

Der Begriff der Subsidiarität erscheint weder im Grundgesetz noch im BVerfGG. Er wurde vom Bundesverfassungsgericht eingeführt[538] und in seiner Rechtsprechung beständig weiterentwickelt[539]. Die h.M. im Schrifttum ist der richterlichen Ausgestaltung des Subsidiaritätsgrundsatzes gefolgt[540].
Das Prinzip der Subsidiarität bedeutet im wesentlichen, daß eine Verfassungsbeschwerde dann nicht erforderlich und damit auch unzulässig ist, wenn anderweitige Möglichkeiten bestehen, ohne Inanspruchnahme des Bundesverfassungsgerichts die Grundrechtsverletzung zu beseitigen. Die Verfassungsbe-

538 Erstmals BVerfG, Urt. v. 01.08.1953, BVerfGE 3, 19 (22 f.), dort allerdings hinsichtlich der Konkurrenz zweier Verfassungsrechtsbehelfe; im Sinne der Verhältnisses Verfassungs-/Fachgerichte erstmals in Beschl. v. 25.05.1956, BVerfGE 5, 9 (10); vgl. Zuck, FS für Redeker, S. 213.

539 Die Zahl der Entscheidungen, die sich mit dem Subsidiaritätsgrundsatz beschäftigen, ist groß; Posser, der die Rechtsprechung des Bundesverfassungsgerichts intensiv analysiert hat, beziffert die dazu bis April 1993 veröffentlicheten Judikate auf rund 150 und weist darauf hin, daß die Anzahl der Entscheidungen angesichts der großen Menge nicht veröffentlichter Ausschuß- und Kammerbeschlüsse sowie der AR-Verfahren noch wesentlich höher liegen dürfte (S. 31 Fn. 20).

540 Benda/Klein, Rn. 457 ff.; Detterbeck, DÖV 1990, S. 558; Gusy, Rn. 133 ff.; v.d. Hövel, Diss., S. 75 ff.; Klein Harald, FS für Zeidler, S. 1325 (1333 f.); Kley/Rühmann in Umbach/Clemens, § 90 Rn. 74 ff.; Maunz in Maunz/Dürig, Art. 93 Rn. 70; Motzer, S. 102 ff.; Posser, S. 265 ff.; Schenke, NJW 1986, S. 1451 (1456 ff.); ders., Fachgerichtsbarkeit, S. 16 ff.; Schlaich, Rn. 236 ff.; Schmidt-Bleibtreu in M/S/K/U, § 90 Rn. 188 ff.; Warmke, Diss., S. 72 ff.; ders., JA 1990, S. 106; Zuck, FS für Redeker, S. 213 ff.; ders., Verfassungsbeschwerde, Rn. 29 ff.; kritisch Pestalozza, Verfassungsprozeßrecht, § 12 Rn. 10 ff.

schwerde kann insbesondere nicht erhoben werden, wenn der Beschwerdeführer in zumutbarer Weise einen den sachlichen Anforderungen des Art. 19 IV GG genügenden Rechtsschutz zunächst durch Anrufung der Fachgerichte erlangen kann[541]. Der originäre rechtsnormative Ansatz findet sich in § 90 II 1 BVerfGG, wonach der Beschwerdeführer vor Erhebung der Verfassungsbeschwerde den in der maßgeblichen Prozeßordnung[542] vorgesehenen Rechtsweg zu erschöpfen hat. Die Verfassungsbeschwerde, deren Wesen als außerordentlicher Rechtsbehelf in ständiger Rechtsprechung vom Bundesverfassungsgericht immer wieder betont wird[543], gehört selbst nicht zum Rechtsweg i.S.d. § 90 II 1 BVerfGG[544].

Das Bundesverfassungsgericht hat im Laufe der Zeit der Vorschrift des § 90 II 1 BVerfGG den Gedanken entnommen, daß die Verfassungsbeschwerde erst als allerletzte Möglichkeit („ultima ratio“) in Betracht kommt, um Grundrechtsverletzungen zu korrigieren[545]. Der Topos der „Subsidiarität der Verfassungsbeschwerde“ dient dem Gericht mittlerweile als Sammelbecken für eine Fülle verschiedener Erwägungen, die die Verfassungsbeschwerde gegenüber anderen Rechtsschutzformen zurücktreten lassen[546]. Als wesentliche Ausprägungen dieser Rechtsprechung seien hier genannt die Erforderlichkeit der Beschreitung des Hauptverfahrens nach Erschöpfung des Eilverfahrens, die Einbeziehung der Gegenvorstellung, die Uminterpretation fachgerichtlicher Verfahrensnormen und die materiellen Anforderungen an das „Wie“ der Rechtswegerschöpfung[547]. Die Begriffe der Rechtswegerschöpfung und der „Subsidiarität“ decken sich dabei nicht, auch wenn sie in der Judikatur des Bundesverfassungsgerichts zum Teil synonym verwendet werden[548]. In neueren Entscheidungen bringt das Bundesverfassungsgericht die Inkongruenz ihrer Inhalte in der Formulierung zum Ausdruck, daß die durch den Grundsatz der Subsidiarität aufgestellten Anforderungen „über das Gebot der Rechtswegerschöpfung im engeren Sinne

541 BVerfG, Beschl. v. 18.12.1985, BVerfGE 71, 305 (336); Beschl. v. 08.04.1987, BVerfGE 75, 108 (145).

542 Welcher Rechtsweg im Einzelfall beschritten werden muß, richtet sich nach den fachgerichtlichen Verfahrensordnungen (BVerfG, Beschl. v. 11.10.1978, BVerfGE 49, 325, 328; Beschl. v. 08.01.1985, BVerfGE 68, 376, 380).

543 BVerfG, Beschl. v. 29.10.1990, NJW 1991, S. 1671; BVerfG, Beschl. v. 22.01.1992, NJW 1992, S. 1030; zu weiteren Nachweisen der bundesverfassungsgerichtlichen Rechtsprechung vgl. oben Fn. 228.

544 Vgl. BVerfG, Urt. v. 13.06.1952, BVerfGE 1, 332 (344); Beschl. v. 28.02.1989, BVerfGE 79, 365 (367); Schmidt-Bleibtreu in M/S/K/U, § 90 Rn. 195.

545 V.d. Hövel, Diss., S. 77; vgl. auch Seegmüller, DVBl. 1999, S. 738 (744).

546 Posser, S. 31.

547 Vgl. Chung, S. 157 ff.; Posser, S. 154 ff.

548 Vgl. BVerfG, Beschl. v. 23.10.1958, BVerfGE 8, 222 (225 f.); Beschl. v. 07.07.1971, BVerfGE 31, 248 (254); Beschl. v. 17.01.1978, BVerfGE 47, 130 (138); Beschl. v. 15.04.1980, BVerfGE 54, 53 (65).

hinausgehen"[549]. Das Subsidiaritätsprinzip ist insoweit zur eigenständigen, neben dem Gebot der Rechtswegerschöpfung zu prüfenden Sachentscheidungsvoraussetzung geworden[550].

## 2. Begründung des Subsidiaritätsprinzips

Problematisch ist die rechtsdogmatische Fundierung des Subsidiaritätsgrundsatzes.

### a) Normative Verankerung im Grundgesetz und BVerfGG

*(1) Verfassungsrechtliche Anbindung*

Das Bundesverfassungsgericht hat öfter versucht, seine Ausführungen zur Subsidiarität der Verfassungsbeschwerde auf unmittelbar der Verfassung entnommene Wertungen zu stützen. So hat es den Grundsatz der Subsidiarität als „im Verfassungsrecht verankert"[551] bezeichnet und dabei zumeist auf Art. 94 II S. 2 GG verwiesen[552].

Eine derartige verfassungsrechtliche Anbindung läßt sich jedoch nicht belegen[553].

Art. 94 II S. 2 GG wurde im Rahmen der grundgesetzlichen Festschreibung der Verfassungsbeschwerde durch das 19. Änderungsgesetz zum Grundgesetz vom 29.01.1969[554] eingefügt und sollte klarstellen, daß das in § 90 II S. 1 BVerfGG bereits niedergelegte Gebot der vorherigen Rechtswegerschöpfung für Verfassungsbeschwerden verfassungsgemäß ist[555]. Die Regelung im Grundgesetz nennt dabei nur das Gebot der Rechtswegerschöpfung, nicht aber den darüber hinausgehenden Subsidiaritätsgrundsatz im Sinne der Judikatur des Bundesverfassungsgerichts, die zum damaligen Zeitpunkt in ihren wesentlichen Elementen

---

549 Z.B. BVerfG, Beschl. v. 26.01.1988, BVerfGE 77, 381 (401); Beschl. v. 03.10.1989, BVerfGE 81, 22 (27); Beschl. v. 11.06.1991, BVerfGE 84, 203 (208); Beschl. v. 25.03.1992, BVerfGE 86, 15 (22); Beschl. v. 18.09.1992, NJW 1993, S. 1060; Beschl. v. 18.12.1996, BVerfGE 95, 163 (171).

550 Detterbeck, DÖV 1990, S. 558 (560); Posser, S. 385; Warmke, JA 1990, S. 106 (111).

551 BVerfG, Beschl. v. 30.06.1976, BVerfGE 42, 243 (249); Beschl. v. 10.10.1978, BVerfGE 49, 252 (258); Beschl. v. 11.10. 1978, BVerfGE 49, 325 (328); BVerfG, Beschl. v. 18.07.1979, BVerfGE 51, 386 (395); Beschl. v. 08.01.1985, BVerfGE 68, 376, (379).

552 So z.B. in BVerfG, Beschl. v. 30.06.1976, BVerfGE 42, 243 (249); Beschl. v. 10.10.1978, BVerfGE 49, 252, (258); Beschl. v. 08.01.1985, BVerfGE 68, 376 (379).

553 Ebenso Klein Eckart, FS für Zeidler, S. 1305 (1318); Posser, S. 313 ff.; Schlaich, Rn. 236; Warmke, Diss., S. 76 ff.

554 BGBl. I S. 97.

555 Schmidt-Bleibtreu in M/S/K/U, § 90 Rn. 190.

schon entwickelt war[556]. Hinzu kommt, daß Art. 94 II S. 2 GG die Einführung eines Rechtswegerschöpfungsgebotes in das Ermessen des einfachen Gesetzgebers stellt, also selbst nichts gebietet[557]. Der Grundsatz der Subsidiarität findet daher in Art. 94 II S. 2 GG keine unmittelbare verfassungsrechtliche Grundlage[558].

Auch andere verfassungsrechtliche Anknüpfungen überzeugen nicht. Wenn das Bundesverfassungsgericht davon spricht, der Vorrang der Fachgerichte ergebe sich aus einer „grundgesetzlichen Kompetenzverteilung"[559], so bleibt es die Erklärung schuldig, welche Norm oder welches verfassungsrechtliche Prinzip diese Kompetenzverteilung begründen soll. Art. 20 III GG kann dafür nicht herangezogen werden. Er statuiert nur die allgemeine Rechtspflicht der Bindung der Gerichte an Recht und Gesetz, weist jedoch nicht den Instanzgerichten einen vorrangigen Verantwortungsbereich zu[560]. Auch die Argumentation des Bundesverfassungsgerichts, „daß aus Gründen der Rechtssicherheit rechtskräftige Gerichtsentscheidungen nur ausnahmsweise in Frage gestellt werden sollen"[561], kann als rechtsdogmatische Begründung nicht genügen. Der im Rechtsstaatsprinzip wurzelnde Gedanke der Rechtssicherheit ist viel zu unbestimmt, um den Vorrang der Fachgerichte verfassungsrechtlich legitimieren zu können. Zudem ist die Rechtskraft von Entscheidungen gemäß § 90 II S. 1 BVerfGG gerade Voraussetzung für die Zulässigkeit einer Verfassungsbeschwerde und kann daher nicht zugleich deren Anwendungsbereich wieder einschränken[562].

### *(2) Einfachgesetzliche Grundlage: § 90 II S. 1 BVerfGG*

Einfachgesetzlich ist das Gebot der Rechtswegerschöpfung in § 90 II S. 1 BVerfGG niedergelegt. Das Bundesverfassungsgericht verknüpft die Vorschrift des § 90 II S. 1 BVerfGG jedoch regelmäßig auch mit dem über das Gebot der Rechtswegerschöpfung im engeren Sinn hinausgehenden Subsidiaritätsgrundsatz. Häufige Formulierungen[563] sind, der Grundsatz der Subsidiarität sei „in

---

556 Vgl. Motzer, S. 176.

557 Klein Eckart, FS für Zeidler, S. 1305 (1317); Warmke, Diss., S. 76.

558 Ebenso Posser, S. 313 ff.

559 BVerfG, Beschl. v. 11.10.1978, BVerfGE 49, 252 (258); ähnlich Beschl. v. 25.02.1986, BVerfGE 72, 39 (43); Beschl. v. 02.12.1986, BVerfGE 74, 69 (75).

560 Vgl. Warmke, JA 1990, S. 106 (107).

561 BVerfG, Beschl. v. 28.06.1972, BVerfGE 33, 247 (258); vgl. auch Beschl. v. 13.01.1987, BVerfGE 74, 102 (113) oder Beschl. v. 08.03.1988, BVerfGE 78, 58 (68).

562 Dem Beschwerdeführer würde sonst eine Obliegenheit auferlegt, die ihm gerade im Falle ihrer Erfüllung entgegengehalten werden könnte (Posser, S. 351); kritisch zu dieser Begründung auch Klein Eckart, FS für Zeidler, S. 1305 (1319).

563 Eine genaue Analyse der vom Bundesverfassungsgericht gewählten Formulierungen findet sich bei Posser, S. 267.

§ 90 II S. 1 BVerfGG zum Ausdruck gekommen“[564] bzw. liege „dieser Vorschrift zugrunde“[565]. Zuzustimmen ist dieser Rechtsprechung insoweit, als § 90 II S. 1 BVerfGG die grundsätzliche Subsidiarität der Verfassungsbeschwerde gegenüber dem fachgerichtlichen Rechtsschutz zum Ausdruck bringt[566]. Der Wortlaut des § 90 II S. 1 BVerfGG erfaßt jedoch nur die Erschöpfung des Rechtswegs, so daß die darüber hinausgehenden, vom Bundesverfassungsgericht entwickelten Ausprägungen des Subsidiaritätsgrundsatzes jedenfalls keine unmittelbare normative Absicherung erfahren können. Durch die Anbindung an § 90 II S. 1 BVerfGG bemüht sich das Bundesverfassungsgericht zwar um einen normativen Ansatz seiner Subsidiaritätsrechtsprechung, eine rechtliche Grundlage finden die über das Gebot der Rechtswegerschöpfung hinausgehenden Anforderungen in § 90 II S. 1 BVerfGG jedoch nicht[567].

### b) Sonstige Begründungselemente

Mangels klarer Rechtsgrundlage stützt das Bundesverfassungsgericht seine Ausführungen zur Subsidiarität auf verschiedene andere Aspekte und begründet das Subsidiaritätsprinzip mit den damit verfolgten Zwecken.

#### *(1) Umfassende Vorprüfung durch die Fachgerichte*

So besteht eine wesentliche Funktion des Subsidiaritätsprinzips darin, dem Bundesverfassungsgericht die Fallanschauung der Fachgerichte sowohl in tatsächlicher als auch in rechtlicher Hinsicht zu vermitteln[568]. Nach Erschöpfung des Rechtswegs steht dem Bundesverfassungsgericht nicht nur ein regelmäßig in mehreren Instanzen geprüftes Tatsachenmaterial zur Verfügung, sondern es wird ihm auf diesem Wege auch die Beurteilung der Sach- und Rechtslage durch ein für die Materie speziell zuständiges und somit sachnäheres Gericht – insbesondere auch oberste Bundesgerichte - unterbreitet[569]. Das Bundesverfassungsgericht kann bei seiner Entscheidung somit auch auf konkrete Anwen-

---

564 BVerfG, Beschl. v. 15.10.1985, BVerfGE 71, 25 (35); Beschl. v. 25.02.1986, BVerfGE 72, 39 (43); Beschl. 02.12.1987, BVerfGE 77, 275 (282); Beschl. v. 01.02.1989, BVerfGE 79, 275 (278); Beschl. v. 03.10.1989, BVerfGE 81, 22 (27); BVerfG, Beschl. v. 29.10.1990, NJW 1991, S. 1671; BVerfG, Beschl. v. 22.01.1992, NJW 1992, S. 1030.

565 BVerfG, Beschl. v. 15.10.1985, BVerfGE 71, 25 (35); Beschl. v. 25.02.1986, BVerfGE 72, 39 (43); Beschl. v. 12.05.1987, BVerfGE 76, 1 (39).

566 So auch Detterbeck, DÖV 1990, S. 558 (560); Schenke, Fachgerichtsbarkeit, S. 15; Warmke, S. 83; kritisch hinsichtlich der Feststellung eines generellen Vorrangs der Fachgerichte Pestalozza, Verfassungsprozeßrecht, § 12 Rn. 12.

567 Ebenso Posser, S. 267; Schlaich, Rn. 236; Warmke, S. 84.

568 BVerfG, Beschl. v. 02.12.1986, BVerfGE 74, 69 (75); Beschl. v. 26.01.1988, BVerfGE 77, 381 (401); Beschl. v. 22.08.1994, NJW 1995, S. 316; Beschl. v. 28.05.97, NJW 1997, S. 2446.

569 BVerfG, Beschl. v. 26.01.1988, BVerfGE 77, 381 (401).

dungsfälle und unterschiedliche Rechtsauffassungen zurückgreifen[570].
Das Bundesverfassungsgericht sieht mit dem Grundsatz der Subsidiarität zudem eine kompetenzielle Ordnung hinsichtlich des gerichtlichen Grundrechtsschutzes im Sinne eines „Vorrangs der Fachgerichtsbarkeit" errichtet[571]. Die Erschöpfung des Rechtswegs ist demnach nicht nur Prozeßvoraussetzung. Das Subsidiaritätsprinzip enthält auch eine grundsätzliche Aussage über das Verhältnis der Fachgerichte zum Bundesverfassungsgericht. Der Grundsatz der Subsidiarität bringt zum Ausdruck, daß die Grundrechte zuerst und zunächst durch die sachnahen Fachgerichte ausgelegt und durchgesetzt werden sollen[572]. Es ist vorrangig ihre Aufgabe, Rechtsschutz gegen Verfassungsverletzungen zu gewähren und nach Möglichkeit Grundrechtsverstöße selbst zu korrigieren[573]. Als Ausdruck einer Verteilung von Kompetenzen trägt der Subsidiaritätsgrundsatz zugleich dazu bei, die Zuständigkeitsbereiche von Bundesverfassungsgericht einerseits und Fachgerichten andererseits zu wahren. Gesichert wird zum einen die Aufgabe der Instanzgerichte, selbst Grundrechtsverstößen abzuhelfen[574]. Zum anderen hilft die aus dem Subsidiaritätsprinzip folgende Vorprüfung durch die Fachgerichte auch dem Bundesverfassungsgericht, seine Aufgabe - den Schutz des spezifischen Verfassungsrechts - effektiv wahrnehmen zu können und leistet einen wesentlichen Beitrag zur notwendigen Entlastung des Bundesverfassungsgerichts.

*(2) Sicherung der Funktionsfähigkeit und Effektivität des Bundesverfassungsgerichts*

Die Sicherung der Funktionsfähigkeit und Effektivität des Bundesverfassungsgerichts stellt eine weitere, wichtige Funktion des Subsidiaritätsprinzips dar[575]. Die Verfassungsbeschwerde nach Art. 93 I Nr. 4 a GG, § 13 Nr. 8 a, §§ 90 ff. BVerfGG ist der einzige Weg, über den „jedermann" (quivis ex populo) ein

570 Warmke, JA 1990, S. 106 (107 f.); eingehend zum Verhältnis Bundesverfassungsgericht – Fachgerichte vgl. auch BVerfG, Urt. v. 14.05.1996, BVerfGE 94, 167 (213 ff.).

571 Vgl. Klein Harald, FS für Zeidler, S. 1325 (1333 ff.); Posser, S. 268; Warmke, JA 1990, S. 106 (107).

572 Also lediglich ein zeitlicher Vorrang, keine prinzipielle Kompetenzverteilung (vgl. Pestalozza, Verfassungsprozeßrecht, § 12 Rn. 12; Posser, S. 348; Schenke, Fachgerichtsbarkeit, S. 15).

573 BVerfG, Beschl. v. 08.01.1985, BVerfGE 68, 376 (380).

574 Vgl. Schlaich, Rn. 237.

575 BVerfG, Beschl. v. 30.06.1976, BVerfGE 42, 243 (248); Beschl. v. 10.10.1978, BVerfGE 49, 252 (259); Beschl. v. 03.04.1979, BVerfGE 51, 130 (139); Beschl. v. 08.01.1985, BVerfGE 68, 384 (388). Posser (S. 272 f.) bezeichnet diesen Aspekt als „den ‚wahren' Grund für die forcierte Entwicklung des Subsidiaritätsgrundsatzes". Vgl. dazu auch Detterbeck, DÖV 1990, S. 558 (559); v.d. Hövel, Diss., S. 81 f.; Warmke, JA 1990, S. 106 (107).

Verfahren vor dem Bundesverfassungsgericht unmittelbar selbst einleiten kann. Daß der Bürger von dieser Möglichkeit in übergroßer Zahl Gebrauch macht, zeigen die Statistiken zum Geschäftsanfall beim Bundesverfassungsgericht[576] und die zahlreichen Bemühungen, diesem Problem Herr zu werden[577]. Der Verweis auf die Subsidiarität der Verfassungsbeschwerde stellt daher ein zentrales Element in der Rechtsprechung des Bundesverfassungsgerichts dar, um der ausufernden Inanspruchnahme des Gerichts, das wegen der unvermindert großen Anzahl von Verfassungsbeschwerden zu einer zeitnahen Erledigung der verfassungsrechtlich gewichtigen Verfahren nicht in der Lage ist, entgegenzuwirken.

*(3) Das Wesen der Verfassungsbeschwerde als „außerordentlicher Rechtsbehelf"*

Schließlich rechtfertigt das Bundesverfassungsgericht die Subsidiarität auch mit dem Hinweis auf das „Wesen" der Verfassungsbeschwerde. Es handele sich bei der Verfassungsbeschwerde um einen „außerordentlichen Rechtsbehelf"[578], der nur dann zulässig sei, wenn die Grundrechtsverletzung nicht auf andere Weise beseitigt werden könne. Der subsidiären Funktion der Verfassungsbeschwerde würde es zuwiderlaufen, sie „anstelle oder gleichsam wahlweise neben einem möglicherweise anderweit zulässigen Rechtsbehelf zuzulassen"[579]. Daraus folgert das Bundesverfassungsgericht, daß die Verfassungsbeschwerde regelmäßig gegenüber den Rechtsbehelfen der instanzgerichtlichen Prozeßordnungen zurückzutreten habe.

---

576 Während 1958 noch 478 Verfahrenseingänge zu verzeichnen waren, lag die Zahl im bisherigen Rekordjahr 1995 bei 5911 Eingängen. Die Hauptbelastung erwächst mit einem Anteil von 97 bis 98 Prozent aus Verfassungsbeschwerden (vgl. Bericht der Kommission zur Entlastung des Bundesverfassungsgerichts, hrsg. v. Bundesministerium der Justiz, Anlage 1; s. auch Fn. 577).

577 Die bisherigen fünf Novellen zum BVerfGG (vom 12.07.1956, BGBl. I S. 662; vom 03.08.1963, BGBl. I S. 589; vom 12.12.1970, BGBl. I S. 1765; vom 12.12.1985, BGBl. I S. 2226; vom 02.08.1993, BGBl. I S. 1442) dienten nahezu ausschließlich dem Zweck der Entlastung des Bundesverfassungsgerichts. Nachdenklich macht insbesondere der geringe Anteil der erfolgreichen Verfassungsbeschwerden: Nach der Gesamtstatistik des Bundesverfassungsgerichts hat das Gericht zwischen 1951 und Ende 1996 109.088 Verfassungsbeschwerden erledigt, von denen nur 2.856 (2,73 %) erfolgreich waren (aus: Bericht der Kommission zur Entlastung des Bundesverfassungsgerichts, Anlage 1, S. 148). Als jüngster Versuch ist die 1996 eingesetzte Kommission zur Entlastung des Bundesverfassungsgerichts unter Vorsitz von Ernst Benda zu nennen. In ihrem Abschlußbericht vom 12.12.1997, der tiefgreifende Reformvorschläge enthält, weisen die Mitglieder der Kommission eindringlich darauf hin, daß die hohe Zahl der jährlich anhängig werdenden Verfahren, insbesondere von Verfassungsbeschwerden, zu einer nicht mehr zu bewältigenden Arbeitsbelastung geführt hat und die Funktionsfähigkeit des Gerichts gefährdet (Bericht der Kommission zur Entlastung des Bundesverfassungsgerichts, S. 28 ff.).

578 Vgl. Fn. 228.

579 BVerfG, Beschl. v. 18.06.1985, BVerfGE 70, 180 (186).

### c) Das Subsidiaritätsprinzip als richterrechtliche Fortentwicklung

Von Seiten der Rechtswissenschaft wird als Kritik vorgebracht[580], das Bundesverfassungsgericht habe seine umfangreiche und weitreichende Rechtsprechung zum Subsidiaritätsgrundsatz in rein (verfassungs-)richterlicher Rechtsfortbildung ohne Rechtsgrundlage instituiert; die Begründungsansätze des Bundesverfassungsgerichts reichten als dogmatische Fundierung nicht aus.
So lasse sich eine grundgesetzliche Kompetenzverteilung, wonach zunächst den Fachgerichten die Aufgabe der Wahrung und Durchsetzung der Grundrechte obliege, aus der Verfassung heraus nicht belegen. Die Aufnahme der Verfassungsbeschwerde im Grundgesetz und auch die Ermächtigung zur Rechtswegerschöpfung in Art. 94 II S. 2 GG, die unter der Voraussetzung einer derartigen grundgesetzlichen Kompetenzverteilung überflüssig wäre, machten deutlich, daß dem Bundesverfassungsgericht die Rolle des „Hüters der Verfassung" zugedacht sei. Auch der Hinweis auf die Sicherung der Funktionsfähigkeit und Effektivität des Bundesverfassungsgerichts könne nicht als Rechtsgrundlage dienen. Würde man den Entlastungsgedanken als dogmatische Rechtfertigung einer Zugangsbeschränkung zum Bundesverfassungsgericht akzeptieren, so hieße dies, daß die Existenz oder Auslegung einer Sachentscheidungsvoraussetzung von einer relativen Größe, nämlich der momentanen Arbeitsbelastung des Gerichts abhängig wäre[581]. Zudem würde man dem Gericht eine Befugnis zur Selbststeuerung seiner Arbeitsbelastung zuerkennen[582]. Dies widerspräche dem aus Art. 3 I GG abgeleiteten Gebot der Rechtsanwendungsgleichheit ebenso wie den Grundsätzen der Bestimmtheit und Voraussehbarkeit, die elementare Ausprägungen des Rechtsstaatsprinzips darstellten[583]. Bedenklich sei auch die Bezugnahme auf das „Wesen" der Verfassungsbeschwerde, da sich das „Wesen" der Verfassungsbeschwerde allenfalls aus den verfassungsrechtlichen und einfachgesetzlichen Regelungen ergeben könne, die jedoch, wie oben[584] gesehen, über das Gebot der Rechtswegerschöpfung im engeren Sinne hinaus die Rechtsprechung des Bundesverfassungsgericht nicht zu stützen vermögen. Zudem bestehe die Tendenz, bei der Bestimmung des „Wesens" - einem in hohem Maße ausfüllungsbedürftigen Begriff - bereits Wertungen einfließen zu lassen, die erst durch das „Wesensargument" begründet werden sollen[585].
Diese Kritikpunkte haben insoweit einen richtigen Ansatzpunkt, als sie den Begründungsversuchen die Qualität einer rechtsdogmatischen Fundierung absprechen. Der durch die Rechtsprechung des Bundesverfassungsgerichts geprägte Grundsatz der Subsidiarität findet in § 90 II S. 1 BVerfGG lediglich einen

---

580 Vor allem Posser, S. 387 ff. und Warmke, Diss., S. 72 ff.

581 Klein Eckart, FS für Zeidler, S. 1305 (1318).

582 Posser, S. 356.

583 Posser, S. 354.

584 Vgl. oben a.

585 Vgl. Posser, S. 271.

normativen Anknüpfungspunkt, ohne sich in seinen weitgehenden Ausprägungen letztlich auf eine rechtliche Grundlage berufen zu können. Zu wenig Beachtung schenken die Kritiker jedoch der wesenmäßigen Besonderheit der Verfassungsbeschwerde, die sich zum einen in ihrem Charakter als Rechtsbehelf für „jedermann" bei Behauptung einer Grundrechtsverletzung zeigt, zum anderen in ihrer historisch-funktionellen Stellung als „etwas Zusätzliches"[586]. Als die Verfassungsbeschwerde ins Grundgesetz aufgenommen wurde, bestand bereits ein System des umfassenden und effektiven Rechtsschutzes durch die Fachgerichte, so daß „der *eigentliche* Zweck der Regelung [erg. des § 90 II S. 1 BVerfGG] in der Eingliederung der Verfassungsbeschwerde in das allgemeine Rechtsschutzsystem besteht"[587]. Dies mag die Schwierigkeiten der Koordination von Verfassungs- und Fachgerichtsbarkeit erklären und auch Grund dafür sein, daß ihre Ausformung zu einem großen Teil der Rechtsprechung überlassen wurde. Es handelt sich beim Subsidiaritätsgrundsatz um eine richterrechtliche Fortentwicklung des Gedankens des Rechtswegerschöpfungsgebots des § 90 II S. 1 BVerfGG[588]. Eine derartige richterrechtliche Ausformung der Subsidiarität des verfassungsgerichtlichen Rechtsschutzes wird zwar vom Grundgesetz nicht gefordert, widerspricht ihm aber auch nicht, so daß die Zulässigkeit dieser Rechtsprechung nicht in Zweifel zu ziehen ist[589].

## 3. Besonderheiten bei der Verfassungsbeschwerde gegen Normen

Der Grundsatz der Subsidiarität gilt für alle Formen der Verfassungsbeschwerde, also auch für die Verfassungsbeschwerde gegen Normen[590]. Wendet sich der Beschwerdeführer mittels der sog. Rechtssatzverfassungsbeschwerde gegen eine Grundrechtsverletzung durch einen Rechtssatz, so ergeben sich im Rahmen der Prüfung des Subsidiaritätsgrundsatzes einige spezifische Besonderheiten.

586 Vgl. Chung, S. 174.

587 Chung, S. 175 (Hervorhebung im Original).

588 Klein Eckart, FS für Zeidler, S. 1305 (1318 f.); Warmke, JA 1990, S. 106 (107); ders., Diss., S. 85 ff.; ähnlich Detterbeck, DÖV 1990, S. 558 (561) (eine „bar jeglicher positivrechtlichen Stütze gleichsam richterrechtliche[n] Instituierung"); Posser, S. 348 („eigenständiges, vorgeblich lückenschließendes Richterrecht"); Schenke, NJW 1986, S. 1451 (1461) (Rückgriff auf „richterrechtlich geschaffene Rechtsinstitute"); Zuck, FS für Redeker, S. 213 (223) („richterrechtliche Rechtsschöpfung sui generis").

589 Ebenso Erichsen, JURA 1979, S. 335 (336); Klein Eckart, FS für Zeidler, S. 1305 (1319, 1323); Warmke, JA 1990, S. 106 (107); kritisch Detterbeck, DÖV 1990, S. 558 (561) („verfassungsrechtlich zumindest zwielichtig"); a.A. Posser, S. 444 (verfassungswidrige Rechtsfortbildung praeter legem, da Verstoß gegen Art. 20 III GG und Art. 101 I 2 GG).

590 Chung, S. 147 u. S. 265 f.

### a) Das Gebot der Rechtswegerschöpfung

Zunächst ist fraglich, ob gegen Rechtsnormen als möglicherweise rechtsverletzende Hoheitsakte überhaupt ein Rechtsweg existiert.

#### *(1) Prinzipaler Rechtsschutz*

Beim Rechtsschutz durch prinzipale Normenkontrollverfahren ist zwischen formellen Gesetzen und untergesetzlichem Recht zu unterscheiden.

##### (a) Formelle Gesetze

Gegen formelle Gesetze ist kein Rechtsweg eröffnet[591]. Die Feststellung der Verfassungswidrigkeit von formellen Gesetzen ist nach der Ordnung des Grundgesetzes (Art. 93 I Nr. 2, 100 I GG) ausschließlich Aufgabe der Verfassungsgerichtsbarkeit[592]. Grund hierfür ist, daß einfachen Gerichten nicht die Befugnis zustehen soll, ohne Einschaltung eines Verfassungsgerichts Entscheidungen des unmittelbar demokratisch legitimierten Parlaments als verfassungswidrig zu verwerfen[593]. Das Bundesverfassungsgericht läßt bei Verfassungsbeschwerden gegen formelle Gesetze § 90 II S. 1 BVerfGG unberücksichtigt[594] und ersetzt dies durch die Prüfung des von ihm ergänzend eingeführten Kriteriums der Unmittelbarkeit der Betroffenheit des Beschwerdeführers. Auch die h.M. in der Literatur[595] betrachtet § 90 II S. 1 BVerfGG als nicht anwendbar, da die Erschöpfung des Rechtswegs voraussetze, daß ein solcher überhaupt gegeben sei. Die Regelung des § 90 II S. 1 BVerfGG laufe daher ins Leere[596].

---

591 BVerfG, Urt. v. 14.11.1962, BVerfGE 15, 126 (132); Benda/Klein, Rn. 483; Gusy, Rn. 138; Erichsen, JURA 1979, S. 335 (336); v.d. Hövel, Diss., S. 85; Kopp, VwGO, § 40 Rn. 32; Maunz in Maunz/Dürig, Art. 93 Rn. 70; v.Münch/Meyer Wolfgang, Art. 93 Rn. 59; Pestalozza, Verfassungsprozeßrecht, § 12 Rn. 46; Posser, S. 453; Schlaich, Rn. 244; Schmidt-Bleibtreu in M/S/K/U, § 90 Rn. 194.

592 Vgl. Nachweise oben Fn. 591; Schmidt-Bleibtreu (in M/S/K/U, § 90 Rn. 194) unterscheidet nicht zwischen formellen und untergesetzlichen Normen und betrachtet die Feststellung der Verfassungswidrigkeit daher nur als eine „primäre Aufgabe" der Verfassungsgerichtsbarkeit.

593 V.d. Hövel, Diss., S. 85.

594 BVerfG, Urt. v. 01.08.1953, BVerfGE 3, 34 (36), Urt. v. 14.11.1962, BVerfGE 15, 126, (132); Beschl. v. 20.06.1978, BVerfGE 49, 1 (10); Beschl. v. 23.06.1987, BVerfGE 76, 107 (115).

595 Bettermann, AöR 86 (1961), S. 129 (146); Erichsen, JURA 1979, S. 335 (336); Schlaich, Rn. 244; Schmidt-Bleibtreu in M/S/K/U, § 90 Rn. 194.

596 Von Seiten der Rechtswissenschaft wird an diesem Punkt problematisiert, ob denn die Anwendbarkeit des § 90 II S. 1 BVerfGG bei formellen Gesetzen tatsächlich ausgeschlossen sei. Einige Autoren vertreten die Ansicht, es sei rechtslogisch verfehlt, aus dem Fehlen eines Rechtswegs zu schließen, daß die Vorschrift auf die Verfassungsbeschwerde gegen derartige Normen nicht angewandt werden könne, da § 90 II S. 1 BVerfGG ja gerade für diesen Fall eine Regelung parat halte, nämlich daß das Bundesverfassungsgericht unmittelbar angegangen werden könne (Schenke, NJW 1986, S. 1451, 1456;

### (b) Untergesetzliche Normen

Gegen untergesetzliche[597] Normen des Landesrechts besteht dagegen ein Rechtsweg, nämlich in Form der verwaltungsgerichtlichen Normenkontrolle nach § 47 VwGO. Es war lange Zeit umstritten, ob das Verfahren nach § 47 VwGO einen vorab zu erschöpfenden Rechtsweg i.S.d. § 90 II S. 1 BVerfGG darstellt. Nach der am 01.01.1977 in Kraft getretenen Neufassung des § 47 VwGO[598] ist dies jedoch geklärt[599] und heute absolut h.M.[600]

### *(2) Inzidenter Rechtsschutz*

Problematisch ist dagegen, ob unter Rechtsweg i.S.d. § 90 II S. 1 BVerfGG

---

ders., Fachgerichtsbarkeit, S. 17 f.; Warmke, Diss., S. 177 ff.; ders., JA 1990, S. 106, 110). Diese Ansicht geht davon aus, aufgrund von § 90 II S. 1 BVerfGG sei bei Fehlen eines Rechtswegs die Möglichkeit einer unmittelbaren Überprüfung durch das Bundesverfassungsgericht zu fordern. Im Zentrum dieser Problematik steht somit das von Bundesverfassungsgericht eingeführte Kriterium der Unmittelbarkeit. Diese Argumentation kann jedoch nicht überzeugen. Die Regelung des § 90 II S. 1 BVerfGG besagt nur, daß bei Bestehen eines Rechtswegs dieser vor Anrufung des Bundesverfassungsgerichts zu beschreiten ist. Sie trifft dagegen keine Aussage, was bei Fehlen eines Rechtswegs zu geschehen hat. Gibt es keinen Rechtsweg, kann er eben nicht erschöpft werden. Weitergehende Aussagen zur Zulässigkeit der Verfassungsbeschwerde bei Fehlen eines Rechtswegs lassen sich der Regelung nicht entnehmen. Abgesehen davon ist die Frage der Anwendbarkeit des § 90 II S. 1 BVerfGG für den Rechtsschutz gegen formelle Gesetze ohne praktische Bedeutung, da am Ergebnis - mangels Rechtsweg keine Rechtswegerschöpfung notwendig - keine Zweifel bestehen.

597 Die Entscheidung zu den in Gesetzesform erlassenen Hamburger Bebauungsplänen, die nach BVerfG, Beschl. v. 14.05.1985, BVerfGE 70, 35 (50 ff.) gleichwohl § 47 VwGO unterfallen sollen, blieb eine singuläre Ausnahme und war zu Recht heftig kritisiert worden (vgl. v.d. Hövel, Diss., S. 86 ff.; Schenke, Fachgerichtsbarkeit, S. 18 f.; Schlaich, Rn. 246; Steinberger, Sondervotum zur Entscheidung, BVerfGE 70, 59, 64 ff.; Zuck, JZ 1985, S. 1049).

598 Gesetz zur Änderung verwaltungsprozessualer Vorschriften vom 24.08.1976 (BGBl. I S. 2437).

599 Die verfassungsgerichtliche Vorbehaltsklausel des § 47 S. 1 VwGO a.F., deren Interpretation zu einem umfangreichen Streit geführt hatte (Stichwort: abstrakte/konkrete Betrachtungsweise) und für die Frage des Rechtswegs i.S.d. § 90 II S. 1 BVerfGG wegen des daraus folgenden Maßstabsrechts von Bedeutung war, wurde durch die Regelung des § 47 III VwGO ersetzt. Damit war klargestellt, daß Bundesrecht einschließlich der Grundrechte des Grundgesetzes als Prüfungsmaßstab heranzuziehen ist und das Verfahren nach § 47 VwGO somit einen Rechtsweg i.S.d. § 90 II S. 1 BVerfGG darstellt (vgl. Henning, S. 220 ff.).

600 BVerfG, Beschl. v. 14.05.1985, BVerfGE 70, 35 (53 f.); Beschl. v. 23.06.1987, BVerfGE 76, 107 (114 f.); Eyermann/Schmidt, § 47 Rn. 37; v.d. Hövel, Diss., S. 83; Kopp, VwGO, § 47 Rn. 39; Motzer, S. 112; Pestalozza, Verfassungsprozeßrecht, § 12 Rn. 46; Redeker/v.Oertzen, § 47 Rn. 1; Schenke, NJW 1978, 671 (678); ders., Rechtsschutz, S. 301; Schmidt-Bleibtreu in M/S/K/U, § 90 Rn. 202 a.

nicht nur der unmittelbar gegen die angegriffene Norm zur Verfügung stehende Rechtsweg zu den Fachgerichten gemeint ist, sondern auch ein Rechtsweg, in dem die Norm lediglich mittelbar einer fachgerichtlichen Überprüfung unterzogen werden kann. Die unter dem Aspekt des Rechtsschutzes entscheidende Frage ist, ob § 90 II S. 1 BVerfGG nicht nur die Durchführung prinzipaler, sondern auch inzidenter fachgerichtlicher Normenkontrollverfahren notwendig macht.
Hinsichtlich des inzidenten Rechtsschutzes ist eine Unterscheidung nach formellen Gesetzen und untergesetzlichem Recht nicht erforderlich. Die im Folgenden angesprochenen Probleme stellen sich unabhängig von der Klassifizierung der Norm[601].

(a) Die Notwendigkeit einer vorherigen inzidenten Normenkontrolle

Die Rechtsprechung des Bundesverfassungsgerichts zur Subsidiarität der Rechtssatzverfassungsbeschwerde hat in den letzten Jahren eine bedeutende neue Ausprägung erfahren[602]. Danach verlangt der Grundsatz der Subsidiarität der Verfassungsbeschwerde vor Erhebung einer Rechtssatzverfassungsbeschwerde die Inanspruchnahme zumutbaren fachgerichtlichen Rechtsschutzes auch dann, wenn unmittelbar gegen die Norm Rechtsschutz vor den Fachgerichten nicht möglich ist[603]. Vor Anrufung des Bundesverfassungsgerichts ist daher - unter Beachtung des einschränkenden Kriteriums der Zumutbarkeit des Rechtsschutzes - die Durchführung einer inzidenten Kontrolle notwendig. Geeignete Rechtsschutzform hierfür ist die Feststellungsklage nach § 43 VwGO. Auch in diesen Fällen erfüllt der Subsidiaritätsgrundsatz seine wesentlichen Funktionen, indem er eine tatsächliche und rechtliche Aufbereitung des Sachverhalts durch die Fachgerichte und die Sicherung des außerordentlichen Charakters der Verfassungsbeschwerde gewährleistet. Diese Rechtsprechung wird in ihrem Ergebnis mittlerweile auch vom überwiegenden Teil der Literatur aner-

601 Der Unterschied liegt lediglich in der Vorlagepflicht des Art. 100 I GG. Die Einleitung eines fachgerichtlichen Verfahrens ist nach der Rechtsprechung des Bundesverfassungsgerichts auch bei Grundrechtsverstößen durch formelle Gesetze notwendig, denen die Fachgerichte aufgrund des bundesverfassungsgerichtlichen Verwerfungsmonopols gemäß Art. 100 I GG nicht abhelfen können (BVerfG, Beschl. v. 30.01.1985, BVerfGE 69, 122, 125 f.; Beschl. v. 02.12.1986, BVerfGE 74, 69, 74). Die Fachgerichte müssen zunächst in einer eigenständigen Prüfung einen Verfassungsverstoß durch das Gesetz bejaht haben, bevor sie die Norm dem Bundesverfassungsgericht vorlegen. Insofern sind die Fachgerichte selbst in diesen Fällen immerhin Ausgangspunkt des (Grund-)Rechtsschutzes (vgl. Detterbeck, DÖV 1990, S. 558, 560).

602 Detterbeck (DÖV 1990, S. 558, 560) spricht von einer „das Recht der Verfassungsbeschwerde revolutionierenden Rechtsprechung".

603 BVerfG, Beschl. v. 30.01.1985, BVerfGE 69, 122 (125 f.); Beschl. v. 02.12.1986, BVerfGE 74, 69 (74); Beschl. v. 21.06.1988, BVerfGE 78, 350 (355); Beschl. v. 18.03.1997, NJW 1997, S. 3086; BVerfG, Beschl. v. 02.04.1997, NVwZ 1998, S. 169.

kannt[604].

Das Erfordernis einer vorherigen inzidenten Kontrolle betrifft somit auch und gerade solche Rechtsnormen, die unmittelbar wirken, ohne daß sie mittels der verwaltungsgerichtlichen Normenkontrolle überprüft werden können. Insbesondere fallen darunter die im Mittelpunkt dieser Arbeit stehenden unmittelbar wirkenden Rechtsverordnungen des Bundes. Wie oben gezeigt[605], kommt dabei als zumutbarer fachgerichtlicher Rechtsschutz allein die verwaltungsgerichtliche Feststellungsklage nach § 43 VwGO in Betracht.

(b) Das Problem der Rechtsgrundlage

Ungeklärt ist jedoch innerhalb dieses Problemkreises die Funktion von § 90 II S. 1 BVerfGG.

(i) Ansicht des Bundesverfassungsgerichts: allgemeiner Subsidiaritätsgrundsatz

Das Bundesverfassungsgericht stützt seine Erwägungen regelmäßig auf den allgemeinen Grundsatz der Subsidiarität, stellt also nicht unmittelbar auf die Regelung des § 90 II S. 1 BVerfGG ab[606]. Danach ergibt sich die Notwendigkeit der inzidenten Normenkontrolle aus dem allgemeinen Grundsatz der Subsidiarität, der neben dem Gebot der Rechtswegerschöpfung steht und in der Norm des § 90 II S. 1 BVerfGG lediglich zum Ausdruck kommt bzw. dieser Vorschrift zugrunde liegt[607].

(ii) Gegenansicht: direkte Anwendung von § 90 II S. 1 BVerfGG

Eine seit einiger Zeit in der Rechtswissenschaft vertretene Ansicht will demgegenüber das Erfordernis der vorherigen Durchführung auch inzidenter Normenkontrollen unmittelbar aus § 90 II S. 1 BVerfGG entnehmen[608]. Auch

604 Chung, S. 262; Detterbeck, DÖV 1990, S. 558 (559 ff.); v.d. Hövel, Diss., S. 122; Klein Harald, FS für Zeidler, S. 1325 (1339 Fn. 50); Kopp, VwGO, § 47 Rn. 8; Pietzner/Ronellenfitsch, § 11 Rn. 7; Schenke, Rechtsschutz, S. 215 ff.; ders., JuS 1981, S. 81 (85 f.); ders., NJW 1986, S. 1451 (1457); Schmidt-Bleibtreu in M/S/K/U, § 90 Rn. 18; Schoch/Pietzcker, § 43 Rn. 25.

605 Vgl. D IV 2.

606 BVerfG, Beschl. v. 11.10.1988, BVerfGE 79, 1 (19); Beschl. v. 14.03.1989, BVerfGE 80, 40 (45); daneben vgl. auch Nachweise bei Fn. 603.

607 Vgl. dazu die Rechtsprechungsnachweise oben Fn. 564 u. Fn. 565; vgl. auch BVerfG, Beschl. v. 08.01.1997, NJW 1997, S. 1228: „der aus § 90 II BVerfGG folgende Subsidiaritätsgrundsatz"; mit dem Bundesverfassungsgericht konform: v.d. Hövel, Diss., S. 155 ff., Posser, S. 310 ff.; Sachs, Jura 1986, S. 598 (600).

608 Chung, S. 264 ff.; Detterbeck, DÖV 1990, S. 558 (562); Gerontas, DÖV 1982, S. 440 (443 ff.); Pieroth, DVBl. 1974, S. 195 (196 f.); Schenke, Rechtsschutz, S. 302 f.; ders., NJW 1986, S. 1451 (1456 ff.); ders., Fachgerichtsbarkeit, S. 17 ff.; ders., 50 Jahre Grund-

Verfassungsbeschwerden gegen Normen seien von der Regelung des § 90 II S. 1 BVerfGG erfaßt. Als anderer Rechtsweg kämen dabei nicht nur prinzipale, sondern auch inzidente Normenkontrollen in Betracht. Im Widerspruch zur h.M., die davon ausgeht, daß es - von § 47 VwGO abgesehen - gegen Normen keinen Rechtsweg gebe[609], stelle der Rechtsschutz durch ein fachgerichtliches Verfahren, in dem die Norm lediglich inzident überprüft wird, einen Rechtsweg i.S.d. § 90 II S. 1 BVerfGG dar[610]. Die Verfassungsbeschwerde gegen Normen sei nur dann sofort zulässig, wenn die inzidente Normenkontrolle der Fachgerichte ausnahmsweise keinen ausreichenden Rechtsschutz vermitteln könne oder wenn die Voraussetzungen des § 90 II S. 2 BVerfGG vorlägen.
Diese Ansicht kann sich auf überzeugende Argumente stützen:

– Der Wortlaut des § 90 II S. 1 BVerfGG

Grundlage der o.g. Ansicht ist der Wortlaut des § 90 II S. 1 BVerfGG, wonach es darauf ankommt, daß „gegen die Verletzung" der Rechtsweg zulässig ist. Der Beschwerdeführer muß dementsprechend einen Rechtsweg beschreiten, der gegen die „Verletzung" eröffnet ist. Rechtsschutz gegen die Rechtsverletzung gewährt auch das Verfahren der Inzidentkontrolle. § 90 II S. 1 BVerfGG enthält keinerlei Hinweise, daß der Rechtsschutz unmittelbar gegen die Norm, d.h. in Form einer prinzipalen Kontrolle, erfolgen muß[611]. Zwar ist Prüfungsgegenstand der Rechtssatzverfassungsbeschwerde die Norm selbst. Die Rechtssatzverfassungsbeschwerde ist demzufolge auch „gegen das Gesetz" gerichtet (vgl. § 93 III BVerfGG)[612]. Unter dem Aspekt des Rechtsschutzes kommt es dagegen nur auf die Verletzung durch die Norm an. Dem Rechtsschutzsuchenden genügt die Beseitigung der sich aus der verfassungswidrigen Norm ergebenden Beeinträchtigungen seiner Individualsphäre, die eine inzidente Kontrolle genauso gewährleisten kann wie eine prinzipale Kontrolle. Nach Ansicht der Rechtsprechung und der h.M. in der Literatur entspricht das inzidente Normenkontrollverfahren in der Regel den Anforderungen des Art. 19 IV GG[613]. Es ist daher nicht einzusehen, warum ein zum Rechtsschutz gegen Normen geeignetes inzidentes Normenkontrollverfahren, das einen Rechtsweg gegen Normen i.S.d. Art. 19 IV GG darstellt, keinen Rechtsweg i.S.d. § 90 II S. 1 BVerfGG darstellen soll[614].

gesetz, S. 158 f.; Warmke, Diss., S. 174 ff.

609 Vgl. oben (1) (a).

610 Klar anders noch Geiger, § 90, 7.

611 Chung, S. 264; Detterbeck, DÖV 1990, S. 558 (563); Posser, S. 454.

612 Nach h.A. in Rechtsprechung und Literatur sind unter „Gesetz" i.S.d. § 93 III BVerfGG auch Rechtsverordnungen und Satzungen zu subsumieren (vgl. unten e (1)). Der Verwendung des Begriffs „Gesetz" liegt im Folgenden diese Auslegung zugrunde.

613 Vgl. oben B II.

614 Vgl. Schenke, Rechtsschutz, S. 306.

Die Heranziehung des Wortlauts des Art. 19 IV GG kann auch nicht unter dem Aspekt in Frage gestellt werden, daß Art. 19 IV GG nicht von dem gegen die *Verletzung* möglichen Rechtsweg spricht[615]. Art. 19 IV S. 1 HS. 2 GG muß in Zusammenhang mit HS. 1 gesehen werden, in dem von der Rechtsverletzung durch die öffentliche Gewalt die Rede ist. HS. 2 ist daher so zu lesen, dem Betroffenen stehe der Rechtweg gegen die in HS. 1 beschriebene Verletzung offen.
Weder der Rechtsprechung noch der Literatur läßt sich eine gängige Definition des Rechtswegs i.S.d. § 90 II S. 1 BVerfGG entnehmen. Trotz aller bestehender Unsicherheiten[616] erweisen sich jedoch zwei Merkmale als bestimmend[617]: Der vorab zu erschöpfende Rechtsweg muß durch eine gesetzliche Regelung normiert sein. Und: Es muß sich um einen - allerdings nicht mehrgliedrigen[618] - Weg zu den Gerichten i.S.d. Grundgesetzes handeln[619]. Das fachgerichtliche Verfahren der inzidenten Normenkontrolle ist von dieser Definition umfaßt. Die Inzidentkontrolle erfolgt nach h.M. in Rechtsprechung und Literatur mittels der allgemeinen Feststellungsklage gemäß § 43 VwGO vor den Verwaltungsgerichten[620].
Aus dem Wortlaut heraus läßt sich somit eine Beschränkung auf prinzipale Kontrollverfahren nicht rechtfertigen.

– Systematische Bedeutung des § 93 III BVerfGG

Gemäß § 93 III BVerfGG[621] sind Verfassungsbeschwerden „gegen ein Gesetz oder einen sonstigen Hoheitsakt, gegen den ein Rechtsweg nicht offensteht“, nur innerhalb eines Jahres seit dem Inkrafttreten des Gesetzes oder dem Erlaß des Hoheitsaktes zulässig. Die Gegenauffassung zu der hier vertretenen weiten Interpretation des § 90 II S. 1 BVerfGG zieht diese Formulierung als Anhaltspunkt dafür heran, daß nur ein gegen die Norm selbst gerichtetes Rechtsschutzverfahren vom Begriff des Rechtswegs erfaßt sei[622]. Der Begriff des Rechtswegs

---

615 So aber v.d. Hövel, Diss., S. 152.

616 Vgl. Schmidt-Bleibtreu in M/S/K/U, § 90 Rn. 195 ff.

617 Vgl. Posser, S. 76.

618 BVerfG, Beschl. v. 11.10.1978, BVerfGE 49, 329 (340).

619 Zu den „Fachgerichten“ zählen daher jedenfalls die Gerichte aus dem Bereich der Zivilgerichtsbarkeit, der freiwilligen Gerichtsbarkeit, der Strafgerichtsbarkeit, der Finanzgerichtsbarkeit, der Dienst- und Berufsgerichtsbarkeit, der Arbeits- und Sozialgerichtsbarkeit sowie der Wehrgerichtsbarkeit (vgl. Schmidt-Bleibtreu in M/S/K/U, § 90 Rn. 196).

620 Vgl. oben D IV 2.

621 Früher § 93 II BVerfGG, geändert durch das sechste Änderungsgesetz zum BVerfGG vom 02.08.1993 (BGBl. I S. 1442), das Absatz 2 für die Erhebung und die Begründung der Verfassungsbeschwerde neu einfügte.

622 Sachs, JURA 1986, S. 598 (600).

beziehe sich in § 93 III BVerfGG auf den Angriffsgegenstand. Dies sei auch bei der Auslegung des § 90 II S. 1 BVerfGG zu berücksichtigen, so daß die Inzidentkontrolle als Rechtsweg i.S.d. § 90 II S. 1 BVerfGG ausscheide.

Dieser Rückschluß von § 93 III BVerfGG auf den Begriff des Rechtswegs in § 90 II S. 1 BVerfGG erscheint jedoch sehr fraglich. Zutreffend ist, daß unter „Rechtsweg" i.S.d. § 93 III BVerfGG nur prinzipale Normenkontrollverfahren zu verstehen sind[623]. Dies ergibt sich zum einen aus dem Wortlaut des § 93 III BVerfGG („Gesetz oder ... sonstigen Hoheitsakt, *gegen den* ein Rechtsweg nicht offensteht"), zum anderen aus Sinn und Zweck der gesamten Regelung, der in einer Fristbestimmung für den direkten Angriff einer Norm mittels einer Verfassungsbeschwerde besteht. Damit sind auch schon die wesentlichen Unterschiede zu § 90 II S. 1 BVerfGG angesprochen: Neben dem unterschiedlichen Wortlaut erweist sich § 93 III BVerfGG als spezifische Regelung für Rechtssatzverfassungsbeschwerden in Abgrenzung zu der für Urteilsverfassungsbeschwerden geltenden Regelung des § 93 I BVerfGG.

Ein derartiger systematischer Zusammenhang zwischen § 90 II S. 1 BVerfGG und § 93 III BVerfGG ist aber auch deswegen zweifelhaft, als bereits unklar ist, ob sich der Attributivsatz „gegen den ein Rechtsweg nicht offensteht" auch auf die Alternative „Gesetz" oder nur auf „sonstigen Hoheitsakt" bezieht. Der Wortlaut der Vorschrift („gegen ein Gesetz oder gegen einen sonstigen Hoheitsakt, gegen den ein Rechtsweg nicht offensteht") läßt keinen eindeutigen Schluß zu[624]. Geht man davon aus, daß sich der Zusatz nicht auf „Gesetz", sondern nur auf „sonstigen Hoheitsakt" erstreckt, läßt sich aus § 93 III BVerfGG kein Hinweis auf die Auslegung des § 90 II S. 1 BVerfGG entnehmen, was den Rechtsweg gegen ein Gesetz betrifft[625]. Aber auch bei Annahme, daß sich der Zusatz „gegen den ein Rechtsweg nicht offensteht" auch auf den Begriff „Gesetz" bezieht, ist ein derartiger Rückschluß für die Auslegung des § 90 II S. 1 BVerfGG nicht indiziert.

So bilden die Vorschriften des § 90 II S. 1 BVerfGG und des § 93 III BVerfGG auch dann ein sinnvolles Rechtsschutzsystem, wenn man auch die inzidente Kontrolle von Normen als vom Wortlaut des § 90 II S. 1 BVerfGG umfaßt ansieht, während demgegenüber die Frist des § 93 III BVerfGG nur für prinzipale Kontrollverfahren gilt. Die Regelungen des § 90 II S. 1 BVerfGG und § 93 III BVerfGG greifen dann insoweit ineinander, als § 93 III BVerfGG eine zusätzliche Voraussetzung für eine Verfassungsbeschwerde gegen Normen

---

623 Dies wird von der rechtswissenschaftlichen Literatur - auch derjenigen, die als Rechtsweg i.S.d. § 90 II S. 1 BVerfGG auch inzidente Normenkontrollen betrachtet,- nicht in Frage gestellt; vgl. Chung, S. 269 f.; Detterbeck, DÖV 1990, S. 558 (563 f.); Majer in Umbach/Clemens, § 93 Rn. 25; Pestalozza, Verfassungsprozeßrecht, § 12 Rn. 53; Schenke, Rechtsschutz, S. 304 f. Fn. 25; Schmidt-Bleibtreu in M/S/K/U, § 93 Rn. 44 ff.; Warmke, Diss., S. 185 ff.

624 Ebenso Warmke, Diss., S. 188; zu dieser Streitfrage vgl. auch unten e.

625 Chung, S. 272; Detterbeck, DÖV 1990, S. 558 (564).

neben der Vorschrift des § 90 II S. 1 BVerfGG bildet[626]. Wegen § 90 II S. 1 BVerfGG ist vor Durchführung einer Verfassungsbeschwerde gegen die Norm Rechtsschutz nur gegen die Verletzung durch die Norm in Form der inzidenten Kontrolle zu suchen. Hat der Beschwerdeführer den fachgerichtlichen Rechtsweg erschöpft, unterliegt die Verfassungsbeschwerde der weiteren Zulässigkeitsvoraussetzung des § 93 III BVerfGG. Da die Jahresfrist dann in der Regel abgelaufen ist[627], kommt nur mehr eine Urteilsverfassungsbeschwerde gegen die fachgerichtliche Entscheidung in Betracht. Diese Auslegung eines Zusammenspiels von § 90 II S. 1 BVerfGG und § 93 III BVerfGG liegt auch auf der Linie der Rechtsprechung des Bundesverfassungsgerichts bei vollziehbaren Normen: Dort macht das vom Bundesverfassungsgericht eingeführte Zulässigkeitskriterium der unmittelbaren Betroffenheit den vorherigen Angriff des Vollzugsakts notwendig, was dazu führt, daß, ebenso wie im Falle der vorherigen Inzidentkontrolle, die Verfassungsbeschwerde gegen die Norm regelmäßig gemäß § 93 III BVerfGG verfristet und somit unzulässig ist[628]. § 93 III BVerfGG trifft keine Regelung hinsichtlich der Zulässigkeit einer inzidenten Kontrolle. Die Vorschrift legt nur eine Frist für den direkten Angriff der Norm fest, besagt jedoch nicht, daß nach deren Ablauf die Ungültigkeit der Norm im Rahmen einer inzidenten Normenkontrolle nicht mehr geltend gemacht werden könnte[629].

– Genetische Auslegung und Funktionswandel des Begriffs „Rechtsweg“

Ein zwingender Rückschluß für die Auslegung des § 90 II S. 1 BVerfGG ergibt sich auch nicht aus dem Argument, der Regelung des § 93 III BVerfGG sei zu entnehmen, der Gesetzgeber sei bei Schaffung des BVerfGG davon ausgegangen, daß gegen Gesetze kein Rechtsweg existiere. Der historische Wille des Gesetzgebers ist unter dem Aspekt einer gewandelten Rechtsschutzsituation gegen Rechtsverletzungen durch Normen neu zu bewerten.

Eine genetische Auslegung von § 90 II S. 1 BVerfGG und § 93 III BVerfGG scheint gegen die hier vertretene weite Interpretation des Rechtswegbegriffs zu sprechen. Aus den Beratungen über den Entwurf eines BVerfGG ergibt sich, daß die Abgeordneten der Ansicht waren, gegen ein verfassungswidriges Gesetz gebe es keinen Rechtsweg, sondern als Rechtsschutz nur die Verfassungsbeschwerde[630]. Insbesondere die Regelung des § 93 III BVerfGG deutet auf eine derartige Vorstellung des Gesetzgebers hin. Der Gesetzgeber hatte mit dem Zusatz „sonstiger Hoheitsakt, gegen den ein Rechtsweg nicht offensteht“ vor allem

626 Vgl. Detterbeck, DÖV 1990, S. 558 (563).

627 Gerontas, DÖV 1982, S. 440 (444).

628 Detterbeck, DÖV 1990, S. 558 (563).

629 Vgl. Chung, S. 273 f.

630 Vgl. Holtkotten, NJW 1952, S. 528 (529) m.w.N. zur Entstehungsgeschichte.

die „justizfreien Hoheitsakte“ gemeint und wollte für derartige Akte der öffentlichen Gewalt, die eben nicht als Gesetze ergehen, eine befristete Rechtsschutzmöglichkeit in Gestalt der Verfassungsbeschwerde sicherstellen[631]. Der Zusatz „gegen den ein Rechtsweg nicht offensteht“ sollte sich demnach nicht auf den Begriff „Gesetz“ beziehen. Wäre nun gegen Rechtsverletzungen durch Normen regelmäßig vorher ein Rechtsweg zu erschöpfen, käme § 93 III BVerfGG nur sehr selten zur Anwendung, da die Normenbeschwerde nach Beschreitung eines durch mehrere Instanzen führenden, fachgerichtlichen Verfahrens gegen die Norm regelmäßig verfristet und damit faktisch ausgeschlossen bzw. auf die Ausnahmen des § 90 II S. 2 BVerfGG beschränkt wäre[632]. Diese Deutung des § 93 III BVerfGG wird auch dadurch gestützt, daß die Regelung des § 93 III BVerfGG bei Existenz eines Rechtsweges - nämlich in Form der Regelung des § 47 VwGO[633] - erhebliche Probleme aufwirft[634]. Auch daran zeigt sich, daß der Gesetzgeber bei Einführung des BVerfGG davon ausging, daß es gegen Normen keinen Rechtsweg i.S.d. BVerfGG gibt. Er sah Regelungsbedarf nur in der Hinsicht, als Parallele zur Frist gegen Urteilsverfassungsbeschwerden in Absatz 1 auch die Möglichkeit einer Normenverfassungsbeschwerde zeitlich zu beschränken.
Mit der Einrichtung des verwaltungsgerichtlichen Normenkontrollverfahrens im Jahr 1970 hat die historische Feststellung, es gebe keinen Rechtsweg gegen Gesetze, eine deutliche Einschränkung erfahren. Auch die Anerkennung dieses Verfahrens als Rechtsweg i.S.d. § 90 II S. 1 BVerfGG ist ein wesentliches Indiz für einen Wandel im Bereich des Rechtsschutzes gegen Normen[635]. Die Problematik des subjektiven Rechtsschutzes gegen Normen hat erst in den letzten Jahrzehnten aufgrund „normstruktureller Verschiebungen“[636] eine intensive Diskussion erfahren und stetig an Bedeutung gewonnen[637]. Insbesondere die Möglichkeit des Inzidentrechtsschutzes mittels einer Feststellungsklage war im Zeitpunkt der Entstehung des BVerfGG noch nicht so bekannt und anerkannt wie heute[638]. Viele Fragen des Rechtsschutzes gegen Normen konnten daher bei Schaffung des BVerfGG noch keine Berücksichtigung finden. Diesen Mangel

631 Büsser, S. 96; Warmke, Diss., S. 187.

632 Vgl. v.d. Hövel, Diss., S. 153.

633 Das Verfahren der prinzipalen Normenkontrolle gemäß § 47 VwGO bestand zum Gesetzgebungszeitpunkt (12.03.1951, BGBl. I S. 243) noch nicht (eingeführt erst durch Gesetz vom 21.01.1960, BGBl. I S. 17).

634 Siehe dazu unten e.

635 In diesem Sinne ist wohl auch die Äußerung von Schenke (NJW 1986, S. 1451, 1458) zu verstehen, der Gesetzgeber vermöge nicht, rechtsdogmatische Einsichten vorzuschreiben.

636 Schmidt-Aßmann in Maunz/Dürig, Art. 19 IV Rn. 93.

637 Vgl. dazu Chung, S. 267; Kuffer, S. 92; Schenke, Rechtsschutz, S. 1 ff.; Warmke, Diss., S. 187.

638 Chung, S. 284.

hat das Bundesverfassungsgericht mit seiner Rechtsprechung auszugleichen versucht. So hat es, um die Zahl der Verfassungsbeschwerden gegen Normen einzuschränken, das Erfordernis der unmittelbaren Betroffenheit entwickelt bzw. auf den allgemeinen Grundsatz der Subsidiarität zurückgegriffen und hinsichtlich möglicher Ausnahmen dabei bemerkenswerterweise z.T. direkt oder analog die Regelung des § 90 II BVerfGG in Ansatz gebracht[639]. Als neuere Ausprägung des Subsidiaritätsgrundsatzes schließlich fordert es nun die vorherige Durchführung auch eines inzidenten Normenkontrollverfahrens. Diese Entwicklungen im Rechtsschutz gegen Normen weisen deutlich auf einen Funktionswandel des Begriffs „Rechtsweg" hin, der die Einbeziehung der inzidenten Normenkontrolle in den Anwendungsbereich des § 90 II S. 1 BVerfGG rechtfertigt[640].

– Telos des § 90 II S. 1 BVerfGG

Auch eine teleologische Auslegung des § 90 II S. 1 BVerfGG spricht dafür, die inzidente Normenkontrolle als Rechtsweg i.S.d. § 90 II S. 1 BVerfGG zu betrachten. Die direkte Anwendung von § 90 II S. 1 BVerfGG auf inzidente Kontrollverfahren entspricht den Zwecken des Grundsatzes der Subsidiarität der Verfassungsbeschwerde[641], der in § 90 II S. 1 BVerfGG zum Ausdruck kommt. Dadurch können die gewünschten Wirkungen des Subsidiaritätsgrundsatzes herbeigeführt werden, ohne daß auf den außergesetzlichen, allgemeinen Subsidiaritätsgrundsatz der Rechtsprechung zurückgegriffen werden muß.

– Rückführung der Ergebnisse der Rechtsprechung auf eine normative Grundlage

Ein wesentlicher Vorteil der direkten Anwendung des § 90 II S. 1 BVerfGG ist, daß die unklaren, unter „Inkaufnahme dogmatischer Widersprüche und Ungereimtheiten"[642] gewonnenen Ergebnisse der Rechtsprechung in Bezug auf die Kriterien des allgemeinen Subsidiaritätsgrundsatzes, der unmittelbaren Betroffenheit und des Rechtsschutzbedürfnis zumindest für einen Teil ihres Anwendungsbereiches eine klare, normative Grundlage erhalten. So kann nicht nur die Forderung nach der vorherigen Durchführung eines inzidenten Kontrollverfahrens unmittelbar auf die gesetzliche Regelung des § 90 II S. 1 BVerfGG gestützt werden. Da mit der direkten Anwendung von § 90 II S. 1 BVerfGG auch der Weg zu den Ausnahmetatbeständen des § 90 II S. 2 BVerfGG eröffnet

639 Vgl. unten d (2).

640 Vgl. Chung, S. 282 ff.

641 Vgl. oben 2 b.

642 Schenke, NJW 1986, S. 1451 (1461).

ist, kann auch diesbezüglich an die gesetzliche Regelung angeknüpft werden[643]. Die neuere Rechtsprechung und zum Teil auch die Literatur haben sich diesem Ergebnis bereits angenähert und bei der Begründung von Ausnahmen auf die (analoge) Anwendung des § 90 II S. 2 BVerfGG zurückgegriffen[644]. Mehr Klarheit verschafft diese Lösung auch hinsichtlich der Merkmale der unmittelbaren Betroffenheit und des allgemeinen Rechtsschutzbedürfnisses: Es wird dadurch möglich, auf das umstrittene Kriterium der „unmittelbaren Betroffenheit" weitgehend zu verzichten und das allgemeine Rechtsschutzbedürfnis auf seine eigentliche Funktion zurückzuführen[645].

Diesen Argumenten gegenüber können die Einwände der Kritiker[646] nicht überzeugen.
So spricht es keineswegs gegen die hier vertretene Lösung, daß Inzidentkontrollen mittels beliebig vieler Verfahren mit immer neuen Streitgegenständen angestrebt werden können[647]. Entscheidend ist die Rechtsschutzperspektive des Betroffenen. Aus dessen Sicht ist mit der letztinstanzlichen Entscheidung durchaus eine Erschöpfung des Rechtsweg eingetreten[648]. Ebenso steht der Einbeziehung der inzidenten Normenkontrolle nicht entgegen, daß damit das Subsidiaritätsproblem nicht umfassend gelöst ist und weiterhin Fälle existieren, bei denen auf den durch das Bundesverfassungsgericht geschaffenen allgemeinen Subsidiaritätsgrundsatz zurückgegriffen werden muß[649]. Ein „vollständiges Aufgehen der Subsidiarität in § 90 II S. 1 BVerfGG"[650] wird hier nicht vertreten[651], so daß auch nicht davon die Rede sein kann, die direkte Subsumtion unter § 90

643 Detterbeck, DÖV 1990, S. 558 (564); Gerontas, DÖV 1990, S. 440 (447); Pieroth, DVBl. 1974, S. 195 (196); Schenke, Rechtsschutz, S. 308; ders., NJW 1986, S. 1451 (1459); ders., Fachgerichtsbarkeit, S. 22.

644 Vgl. dazu unten d (2).

645 Chung, S. 285 ff.; Detterbeck, DÖV 1990, S. 558 (564); Schenke, Rechtsschutz, S. 306 f.; ders., NJW 1986, S. 1451 (1459); eingehend hierzu unten b und c.

646 Ablehnend v.d. Hövel, Diss., S. 151 ff. (einschränkend aber ders., NVwZ 1993, S. 549, 550); Posser, S. 310 ff.; Sachs, JURA 1986, S. 598 (600).

647 So Sachs, JURA 1986, S. 598 (600).

648 Daß Sachs (JURA 1986, S. 598, 600) zuwenig zwischen dem Hoheitsakt selbst und der durch ihn hervorgerufenen Verletzung unterscheidet, zeigt sich auch in dem Argument, § 90 II 1 BVerfGG setze den Rechtsweg „*gegen* die Verletzung" (Hervorhebung auch im Original) voraus und lege dadurch eine Deutung im Sinne der Klagemöglichkeit „unmittelbar gegen" den verletzenden Hoheitsakt nahe. Ein derartiger logischer Schluß ist nicht möglich.

649 So v.d. Hövel, Diss., S. 154 f.; Posser, S. 310 ff.

650 Posser, S. 311.

651 Eine derartig weitgehende Forderung findet sich explizit auch nicht bei Schenke als dem radikalsten Vertreter der neuen Ansicht.

II S. 1 BVerfGG degradiere die Vorschrift „zur bloßen Worthülse“[652]. Auch wenn durch den neuen Ansatz nicht alle mit der Subsidiarität der Rechtssatzverfassungsbeschwerde verbundenen Probleme einer Lösung zugeführt werden können und weiterhin auf Elemente der Subsidiaritätsrechtsprechung des Bundesverfassungsgerichts zurückgegriffen werden muß, so werden doch wichtige Teilbereiche auf eine normative Grundlage gestellt. Da dieser Ansatz zudem auch dazu beiträgt, Unstimmigkeiten in der bisherigen Rechtsprechung (z.B. hinsichtlich des Kriteriums der unmittelbaren Betroffenheit oder der Anwendung von § 90 II S. 2 BVerfGG) einer klareren und insofern auch dogmatisch befriedigenderen Lösung zuzuführen, ist er der h.M. vorzuziehen[653].

### b) Das Merkmal der unmittelbaren Betroffenheit

Wie bereits erwähnt[654], kann und soll das von der Rechtsprechung entwickelte Kriterium der unmittelbaren Betroffenheit nur am Rande behandelt werden. Hier soll daher nur auf das Argument der oben[655] vertretenen Ansicht eingegangen werden, wonach dieses Kriterium bei direkter Anwendung des § 90 II S. 1 BVerfGG überflüssig wird und durch eine an § 90 II S. 1 BVerfGG ausgerichtete Prüfung ersetzt werden kann.

Das Kriterium der unmittelbaren Betroffenheit spielt besonders bei vollzugsbedürftigen Normen eine Rolle. Setzt eine Norm zu ihrer Durchführung rechtsnot-

---

652 V.d. Hövel, Diss., S. 154.

653 Der Lösungsansatz von v.d. Hövel (Diss., S. 155 ff.) kann seinerseits nicht überzeugen. V.d. Hövel versucht, den Vorteil der Normbezogenheit mit den von der Rechtsprechung entwickelten Kriterien zu verbinden. In Übereinstimmung mit der Rechtsprechung geht er davon aus, daß der Grundsatz der Subsidiarität der Verfassungsbeschwerde nur ausschnittsweise in § 90 II S. 1 BVerfGG kodifiziert ist, da gegen Gesetze lediglich im Ausnahmefall des § 47 VwGO ein Rechtsweg eröffnet sei. Die darüber hinausgehenden, von der Rechtsprechung entwickelten Elemente sollen durch eine eng an § 90 II BVerfGG orientierte, lediglich den Besonderheiten des über den Wortlaut hinausführenden Subsidiaritätsgedankens angepaßte Prüfung ersetzt werden. Zunächst seien sämtliche in Betracht kommende Möglichkeiten fachgerichtlichen Rechtsschutzes festzustellen und diese daraufhin auf ihre Effizienz auch im konkreten Einzelfall zu untersuchen. § 90 II S. 2 Alt. 2 BVerfGG sei dabei entsprechend anwendbar. Schließlich seien noch subjektive Subsidiaritätserwägungen unter dem Aspekt der Zumutbarkeit des alternativen Rechtsschutzes und objektive Subsidiaritätserwägungen zu prüfen, wobei bei letzteren § 90 II S. 2 Alt. 1 entsprechend herangezogen werden könne. Dieser Lösungsansatz versucht lediglich, die von der Rechtsprechung geschaffenen Subsidiaritätskriterien einer an der gesetzlichen Regelung orientierten Ordnung zu unterwerfen. Substantiell Neues bringt dieses „Subsidiaritätskonzept“ (v.d. Hövel, Diss., S. 79) nicht. Vor allem verschafft es keine Klärung der zahlreichen mit der Subsidiaritätsrechtsprechung verbundenen rechtsdogmatischen Zweifelsfragen.

654 Vgl. oben A I 2.

655 Vgl. a (2) (b) (ii).

wendig oder nach der tatsächlichen Verwaltungspraxis einen besonderen, vom Willen der vollziehenden Gewalt beeinflußten Vollziehungsakt voraus, so scheitert nach ständiger Rechtsprechung des Bundesverfassungsgerichts[656] eine Verfassungsbeschwerde gegen die Norm am Fehlen der unmittelbaren Betroffenheit. Die oben vertretene Ansicht gelangt zur Unzulässigkeit der Verfassungsbeschwerde auf anderem Wege: Ist der Ausführungsakt bereits ergangen, ist die Verfassungsbeschwerde mangels Rechtswegerschöpfung gemäß § 90 II S. 1 BVerfGG unzulässig, da das Vorgehen gegen die Verletzung durch den Ausführungsakt, gleichbedeutend mit der inzidenten Kontrolle der Norm, einen Rechtsweg i.S.d. § 90 II S. 1 BVerfGG darstellt; ist dagegen noch kein Ausführungsakt ergangen, fehlt es bereits an der gegenwärtigen Beschwer[657].
Der Zusammenhang mit dem Zulässigkeitskriterium der Beschwerdebefugnis wird vor allem in den Fällen deutlich, in denen die Norm zwar den Erlaß eines Vollzugsakts ermöglicht, die Norm jedoch bereits selbst in die Rechtssphäre des Bürgers eingreift. Da hier nicht mehr auf das formale Kriterium der Vollzugsbedürftigkeit abgestellt werden kann, rückte in der neueren Rechtsprechung des Bundesverfassungsgerichts ein materielles Verständnis im Sinne des Eingriffscharakters der Norm in den Vordergrund. Daß ein Vollzugsakt erforderlich sei, um für einzelne Adressaten der Norm individuell bestimmte Rechtsfolgen eintreten zu lassen, sei lediglich ein Indiz für ein denkbares Fehlen der unmittelbaren Grundrechtsbetroffenheit durch die Norm[658]. War die unmittelbare Betroffenheit demnach zu bejahen, prüfte die Rechtsprechung dann im Rahmen eines eigenständigen Merkmals der Subsidiarität, ob der Beschwerdeführer in zumutbarer Weise einen wirkungsvollen Rechtsschutz nicht zunächst durch Anrufung der Fachgerichte erlangen konnte[659]. Nach der neueren Ansicht der Literatur kann in diesen Fällen die Subsidiarität der Verfassungsbeschwerde mit dem Fehlen der Rechtswegerschöpfung begründet werden, da die inzidente Kontrolle der Norm mittels einer Feststellungsklage einen Rechtsweg i.S.d. § 90 II S. 1 BVerfGG darstellt.
Andererseits behandelt die Rechtsprechung das Kriterium der unmittelbaren Betroffenheit dann als Subsidiaritätsmerkmal, wenn sie im Falle von vollzugsbedürftigen Normen eine Verfassungsbeschwerde gegen die Norm erst nach erfolgter Rechtswegerschöpfung gegen den Ausführungsakt zuläßt. Beruft sie sich in diesen Fällen auf das Fehlen einer unmittelbaren Betroffenheit, stellt sie damit nur auf Subsidiaritätsgesichtspunkte ab, da auch nach erfolgter Rechts-

656 St. Rspr. seit BVerfG, Beschl. v. 19.12.1951, BVerfGE 1, 97 (102 f.); vgl. BVerfG, Beschl. v. 03.11.1981, BVerfGE 59, 1 (17 f.); Beschl. v. 02.12.1986, BVerfGE 74, 69 (74).

657 Vgl. Detterbeck, DÖV 1990, S. 558 (564).

658 Vgl. BVerfG, Beschl. v. 14.05.1985, BVerfGE 70, 35 (51); Beschl. v. 02.12.1986, BVerfGE 74, 69 (74).

659 BVerfG, Beschl. v. 02.12.1986, BVerfGE 74, 69 (74).

wegerschöpfung keine Beschwer durch die Norm selbst vorliegt, sondern lediglich durch den Ausführungsakt und die gerichtliche Entscheidung[660].
Hier zeigt sich ein wesentliches Problem des Merkmals der unmittelbaren Betroffenheit: Es läßt sich dogmatisch weder eindeutig als Element der Beschwerdebefugnis bestimmen noch als Element der Subsidiarität der Verfassungsbeschwerde. Die Rechtsprechung betont je nach konkreter Fallkonstellation die eine oder die andere Seite und ist auch deswegen nur schwer nachvollziehbar[661]. Auch die Literatur ist gespalten: Ein Teil betrachtet das Unmittelbarkeitskriterium allein unter dem Aspekt der Beschwerdebefugnis[662]. Andere Autoren sehen dagegen vorwiegend das Element der Subsidiarität verwirklicht: Da § 90 II BVerfGG für Normen - abgesehen von denjenigen, die in den Anwendungsbereich des § 47 VwGO fallen - nicht anwendbar sei, enthalte das BVerfGG insoweit eine Lücke, die das Bundesverfassungsgericht durch das Erfordernis der Unmittelbarkeit ausgefüllt habe[663]. Beide Ansätze können jedoch, wie oben aufgezeigt, nicht befriedigen. Diese dogmatische Unklarheit des durch die Rechtsprechung geschaffenen Kriteriums, die auch immer wieder Anlaß zu Kritik durch die Rechtswissenschaft gab[664], ist ein deutliches Argument für die oben vertretene Auffassung, nach welcher auf dieses Kriterium durch Einordnung der inzidenten Kontrolle als Rechtsweg i.S.d. § 90 II S. 1 BVerfGG verzichtet werden kann[665].

### c) Das allgemeine Rechtsschutzbedürfnis

In Zusammenhang mit Fragen der Subsidiarität der Verfassungsbeschwerde tauchen regelmäßig auch Überlegungen zum Institut des allgemeinen Rechtsschutzbedürfnisses auf.
In frühen Entscheidungen des Bundesverfassungsgerichts[666] wurde das Subsidiaritätsprinzip tatsächlich als eine besondere Ausformung des allgemeinen Rechtsschutzinteresses behandelt. Dieses fehle nämlich, wenn der Beschwerdeführer den Versuch unterlassen habe, die Grundrechtsverletzung durch die

---

660 Chung, S. 206; Detterbeck, DÖV 1990, S. 558 (564); Gusy, Rn. 120.

661 Chung, S. 208 f.; vgl. auch v.d. Hövel, Diss., S. 97 ff.

662 Büsser, S. 67 ff.; Kleinmann, S. 12 ff.; Pestalozza, Verfassungsprozeßrecht, § 12 Rn. 36.

663 Vgl. Schlaich (Rn. 230): das Kriterium der Unmittelbarkeit als „Pendant“ zu dem bei Normenbeschwerden i. d. R. nicht einschlägigen § 90 II 1 BVerfGG; ähnlich Kley/Rühmann in Umbach/Clemens, § 90 Rn. 50 u. Rn. 76; Schmidt-Bleibtreu in M/S/K/U, § 90 Rn. 99; z.T. wird es auch als Element des Rechtsschutzbedürfnisses eingestuft; vgl. dazu unten c.

664 Vgl. oben Fn. 16.

665 Ebenso Chung, S. 205 ff.; v.d. Hövel, Diss., S. 139 ff.; Schenke, NJW 1986, S. 1451 (1452 ff.).

666 BVerfG, Beschl. v. 27.07.1962, BVerfGE 14, 260 (263); Beschl. v. 18.12.1962, BVerfGE 15, 214 (217); Beschl. v. 13.10.1970, BVerfGE 29, 213 (232).

Fachgerichte beseitigen zu lassen. Auch ein Teil der Literatur[667] versucht, das Subsidiaritätsproblem unter Heranziehung des Merkmals des allgemeinen Rechtsschutzbedürfnisses zu lösen.
Der richtige Ansatz besteht jedoch in einer Trennung der beiden Elemente[668].
Das allgemeine Rechtssschutzbedürfnis und der Grundsatz der Subsidiarität unterscheiden sich schon von ihrer grundsätzlichen Zielsetzung: Das Erfordernis des Rechtsschutzbedürfnisses als Sachentscheidungsvoraussetzung hat die Aufgabe, den Mißbrauch von Institutionen und prozessualen Rechten zu verhindern sowie Prozeßökonomie und Prozeßzweck zu sichern[669]. Es ist somit immer dann schon gegeben, wenn zur Verfolgung des geltend gemachten Anspruchs gerichtliche Hilfe tatsächlich notwendig ist. § 90 II BVerfGG und auch die Subsidiaritätsrechtsprechung des Bundesverfassungsgerichts bestimmt dagegen die Rangfolge der Rechtsbehelfe[670]. Ist neben der Verfassungsbeschwerde auch der Weg zu den Fachgerichten eröffnet, so besteht eine vorrangige Zuständigkeit der Fachgerichte mit dem Ziel, das Bundesverfassungsgericht zu entlasten und den Rang der Verfassungsbeschwerde als äußerster und letzter Rechtsbehelf zu

---

667 Das Verhältnis von Subsidiarität und Rechtsschutzbedürfnis wird dabei sehr unterschiedlich beurteilt: Ein Teil ist der frühen Rechtsprechung des Bundesverfassungsgerichts gefolgt mit der These, das Subsidiaritätsprinzip sei Ausformung des allgemeinen Rechtsschutzbedürfnisses (Lerche, S. 369); ebenso wird auch das Gegenteil - das Rechtsschutzbedürfnis als Ausprägung einer allgemeinen Subsidiarität - vertreten (Gusy, Rn. 119, 131, 133). Viele Autoren gehen von einer Verknüpfung der beiden Institute aus, ohne jedoch auf das Verhältnis zueinander genauer einzugehen: Arndt, NJW 1965, 807 (808) („Das Erfordernis der Rechtsweg-Erschöpfung besagt, daß es grundsätzlich am *verfassungsgerichtlichen* Rechtsschutzbedürfnis (noch) fehlt, solange der Rechtsweg offen steht.") (Hervorhebung im Original); Pestalozza, Verfassungsprozeßrecht, § 12 Rn. 11 („Variante des Rechtsschutzbedürfnisses") und Rn. 50 ff. („Verwandtschaft zum allgemeinen Rechtsschutzbedürfnis"); Pieroth, DVBl. 1974, S. 195 (196) („Die Frage, ob und wann ein Beschwerdeführer auf die Erschöpfung des Rechtswegs verwiesen werden kann, ist vielmehr eine Frage des Rechtsschutzinteresses und damit des § 90 II BVerfGG."); Schmidt-Bleibtreu in M/S/K/U, § 90 Rn. 192 (das Gebot der Rechtswegerschöpfung „berührt ... auch Fragen des Rechtsschutzbedürfnisses"); vgl. auch Bettermann, AöR 86 (1961), S. 129 (139 ff.) und Büsser, S. 94.

668 So auch die neuere Rechtsprechung des Bundesverfassungsgerichts (vgl. Beschl. v. 20.12.1079, BVerfGE 53, 30, 52 ff.; Beschl. v. 18.05.1982, BVerfGE 60, 360, 370; Beschl. v. 12.12.1984, BVerfGE 68, 334, 335; Beschl. v. 14.05.1985, BVerfGE 69, 315, 340; Beschl. v. 25.02.1986, BVerfGE 72, 39, 44); ebenso Chung, S. 149 ff.; Henning, S. 200; v.d. Hövel, Diss., S. 146 ff.; Klein Eckart, FS für Zeidler, S. 1305 (1322); Kley/Rühmann in Umbach/Clemens, § 90 Rn. 50; Motzer, S. 131 ff.; Posser, S. 328 ff.; Schenke, NJW 1986, S. 1451 (1461); Warmke, Diss., S. 79 ff.

669 Warmke, Diss., S. 80; ebenso Chung, S. 150; diese Funktionen des Instituts des allgemeinen Rechtsschutzbedürfnisses entsprechen der ganz h.M.; vgl. auch Eyermann/Rennert, vor § 40 Rn. 11 ff.; Kopp, VwGO, Vorb. § 40 Rn. 30 ff.; beide m.w.N.

670 Kley/Rühmann in Umbach/Clemens, § 90 Rn. 50.

wahren. Es handelt sich somit um ein Problem der Verfahrenskonkurrenz[671], nicht des Rechtsschutzinteresses. Dies zeigt sich auch darin, daß die Anrufung der Fachgerichte gerade nicht der einfachere oder effektivere Weg ist und dem Beschwerdeführer vielmehr regelmäßig - vorbehaltlich der Folgen aus dem Annahmeverfahren - mit einer sofortigen Klage vor dem Bundesverfassungsgericht aus Zeit- und Kostengründen am besten gedient wäre[672].
Das Subsidiaritätsprinzip stellt nicht lediglich eine Konkretisierung des allgemeinen Rechtsschutzbedürfnisses dar. Dies verdeutlicht die Ausnahmevorschrift des § 90 II S. 2 Alt. 2 BVerfGG, die nicht auf individuelle Rechtsschutzinteressen, sondern auf objektive Kriterien („von allgemeiner Bedeutung") abstellt[673]. Die Verfassungsbeschwerde kann also völlig unabhängig von subjektiven Rechtsschutzaspekten bereits zulässig sein. Umgekehrt kann das Rechtsschutzbedürfnis ausnahmsweise bewirken, eine entgegenstehende Subsidiarität zu überwinden[674]. Das Subsidiaritätsprinzip entfaltet dann eine genau gegenläufige Funktion zum Rechtsschutzbedürfnis[675]. Es stellt somit ein Korrektiv zum Grundsatz der Subsidiarität dar, nicht seine Grundlage.
Somit steht fest, daß das Kriterium des allgemeinen Rechtsschutzbedürfnisses als eigenständiges Element in die Prüfung der Zulässigkeit einer Verfassungsbeschwerde einzustellen ist und nicht als Subsidiaritätselement betrachtet werden kann. Zur Klärung des Verhältnisses von Rechtssatzverfassungsbeschwerde und inzidentem Rechtsschutz kann daher nicht darauf zurückgegriffen werden.

### d) Ausnahmen vom Gebot der Rechtswegerschöpfung

#### *(1) § 90 II S. 2 BVerfGG*

Die Anwendbarkeit des § 90 II S. 2 BVerfGG steht mit dem Begriff des Rechtswegs in enger Verbindung[676]. § 90 II S. 2 BVerfGG bezieht sich auf § 90 II S. 1

---

671 Henning, S. 200; v.d. Hövel, Diss., S. 146; Kley/Rühmann in Umbach/Clemens, § 90 Rn. 50; Schenke, Rechtsschutz, S. 103 Fn. 317; ders., NJW 1986, S. 1451 (1461); Zuck, Verfassungsbeschwerde, Rn. 46.

672 Detterbeck, DÖV 1990, S. 558 (561); Klein Eckart, FS für Zeidler, S. 1305 (1320); Warmke, Diss., S. 80 f.

673 Vgl. v.d. Hövel, Diss., S. 132.

674 Insbesondere im Falle von vollzugsbedürftigen Normen, wenn der Beschwerdeführer bereits vor Vollzug zu entscheidenden Dispositionen veranlaßt wird, die er nach einem späteren Gesetzesvollzug nicht mehr nachholen kann; vgl. BVerfG, Beschl. v. 15.10.1985, BVerfGE 71, 25 (35) m.w.N.

675 Chung, S. 150 f.; Klein Eckart, FS für Zeidler, S. 1305 (1320) („Subsidiarität und Rechtsschutzbedürfnis ... sind antagonistische Begriffe"); ebenso v.d. Hövel, Diss., S. 147 („Gegenbegriff").

676 Bettermann, AöR 86 (1961), S. 129 (149); Chung, S. 165; Detterbeck, DÖV 1990, S. 558 (564); Schenke, Rechtsschutz, S. 309 f.

BVerfGG, so daß Satz 2 dann keine - zumindest unmittelbare - Anwendung findet, wenn kein Rechtsweg i.S.d. § 90 II S. 1 BVerfGG existiert. Die sog. Vorabentscheidung des § 90 II S. 2 BVerfGG ist nur dann möglich, „wenn der Rechtsweg bereits beschritten ist oder noch beschritten werden kann"[677]. Es ist daher herrschende Meinung in Rechtsprechung und Literatur, daß - von der Ausnahme des § 47 VwGO abgesehen - die Regelung des § 90 II S. 2 BVerfGG nicht angewandt werden kann, wenn sich die Verfassungsbeschwerde unmittelbar gegen eine Rechtsnorm richtet[678]. Folgt man jedoch der auch hier vertretenen neueren Ansicht in der Literatur[679], nach der auch die inzidente Normenkontrolle einen Rechtsweg i.S.d. § 90 II S. 1 BVerfGG darstellt, ist die direkte Anwendung von § 90 II S. 2 BVerfGG eröffnet[680]. Auch das Bundesverfassungsgericht hat diese Vorschrift vereinzelt in neueren Entscheidungen direkt angewendet[681], jedoch ohne dies näher zu begründen. Somit läßt sich zwar aus diesen Entscheidungen keine dogmatische Stütze der oben vertretenen Meinung gewinnen[682]. Sie belegen aber jedenfalls, daß auch das Bundesverfassungsgericht versucht, den Rechtsschutz gegen Normen auf eine geschriebene normative Basis zu stellen.

*(2) Analoge Anwendung von § 90 II S. 2 BVerfGG*

Gleiches gilt für den Versuch, § 90 II S. 2 BVerfGG analog anzuwenden. In der

677 BVerfG, Beschl. v. 28.11.1967, BVerfGE 22, 349 (354 ff.).

678 BVerfG, Beschl. v. 20.06.1978, BVerfGE 49, 1 (10); v.d. Hövel, Diss., S. 90 f.; Klein Harald, FS für Zeidler, S. 1325 (1340); Schlaich, Rn. 244 ff.; Schmidt-Bleibtreu in M/S/K/U, § 90 Rn. 204; Zuck, Verfassungsbeschwerde, S. 61.

679 Vgl. Fn. 608.

680 Abzulehnen ist die Ansicht von Lerche, S. 369 (374): Er rechtfertigt die direkte Anwendung von § 90 II S. 2 BVerfGG mit dem Rückgriff auf den gemeinsamen, sowohl Subsidiarität als auch § 90 II BVerfGG umfassenden Boden des Rechtsschutzbedürfnisses, will aber zugleich die Ermessensbestimmung davon ausnehmen. Dies überzeugt nicht: Zum einen werden die Elemente der Subsidiarität und des Rechtsschutzbedürfnisses in unzulässiger Weise vermengt (vgl. oben b; ebenso Chung, S. 169 Fn. 42); zum anderen ist auch kein sachgerechter Grund ersichtlich, weshalb im Falle einer direkten Anwendung die Bestimmung des Ermessen von der direkten Anwendung ausgeschlossen sein sollte (v.d. Hövel, Diss., S. 131 f.; Eckart Klein, FS für Zeidler, S. 1305, 1322).

681 BVerfG, Beschl. v. 11.12.1990, BVerfGE 83, 162 (171); Urt. v. 24.04.1991, BVerfGE 84, 133 (144).

682 Eine Klarstellung dieser Frage durch das Bundesverfassungsgericht bleibt abzuwarten. Unwahrscheinlich ist, daß das Bundesverfassungsgericht den von der bisherigen Judikatur deutlich abweichenden Weg, die inzidente Normenkontrolle als Rechtsweg i.S.d. § 90 II S. 1 BVerfGG anzuerkennen, stillschweigend gegangen ist (vgl. Chung, S. 260). Ursache ist wohl eher die „Unlust, ... verfassungsprozessualen Fragen mit der gleichen Gründlichkeit nachzugehen wie den materiellrechtlichen Problemen" (Henschel, FS für Simon, S. 95, 96).

jüngeren Rechtsprechung des Bundesverfassungsgerichts ist die Tendenz erkennbar, zur Bestimmung der Ausnahmetatbestände die Regelung des § 90 II S. 2 BVerfGG in Ansatz zu bringen[683], ohne sich jedoch konkret auf eine analoge Anwendung festzulegen[684]. Auch ein Teil der Literatur hält § 90 II S. 2 BVerfGG für entsprechend anwendbar[685].
Konsequent ist eine derartige Analogie, falls bereits eine analoge Anwendung von § 90 II S. 1 BVerfGG gefordert wird[686]. Das Bundesverfassungsgericht dagegen hat den Grundsatz der Subsidiarität nicht anhand eines Analogieschlusses zu § 90 II S. 1 BVerfGG herausgebildet, sondern sich auf ein in § 90 II S. 1 BVerfGG zum Ausdruck kommendes Prinzip berufen. Eine „entsprechende Anwendung" von § 90 II S. 2 BVerfGG ist daher zumindest methodisch ungenau. Da es sich bei dem Grundsatz der Subsidiarität aber letztlich um eine auf freier richterlicher Rechtsfortbildung basierende Konstruktion handelt[687], ist ein Rückgriff auf den in den beiden Alternativen des § 90 II S. 2 BVerfGG zum Ausdruck kommenden „Rechtsgedanken" die logische Fortführung des Lösungsansatzes der Rechtsprechung.
Auch wenn die dogmatische Grundlage der Anwendbarkeit von § 90 II S. 2 BVerfGG im Dunkeln bleibt, gewinnt die Rechtsprechung zu den Ausnahmen des Subsidiaritätsgrundsatzes durch ihre Orientierung an den Tatbeständen des § 90 II S. 2 BVerfGG zumindest ein gewisses Maß an Klarheit.

### *(3) Über § 90 II S. 2 BVerfGG hinausgehende, nicht normierte Ausnahmen*

#### (a) Die Kriterien der Zumutbarkeit und der Effizienz des fachgerichtlichen Rechtsschutzes

Außerhalb der genannten gesetzlichen Bestimmung operiert das Bundesverfassungsgericht mit den unscharfen Begriffen der Zumutbarkeit und Effizienz des fachgerichtlichen Rechtsschutzes. Bei Fehlen dieser Voraussetzungen sind über die in § 90 II S. 2 BVerfGG gesetzlich geregelten Fälle hinaus weitere, ungeschriebene Ausnahmen von Gebot der Rechtswegerschöpfung anerkannt, die

683 BVerfG, Beschl. v. 18.12.1984, BVerfGE 71, 305 (348); Beschl. v. 14.05.1985, BVerfGE 69, 315 (340); Beschl. v. 11.10.1988, BVerfGE 79, 29 (38); Urt. v. 23.04.1991, BVerfGE 84, 90 (116); Beschl. v. 09.03.1994, BVerfGE 90, 128 (137); Beschl. v. 22.11.1994, BVerfGE 91, 294 (306); Beschl. v. 07.11.1995, BVerfGE 93, 319 (338).

684 Die Formulierungen variieren von der „entsprechende[n]" oder „sinngemäße[n]" Anwendung über die Anwendung des „Rechtsgedanken[s]" bis hin zum bloßen Verweis auf die Voraussetzungen des § 90 II 2 BVerfGG (eingehend dazu Posser, S. 239).

685 Bettermann, AöR 86 (1961), S. 129 (148); v.d. Hövel, Diss., S. 131 ff.; Klein Eckart, FS für Zeidler, S. 1305 (1321); Klein Harald, FS für Zeidler, S. 1325 (1340).

686 So z.B. Bettermann, AöR 86 (1961), S. 129 (147 f.).

687 Vgl. oben 2 c.

von den Tatbeständen des § 90 II S. 2 BVerfGG nicht mehr erfaßt sind[688]. Da diese Ausnahmen über den Anwendungsbereich des § 90 II S. 2 BVerfGG hinausgehen, bleibt ihre Bedeutung von der Frage der direkten oder analogen Anwendbarkeit des § 90 II S. 2 BVerfGG unberührt.

Das wichtigste Korrektiv der Rechtsprechung besteht in dem Gedanken, daß die vorherige Durchführung eines fachgerichtlichen Verfahrens dem Beschwerdeführer auch zumutbar sein muß[689]. Unzumutbar erscheint dies insbesondere dann, wenn der Beschwerdeführer ein gesteigertes Rechtsschutzbedürfnis an sofortiger verfassungsgerichtlicher Entscheidung geltend machen kann[690]. Wendet sich der Beschwerdeführer gegen eine Norm, so ist erforderlich, „daß dem Beschwerdeführer in Bezug auf die von ihm geltend gemachte Grundrechtsverletzung gerade durch die unmittelbar grundrechtsbetreffende Norm ein Rechtsschutz vor den Fachgerichten zuteil werden kann, der den sachlichen Anforderungen des Art. 19 IV S. 1 GG an einen tatsächlich und rechtlich wirkungsvollen Rechtsschutz genügt“[691]. Von besonderer Bedeutung ist dabei der Zeitfaktor. So ist dem Beschwerdeführer, der sich unmittelbar gegen eine Rechtsnorm wendet, die Verweisung auf den fachgerichtlichen Rechtsweg in der Hauptsache nicht zumutbar, wenn ihm dadurch ein schwerer Nachteil droht; die Durchführung eines Verfahrens im vorläufigen Rechtsschutz kann gleichwohl von ihm verlangt werden[692].

In systematischer Hinsicht ist die Effizienz des Rechtsschutzes dabei als Unterfall des Zumutbarkeitskriteriums aufzufassen[693]. Ineffektiver Rechtsschutz stellt sich immer zugleich auch als unzumutbare Inanspruchnahme dar. Hinsichtlich des Verhältnisses zu den gesetzlichen Ausnahmetatbeständen des § 90 II S. 2 BVerfGG besteht ein Stufenverhältnis: Zunächst sind die Voraussetzungen des § 90 II S. 2 BVerfGG zu prüfen; nur für den Fall ihres Nichtvorliegens ist auf das Kriterium der Unzumutbarkeit zurückzugreifen[694].

In die Beurteilung der Zumutbarkeit der Verweisung auf den fachgerichtlichen Rechtsschutz fließen aber neben subjektiven Aspekten auch objektive Gesichtspunkte mit ein. In seinem Beschluß vom 18.12.1985[695] hat sich das Bundesver-

---

688 Vgl. Chung, S. 169; vgl. auch Seegmüller, DVBl. 1999, S. 738 (744): „in einer Art teleologischen Reduktion des § 90 Abs. 2 Satz 1 BVerfGG“.

689 Vgl. Kley/Rühmann in Umbach/Clemens, § 90 Rn. 111 f., Posser, S. 106 ff. u. S. 237 f.; Schmidt-Bleibtreu in M/S/K/U, § 90 Rn. 203; jeweils m.w.N.

690 Posser, S. 238.

691 BVerfG, Beschl. v. 18.12.1985, BVerfGE 71, 305 (336 f.).

692 BVerfG, Beschl. v. 24.06.1992, NJW 1992, S. 2749.

693 Die Prüfung der Zumutbarkeit einer fachgerichtlichen Alternative setzt somit die Feststellung von deren Effizienz voraus (vgl. v.d. Hövel, Diss., S. 130).

694 BVerfG, Beschl. v. 08.01.1985, BVerfGE 68, 376 (380 f.); Beschl. v. 14.06.1988, BVerfGE 78, 290 (305); ebenso Chung, S. 169.

695 BVerfGE 71, 305 (336 f.).

fassungsgericht allgemein dazu geäußert, wann die Verweisung auf den Rechtsweg vor den Fachgerichten dem Beschwerdeführer zumutbar ist. Erforderlich sei danach eine Abwägung, welche die Vorteile aus einem sogleich eröffneten verfassungsgerichtlichen Rechtsschutz den dabei für die Allgemeinheit oder für Dritte entstehenden Nachteilen gegenüberstellt, wobei auch die Umstände miteinzubeziehen seien, die für die Subsidiarität der Rechtssatzverfassungsbeschwerde gegenüber anderweitigem fachgerichtlichen Rechtsschutz sprechen. Dazu gehöre im wesentlichen

- das Fehlen eines verfassungsgerichtlichen Verwerfungsmonopols für die angegriffene Rechtsnorm im Hinblick auf die gegen sie erhobenen Rügen,
- die Aufklärungsbedürftigkeit allgemeiner Sachfragen,
- die bei einer Sachprüfung erforderliche starke Verästelung in Einzelfragen und
- die Aufklärungsbedürftigkeit individueller Betroffenheiten.

In diesen Auslegungskriterien spiegeln sich die zum allgemeinen Subsidiaritätsgrundsatz entwickelten Begründungselemente des Bundesverfassungsgerichts wider[696]. Die Klärung von Einzelfragen soll so umfassend als möglich durch die Fachgerichte erfolgen, so daß das Bundesverfassungsgericht in tatsächlicher und rechtlicher Hinsicht auf die Ergebnisse der sachnäheren Fachgerichte zurückgreifen kann. Sinn und Zweck ist auch, dem Bundesverfassungsgericht die Konzentration auf Fragen von grundsätzlicher verfassungsrechtlicher Bedeutung zu ermöglichen, was zugleich eine Entlastung des Gerichts bedeutet. Der Charakter der Verfassungsbeschwerde als außerordentlicher Rechtsbehelf soll damit gewahrt werden.

#### (b) Einzelne Fallgruppen

Folgende Fallgruppen der Rechtsprechung sind dabei insbesondere auch für den Rechtsschutz gegen unmittelbar wirkende Verordnungen[697] von herausgehobener Bedeutung[698].

##### (i) Offensichtliche Aussichtslosigkeit bzw. Nichterreichung einer Entlastung des Bundesverfassungsgerichts

Die vorherige Beschreitung des fachgerichtlichen Rechtswegs ist dann objektiv nicht geboten und insofern dem Beschwerdeführer auch subjektiv nicht zuzumuten, wenn im Hinblick auf eine gefestigte jüngere und einheitliche höchstrichterliche Rechtsprechung auch im konkreten Einzelfall kein von dieser

---

[696] Vgl. oben 2 b.

[697] Die mit der Vollzugsproblematik verbundenen Fälle werden hier daher nicht behandelt.

[698] Ausführlich dazu, auch zu seltenen Ausnahmefällen im Bereich der Rechtssatzverfassungsbeschwerde, Chung, S. 258 ff.; vgl. auch die umfassende Darstellung der Rechtsprechung bei Posser, S. 108 ff.

Rechtsprechung abweichendes Ergebnis zu erwarten sei[699]. In diesem Fall kann die Aufbereitung des Rechtsstoffes und das Kennenlernen der Fallanschauungen der Fachgerichte dem Bundesverfassungsgericht regelmäßig keine neuen Erkenntnisse vermitteln. Da eine Abhilfe durch die Fachgerichte aller Wahrscheinlichkeit nach ausgeschlossen ist, würde das Beschreiten des fachgerichtlichen Rechtswegs ein bloßes Kostenrisiko für den Beschwerdeführer ohne die Chance effektiven Rechtsschutzes bedeuten. Gleiches gilt für den Fall, daß im Hinblick auf eine eindeutige gesetzliche Regelung auch bei Durchführung eines erneuten Beschwerdeverfahrens kein anderes Ergebnis zu erwarten ist[700].
Der Zweck der Entlastung des Bundesverfassungsgerichts wird auch dann nicht erreicht, falls sich weder aufklärungsbedürftige Sachfragen noch Fragen der Auslegung des einfachen Rechts stellen oder falls von der Fachgerichtsbarkeit nur wenig an Aufbereitung des Prozeßstoffs und Förderung der verfassungsgerichtlichen Entscheidung zu erwarten ist[701]. Sogar eine zusätzliche Belastung des Bundesverfassungsgerichts wäre mit der Verweisung auf den Rechtsweg dann verbunden, wenn aufgrund des Fehlens einer verbindlichen Entscheidung des Bundesverfassungsgerichts zahlreiche Verfassungsbeschwerden gegen ebenso zahlreiche verwaltungsgerichtliche Entscheidungen drohen, die im Grunde dieselbe Norm betreffen[702].

(ii) Zweifelhaftigkeit der Rechtslage

Eine weitere Kategorie der Unzumutbarkeit besteht bei Zweifeln über den Erfolg eines Rechtsbehelfs, insbesondere dessen Statthaftigkeit. Aufgrund der erst jüngeren Entwicklung des Rechtsschutzes gegen Normen und der Vielgestaltigkeit von Normen sind hiervon in besonderem Maße Rechtssatzverfassungsbeschwerden betroffen. Die Verweisung auf den fachgerichtlichen Rechtsweg wird in diesen Fällen damit begründet, daß die Fachgerichte selbst über die Zulässigkeit des Rechtsbehelfs zu entscheiden haben[703]. Zu dieser Gruppe gehören auch die Fälle, in denen der Beschwerdeführer nicht sicher ist, ob die vorherige Beschreitung eines Rechtswegs überhaupt erforderlich ist, da Zweifel über die Notwendigkeit eines Rechtsbehelfs regelmäßig Zweifel über die Statthaftig-

---

[699] BVerfG, Beschl. v. 11.10.1967, BVerfGE 47, 1 (17 f.); Beschl. v. 17.10.1984, BVerfGE 68, 143 (152); Beschl. v. 18.06.1985, BVerfGE 70, 180 (186); Beschl. v. 10.05.1988, BVerfGE 78, 155 (160 f.); Beschl. v. 01.02.1989, BVerfGE 79, 275 (279).

[700] BVerfG, Urt. v. 24.03.1981, BVerfGE 56, 363 (380); Beschl. v. 02.03.1982, BVerfGE 60, 96 (99).

[701] BVerfG, Beschl. v. 08.04.1987, BVerfGE 75, 108 (145); Beschl. v. 11.10.1988, BVerfGE 79, 1 (16); vgl. auch Chung, S. 261 f.; v.d. Hövel, Diss., S. 136; Klein Harald, FS für Zeidler, S. 1325 (1340).

[702] BVerfG, Urt. v. 15.12.1983, BVerfGE 65, 1 (38); v.d. Hövel, Diss., S. 136.

[703] BVerfG, Beschl. v. 08.01.1985, BVerfGE 68, 376 (381); Beschl. v. 06.05.1986, BVerfGE 72, 119 (121).

keit darstellen. Ebenso ist der Aspekt der Zweifelhaftigkeit dann von Bedeutung, wenn die sofortige Anrufung des Bundesverfassungsgerichts an der Unsicherheit scheitert, welches von mehreren Verfahren in Betracht kommt[704]. Der Grundsatz der Subsidiarität erfordert, das sachnäheste Verfahren zu ergreifen[705]. Dies kann auch in einer berufsrechtlichen Klärung bestehen[706].
Welches Maß an Zweifel vorliegen muß, um die Anrufung der Fachgerichte als unzumutbar erscheinen zu lassen, wird aus der Rechtsprechung des Bundesverfassungsgerichts nicht deutlich. Festzustellen ist jedoch eine Verschärfung der Anforderungen im Gefolge einer allgemein restriktiveren Handhabung der Ausnahmebestimmungen[707]. Unzureichend sind jedenfalls bloße Zulässigkeitszweifel[708] oder der bloße Umstand, daß keine Rechtsprechung zugunsten der Zulässigkeit eines Rechtsbehelfs vorliegt[709]. Nur bei besonders zweifelhafter Rechtslage[710] bzw. offensichtlicher Unzulässigkeit[711] kann die Rechtswegerschöpfung unzumutbar sein. Es sei „geboten und einem Beschwerdeführer auch zumutbar, vor der Einlegung der Verfassungsbeschwerde die Statthaftigkeit wieterer einfachrechtlicher Rechtsbehelfe sorgfältig zu prüfen ...“[712]. Dem Beschwerdeführer wird insofern einiges an Rechtskenntnissen abverlangt. Konkret wird die - gegebenenfalls mittels Anwalt erlangte - Kenntnis der bisherigen Judikatur des im jeweiligen Fall zuständigen Gerichts zu fordern sein[713]. Für den Bereich der Rechtssatzverfassungsbeschwerde bedeutet dies, daß bloße Zweifel an der Zulässigkeit der Erhebung einer Feststellungsklage die sofortige Anrufung des Bundesverfassungsgericht regelmäßig nicht rechtfertigen können[714].

---

704 BVerfG, Beschl. v. 14.10.1969, BVerfGE 27, 88 (97).

705 BVerfG, Beschl. v. 27.07.1971, BVerfGE 31, 364 (368); Beschl. v. 09.04.1975, BVerfGE 39, 276 (291).

706 Vgl. BVerfG, Beschl. v. 18.03.1997, NJW 1997, S. 3086.

707 Vgl. dazu auch Gusy, Rn. 154; eine genaue Analyse der Formulierungen in der Rechtsprechung des Bundesverfassungsgerichts findet sich bei Posser, S. 112 ff.

708 BVerfG, Beschl. v. 13.11.1979, BVerfGE 52, 380 (387); Beschl. v. 08.01.1985, BVerfGE 68, 376 (381); Beschl. v. 18.06.1985, BVerfGE 70, 180 (185).

709 BVerfG, Beschl. v. 18.06.1985, BVerfGE 70, 180 (186 f.) m.w.N.

710 BVerfG, Beschl. v. 03.10.1969, BVerfGE 27, 71 (78); Beschl. v. 22.10.1974, BVerfGE 38, 139 (145); Beschl. v. 09.04.1975, BVerfGE 39, 276 (291) („in hohem Maße zweifelhaft“).

711 BVerfG, Beschl. v. 24.04.1979, BVerfGE 51, 150 (155); BVerfG, Beschl. v. 09.12.96, NJW 1997, S. 1301.

712 BVerfG, Beschl. v. 08.01.1985, BVerfGE 68, 376 (381).

713 Warmke, Diss., S. 267 f.

714 BVerfG, Beschl. v. 08.01.1985, BVerfGE 68, 376 (381); anders BVerfG, Beschl. v. 18.03.1997, NJW 1997, 3086, da es sich um ein Verfahren des einstweiligen Rechtsschutzes handele. Ablehnend für den Bereich formeller Gesetze, da das Fachgericht in diesen Fällen nur das Verfahren gemäß Art. 100 I GG aussetzen kann und die Norm solange rechtsgültig bleibt: v.d. Hövel, NVwZ 1993, S. 549 (551).

In engen Zusammenhang mit dieser Fallgruppe steht die Frage nach dem Irrtumsrisiko. So steht der potentielle Beschwerdeführer häufig „zwischen der Skylla des § 93 I BVerfGG und der Charybdis des § 90 II 1 BVerfGG“[715]: Auf der einen Seite steht[716] das Risiko der Verfristung der Verfassungsbeschwerde bei Unzulässigkeit des eingelegten Rechtsbehelfs, auf der anderen Seite die Gefahr der Verwerfung der Verfassungsbeschwerde wegen eines vorhandenen, aber von ihm verkannten Rechtswegs. Dies gilt gleichermaßen auch für die Frist des § 93 III BVerfGG.
Hat der Beschwerdeführer irrtümlich einen bestehenden fachgerichtlichen Rechtsweg nicht beschritten[717], so ist zu unterscheiden: Hat es sich um ein unstreitiges Rechtsmittel gehandelt, so ist dieses Versäumnis dem Beschwerdeführer ohne weiteres zuzurechnen, da die Kenntnis der allgemein anerkannten Prozeßregeln dem Kläger immer abverlangt werden kann[718]. War die Statthaftigkeit des Rechtsmittels dagegen umstritten, verteilt sich das Irrtumsrisiko nach den zur Fallgruppe der zweifelhaften Rechtslage entwickelten Kriterien (s. oben).
Hat der Beschwerdeführer dagegen irrtümlich einen tatsächlich nicht gegebenen Rechtsweg beschritten[719], so stellt sich das Problem der Verfristung. Bezüglich Urteilsverfassungsbeschwerden ist es ständige Rechtsprechung des Bundesverfassungsgerichts[720], daß ein eingelegter Rechtsbehelf dann die Monatsfrist des § 93 I BVerfGG nicht neu in Gang setzt, falls die Unzulässigkeit des Rechtsbehelfs offensichtlich war. Offensichtlichkeit liegt dann vor, „wenn der Rechtsmittelführer nach dem Stand der Rechtsprechung und Lehre über die Unzulässigkeit seines Rechtsbehelfs nicht im ungewissen sein konnte“[721]. In diesem Fall knüpft die Frist des § 93 I BVerfGG an die ursprüngliche Entscheidung an, so daß die Monatsfrist regelmäßig abgelaufen sein wird, nachdem der eingelegte Rechtsbehelf als unzulässig verworfen wurde. Nach Ansicht des Bundesverfassungsgerichts ist hier der Beschwerdeführer gehalten, vorsorglich gleichzeitig Verfassungsbeschwerde einzulegen[722], die dann nach der das Rechtsmittel

---

715 Posser, S. 116.

716 Vgl. Detterbeck, DÖV 1990, S. 558 (564).

717 Wenn er z.B. in Unkenntnis oder Verkennung des § 47 VwGO eine prinzipale Normenkontrolle nur vor dem Bundesverfassungsgericht für möglich hält (vgl. v.d. Hövel, Diss., S. 95 Fn. 147).

718 Warmke, Diss., S. 267.

719 Z.B. durch Einleitung eines Normenkontrollverfahrens nach § 47 VwGO, obwohl die fragliche Norm vom Anwendungsbereich des § 47 VwGO nicht umfaßt ist.

720 BVerfG, Beschl. v. 28.01.1970, BVerfGE 28, 1 (6); Beschl. v. 24.04.1979, BVerfGE 51, 150 (155); Beschl. v. 13.11.1979, BVerfGE 52, 380 (387); Beschl. v. 13.05.1981, BVerfGE 57, 121 (130); Beschl. v. 07.03.1995, BVerfGE 92, 158 (175); Beschl. v. 14.06.1996, BVerfGE 91, 93 (106).

721 BVerfG, Beschl. v. 28.01.1970, BVerfGE 28, 1 (6).

722 Beschl. v. 28.01.1970, BVerfGE 28, 1 (7); ebenso Zuck, Verfassungsbeschwerde, Rn.

verwerfenden Entscheidung zulässig wird. War die Unzulässigkeit dagegen nicht offensichtlich, so läuft die Monatsfrist erst ab der Entscheidung über das Rechtsmittel. Gleiches muß nun für die Frist des § 93 III BVerfGG im Fall von Normenbeschwerden gelten. Auch hier ist für den Fristanlauf danach zu unterscheiden, ob die Unzulässigkeit des Rechtsmittels - insbesondere wegen fehlender Rechtswegeröffnung - offensichtlich war. Da es sich aber um eine Jahresfrist handelt, wird diese in der Regel noch offen sein, nachdem der eingelegte Rechtsbehelf verworfen wurde, so daß dem Problem der Verfristung bei der Rechtssatzverfassungsbeschwerde geringere Bedeutung zukommt[723].

(iii) Der Aspekt der Rechtssicherheit bei Zwang zu Dispositionen und großem Adressatenkreis

Auch der Aspekt der Rechtssicherheit kann ausnahmsweise eine schnelle verbindliche Entscheidung des Bundesverfassungsgerichts notwendig und die Beschreitung des fachgerichtlichen Rechtswegs unzumutbar machen. Möglich ist dies bei Normen, die einen zahlenmäßig großen Adressatenkreis besitzen und die Betroffenen zu bedeutsamen, schwer revidierbaren Dispositionen veranlassen[724]. Hier läßt der Aspekt der Rechtssicherheit den Grundsatz der Subsidiarität in den Hintergrund treten. In Anbetracht der Vielzahl der Betroffenen und der Bedeutung der Regelung ist eine baldige, allgemeingültige Klärung über den Bestand der Regelung angezeigt. Hier ergeben sich gewisse Parallelen zu den in Teil B II 2 a und b erörterten Situationen, wo auch nur eine prinzipale Entscheidung über die Gültigkeit der Norm ausreichen konnte. Im Rahmen der Zumutbarkeit ist diese Problematik jedoch deshalb weniger bedeutsam, als derartige Situationen meist unter § 90 II 2 Alt.1 (Verfassungsbeschwerde „von allgemeiner Bedeutung“) subsumierbar sein werden[725].

---

651. Dies wird häufig praktiziert. Vgl. dazu auch Seegmüller, DVBl. 1999, S. 738 (745).

723 Ähnliches gilt im übrigen hinsichtlich der Frist des § 47 II 1 VwGO (zwei Jahre nach Bekanntmachung der Rechtsvorschrift), falls der Beschwerdeführer den falschen Rechtsbehelf wählt und z.B. eine „Normenkontrollklage“ vor dem Landesverfassungsgericht statt vor dem zuständigen Oberverwaltungsgericht erhebt (v.d. Hövel, Diss., S. 95 Fn. 145).

724 Z.B. Sozialversicherungsbestimmungen, die eine Vielzahl von Personen betreffen und mit nicht unerheblichen finanziellen Dispositionen verbunden sein können (vgl. BVerfG, Beschl. v. 08.04.1987, BVerfGE 75, 108, 145 f.; v.d. Hövel, Diss., S. 135 f.); vgl. BVerfG, Beschl. v. 06.10.1987, BVerfGE 77, 84 (100); Beschl. v. 14.01.1998, BVerfGE 97, 157 (164 ff.).

725 V.d. Hövel, Diss., S. 136.

### e) Die Fristvorschrift des § 93 III BVerfGG bei Bestehen eines Rechtswegs

Eine weitere Besonderheit bei Rechtssatzverfassungsbeschwerden ist die Regelung des § 93 III BVerfGG, nach der die Verfassungsbeschwerde nur „binnen eines Jahres seit dem Inkrafttreten des Gesetzes oder dem Erlaß des Hoheitsakts“ erhoben werden kann[726].

Erhebliche Probleme bereitet diese Vorschrift bei Bestehen eines Rechtswegs. Da als Rechtsweg i.S.d. § 90 II S. 1 BVerfGG nur prinzipale Normenkontrollverfahren in Frage kommen[727], ist diese Problematik daher im wesentlichen auf die verwaltungsgerichtliche Normenkontrolle des § 47 VwGO beschränkt, der jedoch nur auf Normen des Landesrechts anwendbar ist. Gegen Verordnungen des Bundes gibt es, von den im Teil F III erörterten Maßnahmegesetzen abgesehen, keinen prinzipalen Rechtsschutz, so daß diese Problematik für den Rechtsschutz gegen Verordnungen des Bundes derzeit wenig Relevanz besitzt. Da aber eben doch Anwendungsfälle existieren und de lege ferenda die Einführung einer prinzipalen Normenkontrolle auch für Rechtsverordnungen des Bundes angezeigt ist[728], soll die damit verbundene Fristproblematik hier kurz aufgezeigt werden.

#### *(1) Die Ansicht der Mindermeinung: Keine Anwendbarkeit von § 93 III BVerfGG*

Das grundsätzliche Problem besteht in der Frage, ob bei Bestehen eines Rechtswegs § 93 III BVerfGG überhaupt anwendbar ist. Dies wird von einigen Stimmen in der Literatur[729] verneint.

Hinsichtlich der Begründung folgt dabei der überwiegende Teil[730] der Ansicht des Bundesverfassungsgerichts[731], wonach unter „Gesetz“ i.S.d. § 93 III BVerfGG alle Normen, also formelle Gesetze, Rechtsverordnungen und Satzungen, zu verstehen seien. Der Wortlaut des § 93 III BVerfGG sei so auszulegen, daß sich der Relativsatz „gegen den ein Rechtsweg nicht offensteht“ auch auf

---

726 Kritisch zu dieser Frist wegen möglicher Rechtsschutzlücken Schenke, Rechtsschutz, S. 317 ff.

727 Vgl. oben Fn. 623.

728 Vgl. unten F IV.

729 Bettermann, AöR 86 (1961), S. 129 (171); Geiger, § 93 Anm. 5; Gusy, Rn. 209; Pestalozza, Verfassungsprozeßrecht, § 12 Rn. 53; Schenke, Rechtsschutz, S. 304 Fn. 25.

730 Bettermann, AöR 86 (1961), S. 129 (171); Geiger, § 93 Anm. 5; Gusy, Rn. 209; z.T. wird die Frage, ob untergesetzliche Normen unter „Gesetz“ oder „sonstigen Hoheitsakt“ zu subsumieren seien, auch offengelassen (so Pestalozza, Verfassungsprozeßrecht, § 12 Rn. 53).

731 Vgl. BVerfG, Beschl. v. 04.12. 1979, BVerfGE 53, 1 (15); ebenso auch Maier in Umbach/Clemens, § 93 Rn. 25; Schmidt-Bleibtreu in M/S/K/U, § 93 Rn. 44.

die Alternative „Gesetz“ bezieht. Die andere Ansicht[732] versucht dagegen, die Nichtanwendbarkeit von § 93 III BVerfGG damit zu stützen, daß unter „Gesetz“ nur formelle Gesetze zu verstehen seien.
Folge der Nichtanwendbarkeit sei, daß für Normen, gegen die ein Rechtsweg gegeben ist, § 93 I BVerfGG einschlägig sei. Dem Beschwerdeführer verbleibe nur die Möglichkeit, gegen die Entscheidung des Oberverwaltungsgerichts bzw. Verwaltungsgerichtshofs binnen der Frist des § 93 I BVerfGG eine Urteilsverfassungsbeschwerde einzulegen. Die Rechtssatzverfassungsbeschwerde wandelt sich nach dieser Ansicht also in eine Urteilsverfassungsbeschwerde um. Die wesentliche Unterscheidung in § 93 BVerfGG hat dieser Ansicht zufolge somit nicht nach Urteils- und Rechtssatzverfassungsbeschwerde zu erfolgen, sondern danach, ob gegen die Maßnahme ein Rechtsweg gegeben ist (Absatz 1) oder nicht (Absatz 3).

*(2) Die h.M.: Anwendbarkeit von § 93 III BVerfGG*

Das Bundesverfassungsgericht[733] und die h.M. in der Literatur[734] halten § 93 III BVerfGG dagegen für anwendbar. Die Frist des § 93 III BVerfGG gilt demnach für alle Rechtssatzverfassungsbeschwerden, deren unmittelbarer Angriffsgegenstand eine Rechtsnorm ist.
93 III BVerfGG sei dahingehend auszulegen, daß untergesetzliche Normen zwar dem Begriff des Gesetzes unterfallen, der Zusatz „gegen den ein Rechtsweg nicht offensteht“ jedoch nicht darauf zu beziehen sei. Die Vertreter dieser Ansicht begründen dies zum einen mit der Intention des Gesetzgebers, wonach mit dem Zusatz „sonstiger Hoheitsakt, gegen den ein Rechtsweg nicht offensteht“ vor allem die „justizfreien Hoheitsakte“ gemeint seien[735]. Zum anderen wird angeführt, daß der Gesetzgeber einen durch Art. 19 IV GG eröffneten Rechtsweg unmittelbar gegen Normen nicht durch diese Fristregelung wieder verschließen konnte[736].
Folge dieser Ansicht ist, daß die Rechtssatzverfassungsbeschwerde zwar möglich ist, jedoch nach Durchführung des Normenkontrollverfahrens nach § 47 VwGO regelmäßig verfristet sein wird[737]. Logische Konsequenz wäre, nur mehr eine Urteilsverfassungsbeschwerde gegen die Entscheidung des Oberverwal-

---

[732] Lechner, § 93, Anm. zu Abs. 2; Schenke, Rechtsschutz, S. 304 f. Fn. 25.

[733] Beschl. v. 23.06.1987, BVerfGE 76, 107 (115 f.); Beschl. v. 02.07.1992, NVwZ 1992, S. 972.

[734] Büsser, S. 96; Clemens in Umbach/Clemens, § 91 Rn. 54; Chung, S. 272; Detterbeck, DÖV 1990, S. 558 (564); Gröpl, NVwZ 1999, S. 967; v.d. Hövel, Diss., S. 168 ff.; Schmidt-Bleibtreu in M/S/K/U, § 93 Rn. 44; Warmke, Diss., S. 187 f.

[735] Vgl. oben Fn. 734.

[736] Bettermann, AöR 86 (1961), S. 129 (171); Büsser, S. 96.

[737] Vor allem in den Fällen des § 90 II S. 2 BVerfGG.

tungsgerichts bzw. Verwaltungsgerichtshofs mit der Monatsfrist des § 93 I BVerfGG zuzulassen. Im Ergebnis würden sich h.M. und Mindermeinung damit in der überwiegenden Zahl der Fälle gleichen.
Das Bundesverfassungsgericht[738] hat jedoch anläßlich der Entscheidung über eine Kommunalverfassungsbeschwerde einen neuen Lösungsansatz entwickelt. Danach sei zum einen die Jahresfrist des § 93 III BVerfGG auch auf den fachgerichtlichen Rechtsweg (hier § 47 VwGO) zu übertragen. Dies folge aus dem Sinn und Zweck des § 93 III BVerfGG, wonach Verfassungsbeschwerden, die sich unmittelbar gegen die Gültigkeit von Rechtsnormen richten, nicht beliebig, sondern nur innerhalb eines begrenzten Zeitraums zulässig sein sollen. Diese verfassungsprozessuale Frist dürfe nicht durch das - zu diesem Zeitpunkt noch fristlose[739] - Normenkontrollverfahren gemäß § 47 VwGO umgangen werden[740]. Zum anderen beginne mit Abschluß des fachgerichtlichen Verfahrens die Jahresfrist des § 93 III BVerfGG neu zu laufen. Hintergrund dieser, von der gesetzlichen Regelung losgelösten Konstruktion ist die besondere Aktivlegitimation von Gemeinden bzw. Gemeindeverbänden[741]. Ihnen steht gemäß § 91 S. 1 BVerfGG nur die gegen ein Gesetz gerichtete Kommunalverfassungsbeschwerde zu, nicht jedoch auch die Urteilsverfassungsbeschwerde. Nach Durchführung des Verfahrens gemäß § 47 VwGO, das regelmäßig erst nach Ablauf der Jahresfrist des § 93 III BVerfGG beendet ist, wären Gemeinden bzw. Gemeindeverbände somit von der Möglichkeit einer Verfassungsbeschwerde ausgeschlossen.

*(3) Eigene Stellungnahme*

Der Wortlaut vermag letztlich weder die eine noch die andere Ansicht zu begründen. Das Wort „sonstig“ kann sich ebenso nur auf die Gemeinsamkeit als Hoheitsakt beziehen wie auch zusätzlich auf den folgenden Relativsatz. Ein gewisses Indiz dafür, daß sich der Relativsatz nur auf den Begriff der Hoheitsakte, nicht aber auf Gesetze bezieht, ist in der Wiederholung der Präposition „gegen“ zu sehen, ohne die eine stärkere Anbindung des Begriffs „Gesetz“ an den Relativsatz gegeben wäre[742]. Klar abzulehnen ist jedoch diejenige Wortlautauslegung[743], wonach unter „Gesetz“ i.S.d. § 93 III BVerfGG nur formelle Ge-

---

738 Beschl. v. 23.06.1987, BVerfGE 76, 107 (115 f.); Diese Rechtsprechung wurde mehrere Male bestätigt: Vgl. BVerfG, Beschl. v. 02.07.1992, NVwZ 1992, S. 972; Beschl. v. 27.01.1993, DVBl. 1993, S. 649; Beschl. v. 19.04.1993, NVwZ 1994, 59 f.

739 Durch Gesetz vom 01.11.1996 (BGBl. I S. 1626) wurde in § 47 II S. 1 VwGO die Antragsfrist von zwei Jahren eingeführt.

740 Vgl. Beschl. v. 23.06.1987, BVerfGE 76, 107 (116).

741 Vgl. v.d. Hövel, Diss., S. 169 f.

742 Posser, S. 451.

743 Vgl. Fn. 732.

setze zu subsumieren seien. Eine derartige Unterscheidung widerspricht zum einen den Intentionen des Gesetzgebers[744], zum anderen ist auch kein sachlicher Grund hierfür ersichtlich, insbesondere dann nicht, wenn man wie Schenke die Existenz eines Rechtswegs auch gegen formelle Gesetze bejaht[745]. Daß sich nach der gegenteiligen Ansicht für die Alternative des sonstigen Hoheitsaktes zur Zeit praktisch kein Anwendungsbereich ergibt[746], kann diese fragwürdige Auslegung nicht rechtfertigen.
Den sonstigen Argumenten der h.M. vermögen die Vertreter der Mindermeinung nichts entgegenzusetzen. Die Schwäche ihrer Ansicht zeigt sich vor allem auch in den Fällen des § 90 II S. 2 BVerfGG, wenn zwar ein Rechtsweg gegen die Norm besteht, dieser jedoch ausnahmsweise nicht beschritten zu werden braucht. In diesen Fällen, in denen kein Urteil eines Fachgerichts existiert und die Norm Gegenstand der Verfassungsbeschwerde bleibt, macht es keinen Sinn, die Anwendbarkeit von § 93 I BVerfGG zu fordern.
Im Regelfall, in dem nach Erschöpfung des Rechtswegs die Frist des § 93 III BVerfGG verstrichen ist, kann daher der Beschwerdeführer die Norm lediglich mittelbar im Wege der Verfassungsbeschwerde gegen die letztinstanzliche Entscheidung angreifen, die ihrerseits innerhalb eines Monats gemäß § 93 I BVerfGG erhoben werden muß[747].

Einer genaueren Betrachtung bedarf noch die Frage, ob neben der Möglichkeit der Urteilsverfassungsbeschwerde die Zulassung einer Rechtssatzverfassungsbeschwerde unmittelbar gegen die Norm notwendig ist.
Dieses Problem stellt sich zunächst denjenigen Autoren, die die Unanwendbarkeit des § 93 III BVerfGG befürworten. Sie gehen stillschweigend davon aus, daß mit der Möglichkeit der Beschreitung eines Rechtswegs gegen die Norm eine Rechtssatzverfassungsbeschwerde ausgeschlossen ist[748]. Diese Folge läßt sich dem Wortlaut des § 93 BVerfGG nicht entnehmen. Läßt man die Rechtssatzverfassungsbeschwerde nach Beschreiten des Rechtswegs aber zu, ergibt sich wiederum das Problem der Frist. Der Schluß, aus der Nichtanwendbarkeit des § 93 III BVerfGG folge die zeitlich unbeschränkte Möglichkeit der Beschwerdeeinlegung, verbietet sich angesichts des erkennbaren Grundgedan-

---

744 Der Gesetzgeber dachte bei dem Begriff des „sonstigen Hoheitsakts“ vor allem an die justizfreien Regierungsakte, die nun einmal nicht als Gesetze ergehen (Geiger, § 93 Nr. 5).

745 V.d. Hövel, Diss., S. 169.

746 Gusy, Rn. 209; Schenke, Rechtsschutz, S. 304 Fn. 25.

747 Ebenso Chung, S. 272; Detterbeck, DÖV 1990, S. 558 (563 f.); v.d. Hövel, Diss., S. 170; Warmke, Diss., S. 189 f.

748 Entgegen v.d. Hövel (Diss., S. 168) wird nur mehr eine Urteilsverfassungsbeschwerde gegen die Entscheidung für möglich gehalten; keiner der von ihm zitierten Autoren vertritt die Ansicht, es könne eine „Normenbeschwerde binnen Monatsfrist ab der oberverwaltungsgerichtlichen Entscheidung“ (S. 168) erhoben werden.

kens des § 93 BVerfGG, alle Verfassungsbeschwerden einer Frist zu unterwerfen. Möglich wäre, § 93 I S. 1 BVerfGG als Generalnorm aufzufassen und die Monatsfrist auch auf Rechtssatzverfassungsbeschwerden anzuwenden. Zwar sind unter „Entscheidung" i.S.d. § 93 I S. 2 bis 4 nur Gerichtsentscheidungen und Entscheidungen von Verwaltungsbehörden zu verstehen[749]. Als Lösung wäre jedoch möglich, § 93 I BVerfGG dahingehend auszulegen, daß die für den Fristbeginn maßgebliche Entscheidung nicht diejenige Maßnahme sein muß, gegen die sich die Verfassungsbeschwerde richtet. Die Entscheidung des Oberverwaltungsgerichts im Normenkontrollverfahren könnte dann als fristauslösendes Ereignis für die Rechtssatzverfassungsbeschwerde eingestuft werden.
Das Problem einer neben der Urteilsverfassungsbeschwerde zulässigen Rechtssatzverfassungsbeschwerde spielt aber auch bei der Konstruktion des Bundesverfassungsgerichts eine Rolle, die bezweckt, dem Beschwerdeführer nach Durchführung des fachgerichtlichen Verfahrens eine Verfassungsbeschwerde unmittelbar gegen die Norm zu ermöglichen. Diese Rechtsprechung ist jedoch aus mehreren Gründen abzulehnen.
So kann sie sich zum einen auf keine gesetzliche Grundlage berufen und steht darüber hinaus auch in deutlichem Widerspruch zum Wortlaut des § 93 III BVerfGG[750]. Zum anderen ist eine derartige Konstruktion aber auch nicht notwendig. Die Übertragung der Jahresfrist des § 93 III BVerfGG auf § 47 VwGO ist nämlich nicht (mehr) vom Sinn und Zweck des § 93 III BVerfGG gefordert. Mit der Änderung des § 47 VwGO durch Gesetz vom 01.11.1996[751] wurde für die verwaltungsgerichtliche Normenkontrolle in § 47 II S. 1 VwGO die Antragsfrist von zwei Jahren eingeführt. Damit wurde dem unter dem Aspekt der Rechtssicherheit berechtigten Anliegen, daß der Rechtsschutz unmittelbar gegen Normen nur innerhalb eines begrenzten Zeitraums zulässig sein soll, Rechnung getragen. Für eine „mittelbare" Befristung[752] durch Übertragung der Frist des § 93 III BVerfGG auf das Verfahren des § 47 VwGO besteht daher kein Anlaß mehr[753]. Auch die Einführung einer zweiten Jahresfrist nach Vorliegen der fachgerichtlichen Entscheidung ist - jedenfalls für die Individualverfassungsbeschwerde - nicht gerechtfertigt. Es ist kein Grund ersichtlich, warum dem Einzelnen nach Durchführung des fachgerichtlichen Normenkontroll-

749 Schmidt-Bleibtreu in M/S/K/U, § 93 Rn. 8.

750 Ebenso Pestalozza, Verfassungsprozeßrecht, § 12 Rn. 202. Nach Gröpl (NVwZ 1999, S. 967) ist die „bereits unter formalen Gesichtspunkten zweifelhafte[ ] Einpflanzung der Frist des § 93 III BVerfGG in § 47 II 1 VwGO" auch angesichts des Prinzips des effektiven Rechtsschutzes gemäß Art. 19 IV GG bedenklich, da der rechtsuchende Bürger in der Regel darauf vertrauen können müsse, daß prozessuale Fristen für ihn erkennbar seien und nicht durch gerichtliche Interpretation und Lückenfüllung in an sich unbefristete oder anders befristete Rechtsbehelfe hineingelesen würden.

751 BGBl. I S. 1626.

752 Vgl. Eyermann/Schmidt, § 47 Rn. 73.

753 Vgl. auch Gröpl, NVwZ 1999, S. 967.

verfahrens noch eine Verfassungsbeschwerde unmittelbar gegen die Norm zur Verfügung stehen soll. Dem Rechtsschutzinteresse genügt eine Urteilsverfassungsbeschwerde gegen das fachgerichtliche Urteil vollauf, da sie eine umfassende Verfassungsmäßigkeitskontrolle der Norm beinhaltet. Die Überprüfung des Urteils auf Grundrechtsverstöße hat im wesentlichen - von der Verletzung von Verfahrensgrundrechten abgesehen - eine nochmalige Verfassungsmäßigkeitskontrolle der Norm zur Folge, da das Urteil Ergebnis einer prinzipalen Normenkontrolle ist und eine Grundrechtsverletzung sich regelmäßig nur aus der Rechtswidrigkeit der Norm ergeben kann[754]. Zwar handelt es sich bei der Rechtswegerschöpfung in der Regel um ein zeitraubendes und kostspieliges Verfahren. Dieser Gesichtspunkt muß jedoch zurücktreten angesichts des übergeordneten Gebots der Rechtssicherheit[755] und der durch Art. 3 I GG geforderten Gleichbehandlung mit Beschwerdeführern, die sich gegen andere gerichtliche Entscheidungen wenden[756]. Neben der Möglichkeit der Urteilsverfassungsbeschwerde ist eine Rechtssatzverfassungsbeschwerde unmittelbar gegen die Norm daher nicht zulässig[757]. Damit erübrigen sich auch die auf der Basis der Mindermeinung angestellten Überlegungen.

Im Fall der Kommunalverfassungsbeschwerde darf diese Lösung jedoch nicht zu einer Rechtsschutzverkürzung führen. Da den Gemeinden bzw. Gemeindeverbänden nach der Regelung des § 91 BVerfGG keine Urteilsverfassungsbeschwerde möglich ist und die Jahresfrist des § 93 III BVerfGG nach Durchführung des Verfahrens nach § 47 VwGO regelmäßig abgelaufen sein wird, wäre ihnen die Möglichkeit einer Verfassungsbeschwerde damit faktisch abgeschnitten. Die Bedenken gegen die Konstruktion des Bundesverfassungsgerichts bestehen auch hier. Es ist deshalb sachgerechter, an der Regelung des § 91 BVerfGG anzusetzen und Urteilsverfassungsbeschwerden gegen fachgerichtliche Normenkontrollentscheidungen in den Anwendungsbereich der Vorschrift einzubeziehen[758]. Diese Auslegung ist auch eher mit dem Wortlaut des § 91 S. 1 BVerfGG („... Verfassungsbeschwerde mit der Behauptung erheben, daß ein Gesetz des Bundes oder Landes die Vorschrift des Art. 28 des Grundgesetzes verletzt") vereinbar als die Fristkonstruktion des Bundesverfassungsgerichts, die in krassem Widerspruch zur eindeutigen Jahresfrist in § 93 III BVerfGG steht.

---

754 V.d. Hövel, Diss., S. 170.

755 Schmidt-Bleibtreu in M/S/K/U, § 93 Rn. 43.

756 Gröpl, NVwZ 1999, S. 967 (968).

757 Ebenso Gröpl (Fn. 756) und Ziekow in NK, § 47 Rn. 19.

758 Anders v.d. Hövel (Diss., S. 169 f.), der bei Kommunalverfassungsbeschwerden der Lösung des Bundesverfassungsgerichts folgt.

## II. Das Annahmeverfahren nach § 93 a BVerfGG

Neben dem Grundsatz der Subsidiarität sind die Zugangsschranken durch das Annahmeverfahren nach § 93 a ff. BVerfGG zu beachten, denen jede Verfassungsbeschwerde unterliegt[759].

### 1. Das Verfahren

Nach § 93 a I BVerfGG bedarf die Verfassungsbeschwerde vor einer Entscheidung über ihre Zulässigkeit und Begründetheit eines besonderen Annahmeaktes. Es handelt sich dabei um ein Verfahren eigener Art, für das es keine besonderen Sachentscheidungsvoraussetzungen gibt. Sinn und Zweck ist es, auf prozessual vereinfachte Weise Verfassungsbeschwerden auszusondern, in denen eine Sachentscheidung nicht in Betracht kommt, weil im Hauptverfahren wegen fehlender Zulässigkeit oder aus anderen Gründen keine hinreichende Erfolgsaussicht bestünde[760] oder es sich um Bagatellfälle handelt[761].

Zunächst kann eine aus drei Richtern bestehende Kammer die Annahme durch einstimmigen Beschluß ablehnen, wenn die Beschwerde nicht den Voraussetzungen des § 93 a II BVerfGG genügt (vgl. § 93 b S. 1 i.V.m. § 93 d III S. 1 BVerfGG). Der ganz überwiegende Teil[762] der Verfassungsbeschwerden wird hier von den Kammern durch Nichtannahme erledigt. Ist die Verfassungsbeschwerde offensichtlich begründet, kann die Kammer unter den engen Voraussetzungen des § 93 c BVerfGG der Verfassungsbeschwerde stattgeben (vgl. § 93 b S. 1 Alt. 2 BVerfGG). Nur ein geringer Anteil der Beschwerden gelangt in den Senat. Dieser hat in einer zweiten Stufe die Möglichkeit, die Annahme der Verfassungsbeschwerde mit einer qualifizierten Mehrheit von drei Richtern zu beschließen (§ 93 b S. 2 i.V.m. § 93 d III S. 2 BVerfGG) oder sie abzulehnen.

---

759 Seit dem Dritten Gesetz zur Änderung des Bundesverfassungsgerichtsgesetzes vom 03.08.1963 (BGBl. I S. 589) bedarf die Verfassungsbeschwerde nach der geänderten Fassung des § 91 a BVerfGG der Annahme zur Entscheidung durch das Bundesverfassungsgericht. Das Annahmeverfahren ist seitdem mehrfach modifiziert worden, zuletzt durch das Fünfte Gesetz zur Änderung des Bundesverfassungsgerichtsgesetzes vom 02.08.1993 (BGBl. I S. 1442).

760 Vgl. Schmidt-Bleibtreu/Winter in M/S/K/U, § 93 a Rn. 16.

761 Vgl. unten 2.

762 In den Jahren 1992 bis 1996 lag der Anteil der Erledigungen durch Nichtannahme durch die Kammer im Verhältnis zu den Eingängen zwischen 80 und 92 Prozent (vgl. Anlage 1 des Berichts der Kommission zur Entlastung des Bundesverfassungsgerichts, S. 157; vgl. Fn. 577). Grundsätzlich ist in den letzten zehn Jahren ein Rückgang der Senatsentscheidungen gegenüber einem Anwachsen der Kammerrechtsprechung zu verzeichnen gewesen (Bericht der Kommission zur Entlastung des Bundesverfassungsgericht, S. 28).

## 2. Die Annahmevoraussetzungen des § 93 a II BVerfGG

### a) Rechtsstruktur des § 93 a II BVerfGG

Gemäß § 93 a II BVerfGG *ist* die Verfassungsbeschwerde zur Entscheidung anzunehmen, soweit ihr grundsätzliche verfassungsrechtliche Bedeutung zukommt oder wenn es zur Durchsetzung der in § 90 I BVerfGG genannten Rechte angezeigt ist. Das Bundesverfassungsgericht hat durch die verwendeten unbestimmten Rechtsbegriffe zwar einen Beurteilungsspielraum, aber kein Annahmeermessen („ist ... anzunehmen“), so daß bei Vorliegen der Voraussetzungen der Beschwerdeführer einen Anspruch auf Aufnahme besitzt[763]. Falls die Annahmevoraussetzungen des § 93 a II VerfGG nicht vorliegen, ist andererseits die Annahme abzulehnen[764]. Dies hat zur Folge, daß in Bagatellfällen mangels objektiver oder subjektiver Wichtigkeit gelegentlich selbst offensichtlich begründete Verfassungsbeschwerden[765] nicht angenommen werden und damit unentschieden[766] bleiben[767]. Gemildert wird diese Härte in der Praxis dadurch, daß der Nichtannahmeentscheidung eine Begründung beigefügt wird, die in geeigneten Fällen das Rechtsschutzanliegen des Beschwerdeführers fördert[768].

### b) Zulässigkeit der Verfassungsbeschwerde als Annahmekriterium

#### *(1) Grundsätzliches*

Die Annahme der Verfassungsbeschwerde ist insbesondere dann abzulehnen, wenn die Verfassungsbeschwerde unzulässig ist. Der Verfassungsbeschwerde

---

763 Vgl. Regierungsentwurf, BT-Drucks. 12/3628, S. 13 („Verpflichtung zur Annahme“).

764 Schmidt-Bleibtreu/Winter in M/S/K/U, § 93 a Rn. 17; Wahl/Wieland, JZ 1996, S. 1137 (1143); a.A. Klein Eckart, NJW 1993, S. 2073 (2074 f.).

765 Z.B. BVerfG, Beschl. v. 21.12.1977, BVerfGE 47, 102 (104); Beschl. v. 15.10.1985, BVerfGE 71, 64 (66); Beschl. v. 21.02.1984, NJW 1984, S. 1346.

766 Der Beschluß über die Ablehnung der Annahme der Verfassungsbeschwerde enthält keine Entscheidung in der Sache (Schlaich, Rn. 260).

767 Grundlage hierfür - wie auch für die gesamte Regelung des Annahmeverfahrens - ist die „doppelte Funktion“ der Verfassungsbeschwerde. Sie dient dem individuellen Rechtsschutz wie der Klärung der objektiven Rechtsordnung gleichermaßen. In der grundlegenden Entscheidung des Bundesverfassungsgericht heißt es dazu: „Neben dem 'kasuistischen Kassationseffekt' hat sie einen 'generellen Edukationseffekt' (Zweigert, JZ 1952, S. 321). Darüber hinaus hat sie die Funktion, das objektive Verfassungsrecht zu wahren und seiner Auslegung und Fortbildung zu dienen; ... Insoweit kann die Verfassungsbeschwerde zugleich als spezifisches Rechtsschutzmittel des objektiven Verfassungsrechts bezeichnet werden“ (BVerfG, Beschl. v. 28.06.1972, BVerfGE 33, 247, 259).

768 Dies kann beispielsweise der Fall sein, wenn das Bundesverfassungsgericht verfassungsrechtliche Erwägungen anstellt, die von der Behörde in einem noch nicht abgeschlossenen Verwaltungsverfahren zu berücksichtigen sind. Vgl. z.B. 1 BvR 653/99.

kommt hier regelmäßig[769] keine grundsätzliche verfassungsrechtliche Bedeutung zu (vgl. § 93 a II a BVerfGG), da das Verfahren wegen Fehlens einer oder mehrerer Sachentscheidungsvoraussetzungen nicht zur Entscheidung der klärungsbedürftigen verfassungsrechtlichen Frage führen kann[770]. Auch § 93 a II b BVerfGG scheidet bei Unzulässigkeit i.d.R. aus, da die Durchsetzung der in § 90 I BVerfGG genannten Rechte dann nicht angezeigt sein kann, wenn der Rechtsschutz wegen Unzulässigkeit des Rechtsbehelfs versagt werden muß[771]. Ebenso kann dem Beschwerdeführer durch die Nichtannahme auch kein besonders schwerer Nachteil entstehen, wenn die Verfassungsbeschwerde wegen Unzulässigkeit sowieso ohne Erfolg geblieben wäre[772].

*(2) Unzulässigkeit wegen Subsidiarität des Verfassungsrechtswegs*

Bei Verfassungsbeschwerden gegen unmittelbar durch Normen verursachte Grundrechtsverletzungen ist von Bedeutung, daß sich die Unzulässigkeit der Beschwerde, die zur Nichtannahme führt, auch aus dem Grundsatz der Subsidiarität ergeben kann[773]. Der Grundsatz der Subsidiarität stellt nach der Rechtsprechung des Bundesverfassungsgerichts eine eigenständige Sachentscheidungsvoraussetzung dar[774], die zur Unzulässigkeit der Verfassungsbeschwerde führt. Ein Verstoß gegen den Grundsatz der Subsidiarität wird bei Verfassungsbeschwerden gegen unmittelbar wirkende Verordnungen des Bundes regelmäßig vorliegen, wenn der Beschwerdeführer nicht versucht hat, zuvor Rechtsschutz mittels einer Feststellungsklage gemäß § 43 VwGO zu erlangen. In diesen Fällen kann das Bundesverfassungsgericht von einer Annahme zur Entscheidung absehen, da die Annahmevoraussetzungen des § 93 a II BVerfGG nicht vorliegen[775].

---

769 Ausnahmen hiervon sind möglich, wenn die Zulässigkeitsfrage so eng mit einer klärungsbedürftigen Frage des materiellen Rechts zusammenhängt, daß ihre Beantwortung zugleich eine Klärung des verfassungsrechtlichen Problems bedeutet (Schmidt-Bleibtreu/Winter in M/S/K/U, § 93 a Rn. 23; vgl. auch Zuck, NJW 1993, S. 2641, 2643).

770 Schlaich, Rn. 257; Schmidt-Bleibtreu/Winter in M/S/K/U, § 93 a Rn. 23; a.A. Zuck, NJW 1993, S. 2641 (2643), wonach das Annahmeverfahren nichts mit dem Problem zu tun habe, ob die Verfassungsbeschwerde zulässig oder begründet ist. Die früheren Regelungen zum Annahmeverfahren enthielten explizit, daß die Verfassungsbeschwerde bei Unzulässigkeit abgelehnt werden kann; vgl. § 93 a III nach dem 3. Änderungsgesetz zum BVerfGG v. 03.08.1963 (BGBl. I S. 589) und in der Fassung durch das 4. Änderungsgesetz zum BVerfGG v. 21.12.1970 (BGBl. I S. 1765).

771 Schmidt-Bleibtreu/Winter in M/S/K/U, § 93 a Rn. 23.

772 Clemens/Umbach in Clemens/Umbach, § 93 c Rn. 46 (insoweit inhaltlich identische Regelung zu § 93 a II b BVerfGG); Schmidt-Bleibtreu/Winter in M/S/K/U, § 93 a Rn. 23.

773 BVerfG, Beschl. v. 01.08.1996, NJW 1997, S. 792.

774 Vgl. oben I 1.

775 Vgl. BVerfG, Beschl. v. 02.04.1997, NVwZ 1998, S. 169.

# F. Ausblick de lege ferenda: Erweiterung des Anwendungsbereichs von § 47 VwGO

## I. Ansätze des Gesetzgebers und der Rechtswissenschaft

Bereits in Zusammenhang mit der Frage einer möglichen analogen Anwendung von § 47 VwGO wurde von den Kritikern dieser Lösung darauf hingewiesen, daß eine zufriedenstellende Lösung hinsichtlich des Rechtsschutzes gegen Bundesverordnungen letztlich nur durch ein Tätigwerden des Gesetzgebers erfolgen kann[776]. Dieser hatte bei der Ausgestaltung der Verwaltungsgerichtsordnung eine Ausdehnung der abstrakten Normenkontrolle auf Bundesrecht und die Übertragung dieser Aufgabe auf das Bundesverwaltungsgericht als „nicht zweckmäßig“ abgelehnt, da angesichts der Kompetenzen des Bundesverfassungsgerichts für eine derartige Tätigkeit des Bundesverwaltungsgerichts „kein nennenswerter Raum“ übrigbleibe[777]. Auch in den Diskussionen über die Reform des Verwaltungsprozeßrechts tauchte die Frage der Erweiterung des Anwendungsbereichs des § 47 VwGO auf Bundesnormen nur am Rande auf. Der unter der Federführung von Ule entstandene Speyerer Entwurf einer einheitlichen Verwaltungsprozeßordnung[778] aus dem Jahre 1969 befaßte sich lediglich mit der Ausdehnung der Regelung der abstrakten Normenkontrolle auf die Finanz- und Sozialgerichtsbarkeit. Die Einbeziehung von bundesrechtlichen Normen in den Anwendungsbereich wurde darin nicht erörtert. Ebenso stand in dem Gesetzesentwurf einer Verwaltungsprozeßordnung (EVwPO) der Bundesregierung vom 19.03.1982[779] die Harmonisierung der Regelungen in der Finanz- und Sozialgerichtsbarkeit mit denjenigen der Verwaltungsgerichtsbarkeit im Mittelpunkt. In der Begründung wurde die Frage einer Normenkontrolle von Bundesrecht zwar aufgeworfen, ihre Einbeziehung in die Verwaltungsprozeßordnung letztlich jedoch abgelehnt, da sich bisher dafür kein Bedürfnis gezeigt habe[780].

Ein Gesetzgebungsvorschlag zur Ausweitung der verwaltungsgerichtlichen Normenkontrolle wurde auch aus dem Kreis der Rechtswissenschaft, nämlich

---

776 Vgl. Stern, FS für Schäfer, S. 59 ff. (68); ähnlich Kuffer (S. 109 f.) und Schenke (DÖV 1982, S. 709, 720 f.), die beide aufgrund des Verfassungspostulats des Art. 19 IV GG ein Tätigwerden des Gesetzgebers hinsichtlich der Überprüfungsmöglichkeit von untergesetzlichen Bundesnormen für notwendig erachten.

777 BT-Drucks. 3/55, S. 33.

778 Entwurf eines Verwaltungsgerichtsgesetzes zur Vereinheitlichung der Verwaltungsgerichtsordnung, der Finanzgerichtsbarkeit und des Sozialgerichtsgesetzes, Schriftenreihe der Hochschule Speyer, Band 40, 1969.

779 BR-Drucks. 100/82, S. 62 ff.

780 Regierungsbegründung zu § 38 EVwPO, BR-Drucks. 100/82, S. 62 (87).

von Stern[781], ausgearbeitet. Zum einen soll nach seiner Ansicht der Anwendungsbereich durch Einfügung von Parallelvorschriften in die Finanzgerichtsordnung und in das Sozialgesetzbuch über den Bereich der Verwaltungsgerichtsbarkeit ausgedehnt werden[782]. Darüber hinaus hält er aber auch die verwaltungsgerichtliche Normenkontrolle von Bundesrecht für notwendig. So heißt es in Absatz 2 seines Gesetzgebungsvorschlages[783]:

*„Das Bundesverwaltungsgericht entscheidet nach Maßgabe des Abs. 1[784], sofern es sich um die Gültigkeit eines untergesetzlichen bundesrechtlichen Rechtssatzes handelt.“*

Er begründet diese Zuständigkeit des Bundesverwaltungsgerichts damit, daß es für den Bürger nicht entscheidend sein kann, ob in seine Rechte durch den Landes- oder Bundesgesetzgeber eingegriffen wird. Zwar sei die unmittelbare Verletzung durch Normen des Bundes deswegen seltener, weil keine Satzungen zu prüfen seien. Trotzdem bestehe ein Bedürfnis für eine derartige Normenkontrolle, da derartige Rechtsverletzungen nicht auszuschließen seien. Die ausschließliche Zuständigkeit des Bundesverwaltungsgerichts ergebe sich aus folgenden Überlegungen: Die Konzentration bei einem Gericht sei durch die wesensnotwendige inter-omnes-Wirkung der Entscheidung bedingt. Dieses Gericht müsse das Bundesverwaltungsgericht sein, da über die Wirksamkeit von Bundesrecht nur ein Bundesgericht abschließend entscheiden könne. Die Zuständigkeit des Bundesverwaltungsgerichts als Rechtsmittelgericht genüge deswegen nicht, da damit die Gefahr divergierender Entscheidungen der Oberverwaltungsgerichte der Länder nicht ausgeschlossen und eine verbindliche Entscheidung für den gesamten Geltungsbereich der Norm nicht sichergestellt werden könne.

## II. Bewertung

Die Frage, ob angesichts der Möglichkeit einer abstrakten Normenkontrolle vor dem Bundesverfassungsgericht für eine abstrakte Normenkontrolle durch das Bundesverwaltungsgericht noch Raum bleibt, ist angesichts der Ausgestaltung des Subsidiaritätsgrundsatzes durch die Rechtsprechung des Bundesverfassungsgerichts in neuem Licht zu betrachten. Das Bundesverfassungsgericht fordert unter Hinweis auf die grundsätzliche Subsidiarität der Verfassungsbe-

---

781 FS für Schäfer, S. 59 ff. (69 ff.).

782 Ähnlich wie Obermayer (HS Speyer, S. 144 ff., 151 ff.) hält er zudem auch eine Einbeziehung von Verordnungen und Satzungen des Strafrechts für möglich.

783 FS für Schäfer, S. 77.

784 Auch Absatz 1 enthält wesentliche Abweichungen von der Regelung des geltenden § 47 VwGO, die jedoch keine Fragen speziell zur Problematik der Kontrolle von Bundesverordnungen betreffen.

schwerde die vorherige Durchführung einer verwaltungsgerichtlichen Kontrolle, zu der nicht nur das abstrakte Normenkontrollverfahren des § 47 VwGO gehört, sondern auch die inzidente Überprüfung der Norm[785]. Dem bundesverfassungsgerichtlichen Verfahren ist somit im Regelfall eine verwaltungsgerichtliche inzidente Normenkontrolle vorgeschaltet, so daß eine mögliche abstrakte Kontrolle durch das Bundesverwaltungsgericht vor allem auch in Zusammenspiel mit einem inzidenten Normenkontrollverfahren vor den Verwaltungsgerichten zu sehen ist.

Von nur geringer Bedeutung für das Verhältnis der abstrakten Normenkontrolle vor dem Bundesverwaltungsgericht zu inzidenten Normenkontrollverfahren ist die Gewährleistung des Art. 19 IV GG, da der Garantie effektiven Rechtsschutzes nur in den seltesten Fällen nicht auch durch eine inzidente Kontrolle in Form einer Feststellungsklage genügt werden kann[786]. Die Einführung einer verwaltungsgerichtlichen abstrakten Normenkontrolle auch von untergesetzlichem Bundesrecht ist jedoch mit einer Reihe von Vorteilen verbunden, die eine dahingehende Änderung der Verwaltungsgerichtsordnung - wenn auch nicht aus verfassungsrechtlichen Gründen - angezeigt sein lassen. Dabei kann auf Argumente zurückgegriffen werden, die im Rahmen der Diskussion um die Einführung und Reformierung der verwaltungsgerichtlichen Normenkontrolle auf Landesebene vorgebracht wurden[787].

Zwar lassen sich die Motive des Gesetzgebers zur Einführung der verwaltungsgerichtlichen Normenkontrolle, nämlich „durch eine einzige Entscheidung eine Reihe von Einzelklagen zu vermeiden und dadurch die Verwaltungsgerichte zu entlasten“[788], nicht ohne weiteres auf die Situation des Rechtsschutzes gegen Rechtsverletzungen durch untergesetzliches Bundesrecht übertragen. Eine Einschränkung ist insofern zu machen, als die Zahl der untergesetzlichen Normen des Bundes erheblich geringer ist als diejenige der Länder und somit auch die Zahl der dagegen erhobenen Klagen nicht das von § 47 VwGO erfaßte Ausmaß erreicht. Der Aspekt, daß durch die frühzeitige und allgemeinverbindliche Feststellung der Nichtigkeit eine mögliche Rechtsunsicherheit durch divergierende Inzidententscheidungen vermieden werden kann[789], gilt jedoch in gleicher Weise. Auch für den Bereich der Bundesverordnungen trägt so die Möglichkeit einer prinzipalen Kontrolle zur Rechtsklarheit und ökonomischen Gestaltung des Prozeßrechts bei[790]. Ebenso lassen sich die Argumente der Gewährleistung

---

785 Vgl. oben E I 3 a (2) (a).

786 Vgl. oben B II 2.

787 Vgl. dazu Eyermann/Schmidt, § 47 Rn. 5; Kopp, VwGO, § 47 Rn. 1 u. Rn. 3; Schoch/Gerhardt, § 47 Rn. 3; Ziekow in NK, § 47 Rn. 24; alle m.w.N.

788 BT-Drucks. 3/55, S. 33.

789 Vgl. Ziekow in NK, § 47 Rn. 24.

790 So zum Zweck der Normenkontrolle im schriftlichen Bericht des Rechtsausschusses über den von der Bundesregierung eingebrachten Entwurf einer Verwaltungsgerichtsordnung (BT-Drucks. 3/1094, S. 6); ähnlich der Gesetzesentwurf der Bundesregierung zur Ände-

der Einheitlichkeit der Rechtsanwendung, des Rechtsfriedens und des rationelleren und effektiveren, insbesondere schnelleren Rechtsschutzes auch für eine prinzipale Kontrolle von Bundesverordnungen ins Feld führen. Schließlich sind auch die Erfahrungen mit der verwaltungsgerichtlichen Normenkontrolle aus Sicht der Praxis anzuführen, wonach die mit der Normenkontrolle erhofften positiven Effekte in deutlichem Maße spürbar wurden. So habe sich die verwaltungsgerichtliche Normenkontrolle als „höchst effektive" Klageart erwiesen, die den Rechtsschutz des Bürgers verbessert, die Verwaltungsgerichte nachhaltig entlastet und zudem mehr Rechtssicherheit und Rechtsklarheit geschaffen habe als die im Rahmen herkömmlicher Klagearten mögliche Inzidentkontrolle[791].

## III. Erste Umsetzung in Planfeststellungsgesetzen

Bezeichnenderweise wurde in neueren Gesetzen bereits eine derartige Kompetenz des Bundesverwaltungsgerichts zur prinzipalen Kontrolle von Bundesrechtsverordnungen begründet. Die entsprechenden Rechtsgrundlagen finden sich in zwei Planfeststellungsgesetzen für bestimmte Verkehrsprojekte, nämlich dem Gesetz über den Bau der „Südumfahrung Stendal" der Eisenbahnstrecke Berlin-Oebisfelde vom 29.10.1993[792] und dem Gesetz über den Bau des Abschnitts Wismar West - Wismar Ost der Bundesautobahn A 20 Lübeck – Bundesgrenze (A 11) vom 02.03.1994[793]. In beiden Gesetzen sieht jeweils § 2 I vor, daß der Bundesminister für Verkehr durch Rechtsverordnung den gesetzlich festgestellten Plan in gewissen Umfang ändern kann. Die Frage der Kontrolle dieser Verordnungen behandelt § 2 III. So bestimmt das Gesetz über den Bau der „Südumfahrung Stendal" in dem entsprechenden § 2 III:
*„Über die Gültigkeit der Rechtsverordnungen nach Absatz 1 entscheidet auf Antrag das Bundesverwaltungsgericht im Rahmen seiner Gerichtsbarkeit. Auf das Verfahren finden die Vorschriften des § 47 der Verwaltungsgerichtsordnung entsprechende Anwendung."*
§ 2 III des Gesetzes über den Bau des Abschnitts Wismar West-Wismar Ost ist mit dieser Vorschrift fast identisch; es fehlt lediglich der Zusatz „im Rahmen seiner Gerichtsbarkeit".

Bei diesen beiden Gesetzen handelt es sich um Investitionsmaßnahmegesetze zur Verwirklichung der vom Bundesminister für Verkehr erarbeiteten „Verkehrsprojekte Deutsche Einheit". Mit diesen Maßnahmegesetzen sollte zusätz-

---

rung verwaltungsprozessualer Vorschriften (BT-Drucks. 7/4324, S. 6).

791 Bickel, NJW 1985, S. 2441 (2446); vgl. dazu auch Hoppe, FS für Redeker, S. 377 (392 f.) und Paetow, NVwZ 1985, S. 309 (316).

792 BGBl. I S. 1906.

793 BGBl. I S. 734.

lich zu der Beschleunigung des Planungsverfahrens für Verkehrswege in den neuen Bundesländern auf der Grundlage des Verkehrswegeplanungsbeschleunigungsgesetzes vom 16.12.1991[794] ein schnellerer Aufbau wichtiger Verkehrsverbindungen in den neuen Bundesländern bewirkt und so ein wesentlicher Beitrag zur Verbesserung der wirtschaftlichen Situation und zur Herstellung gleichwertiger Lebensverhältnisse geleistet werden[795]. Auch die Einführung eines Normenkontrollverfahrens für Bundesverordnungen vor dem Bundesverwaltungsgericht erfolgte infolgedessen maßgeblich unter dem Aspekt der Beschleunigung: In Anlehnung an Regelungen zur Nachprüfung untergesetzlicher landesrechtlicher Normen sollte ein effektiver Rechtsschutz bei Planänderungen durch Rechtsverordnungen gewährt werden[796].

## IV. Eigener Gesetzgebungsvorschlag

Da sich die Einführung einer prinzipalen Kontrollmöglichkeit in vielerlei Hinsicht als vorteilhaft und zweckmäßig erweist, insbesondere einen schnelleren und somit effektiveren Rechtsschutz als die inzidente Normprüfung ermöglicht, ist auch nach Ansicht des Verfassers die Einführung einer verwaltungsgerichtlichen Normenkontrolle für sämtliche Rechtsverordnungen des Bundes durch das Bundesverwaltungsgericht de lege ferenda angezeigt. Die Problematik des Rechtsschutzes gegen unmittelbar wirkende Rechtsverordnungen des Bundes würde damit einer klaren und praktikablen Lösung zugeführt.
Möglich wäre dies durch eine Änderung der Verwaltungsgerichtsordnung, die in der Einfügung folgender Regelung bestehen könnte:

*§ 49 a VwGO [Sachliche Zuständigkeit des BVerwG bei der Normenkontrolle]:*
*Das Bundesverwaltungsgericht entscheidet im Rahmen seiner Gerichtsbarkeit auf Antrag über die Gültigkeit von untergesetzlichen Rechtsvorschriften des Bundes. Auf das Verfahren finden die Vorschriften des § 47 Abs. 2, 4, 5 Satz 1 bis 3 und Abs. 6 der Verwaltungsgerichtsordnung entsprechende Anwendung.*

---

794 BGBl. I S. 2174.

795 Vgl. die Begründung zum Gesetz über den Bau des Abschnitts Wismar West - Wismar Ost der Bundesautobahn A 20 Lübeck - Bundesgrenze (A 11), BT-Drucks. 12/5001, S. 7; zur verfassungsrechtlichen Problematik derartiger Maßnahmegesetze vgl. den Normenkontrollbeschluß des Bundesverfassungsgerichts zum Gesetz über den Bau der „Südumfahrung Stendal" der Eisenbahnstrecke Berlin - Oebisfelde (Beschl. v. 17.07.1996, BVerfGE 95, 1) und die schriftlichen Stellungnahmen der Sachverständigen Bethge, Klinski, Kunig und Ronellenfitsch für die öffentliche Anhörung des Ausschusses für Verkehr des Deutschen Bundestages am 10.02.1993 (Ausschußdrucks. Nr. 380).

796 Vgl. die Begründung zum Gesetz über den Bau des Abschnitts Wismar West - Wismar Ost der Bundesautobahn A 20 Lübeck - Bundesgrenze (A 11), BT-Drucks. 12/5001, S. 13.

## 1. Systematische Stellung der Regelung

Eine Einfügung an dieser Stelle der VwGO entspricht am ehesten der Systematik der §§ 45 ff. VwGO. Sie bildet eine Parallele zu der Regelung der Zuständigkeiten des Oberverwaltungsgerichts. Nach der allgemeinen Zuständigkeitsregelung für die Verwaltungsgerichte in § 45 VwGO bestimmt zunächst § 46 VwGO die instanzielle Zuständigkeit des Oberverwaltungsgerichts. Danach erfolgt die Zuweisung der Zuständigkeit des Oberverwaltungsgerichts für die verwaltungsgerichtliche Normenkontrolle in § 47 VwGO[797], bevor in § 48 VwGO die weiteren erstinstanzlichen Zuständigkeiten des Oberverwaltungsgerichts aufgezählt werden. Die gleiche Regelungsstruktur findet sich bei den Regelungen der Zuständigkeiten des Bundesverwaltungsgerichts: § 49 VwGO enthält Bestimmungen über die instanzielle Zuständigkeit des Bundesverwaltungsgerichts, § 50 VwGO über dessen erstinstanziellen Zuständigkeiten. Eine Einfügung der Zuständigkeit zur prinzipalen Normenkontrolle zwischen diesen beiden Normen liegt daher nahe. Der sonstige Gesetzestext könnte unverändert bleiben. Lediglich die nicht-amtliche Überschrift des § 50 VwGO in der bestehenden Textfassung wäre in „Weitere sachliche Zuständigkeit des BVerwG“ abzuändern.
Die gleiche Funktion wie bei § 47 VwGO erfüllt der § 47 S. 1 VwGO nachgebildete Hinweis, das Bundesverwaltungsgericht entscheide nur „im Rahmen seiner Gerichtsbarkeit“. Diese Anknüpfung an § 40 VwGO dient auch hier dem Zweck, im Einzelfall ausschließlich zuständige Gerichte nicht zu präjudizieren und die Entscheidungsbefugnis des Gerichtes auf den Rahmen seiner bei Klagen sonst gegebenen sachlichen Zuständigkeit zu beschränken[798].

## 2. Einzelheiten zur entsprechenden Anwendbarkeit

Zur entsprechenden Anwendbarkeit des § 47 VwGO ist im Einzelnen zu bemerken:
„Oberverwaltungsgericht“ ist jeweils zu lesen wie „Bundesverwaltungsgericht“.
§ 47 Absatz 2 VwGO läßt sich mit nur geringfügiger Anpassung auf die Kontrolle von Bundesrecht durch das Bundesverwaltungsgericht übertragen. Lediglich in Absatz 2 S. 3 VwGO ist eine Änderung veranlaßt, als nicht dem Land, sondern dem Bund Gelegenheit zur Äußerung zu geben ist. Im Rahmen einer entsprechenden Anwendung ist daher das Wort „Land“ durch das Wort „Bund“ zu ersetzen.
§ 47 Absatz 3 VwGO ist von der Verweisung ausgenommen. Der Konflikt mit

[797] Zur Problematik einer systematischen Einordnung des § 47 VwGO in das Gefüge der §§ 40 ff. VwGO vgl. Schoch/Gerhardt, § 47 Rn. 2, der § 47 VwGO eine Sonderstellung gegenüber dem sonstigen Rechtsschutzmodell der VwGO zuweist.

[798] Vgl. oben C IV 2 a (1).

der Verfassungsgerichtsbarkeit der Länder existiert bei der Kontrolle von Bundesverordnungen nicht. Als Maßstabsrecht kann nur höherrangiges Recht dienen. Dies umfaßt bei Bundesverordnungen formelles Bundesrecht und Verfassungsrecht, keinesfalls jedoch Landesrecht.
Innerhalb von Absatz 4 konkretisiert sich die Möglichkeit der Anhängigkeit bei einem Verfassungsgericht auf die Verfahren vor dem Bundesverfassungsgericht.
§ 47 Absatz 5 S. 4 und 5 VwGO beinhalten Regelungen zu Satzungen oder Rechtsverordnungen, die nach dem Baugesetzbuch erlassen worden sind und für deren Mängelbeseitigung das ergänzende Verfahren nach § 215 a BauGB anwendbar ist. Das BauGB eröffnet zwar dem Bund die Möglichkeit, Rechtsverordnungen zu erlassen[799]. § 215 a BauGB gilt jedoch nur für den Flächennutzungsplan, den Bebauungsplan und städtebauliche Satzungen[800], so daß Bundesverordnungen von dieser Vorschrift nicht erfaßt sind. § 47 Absatz 5 S. 4 und 5 VwGO war daher von der Verweisung auszunehmen.
§ 47 Absatz 6, der die Möglichkeit eines einstweiligen Rechtsschutzes behandelt, ist von der entsprechenden Anwendung umfaßt. Das Bedürfnis nach einer vorläufigen Regelung in einem summarischen Verfahren stellt sich genauso bei Bundesverordnungen. Verfahrensrechtlich ergeben sich keine Besonderheiten.

## 3. Zuständigkeit des Bundesverwaltungsgerichts

Hinsichtlich der Zuständigkeit des Bundesverwaltungsgerichts kann auf die Ausführungen von Stern[801] Bezug genommen werden. Eine allgemeinverbindliche, im gesamten Geltungsbereich wirksame, abschließende Entscheidung über die Gültigkeit von Bundesverordnungen kann nur durch Einschaltung des Bundesverwaltungsgerichts erzielt werden. Die Zuständigkeit des Bundesverwaltungsgerichts ist die logische Konsequenz aus der bundesweiten Geltung der Norm und der Allgemeinverbindlichkeit der Entscheidung. Sie resultiert insofern „aus der Natur der Sache“[802]. Eine vorinstanzliche Entscheidung durch die Oberverwaltungsgerichte der Länder widerspräche dem System des Rechtsschutzes gegen Normen und dem Gebot der Rechtsklarheit, indem es die Möglichkeit divergierender Entscheidungen der verschiedenen Oberverwaltungsgerichte der Länder („partielles Bundesrecht“) eröffnete. Die Gleichmäßigkeit der

799 Ermächtigungen finden sich in § 2 Abs. 5 BauGB (Grundlage der Verordnung über die baulich Nutzung der Grundstücke - BauNVO - und der Verordnung über die Ausarbeitung der Bauleitpläne und die Darstellung des Planinhalts - PlanzV 90) und § 199 Abs. 1 BauGB (Grundlage der Verordnung über Grundsätze für die Ermittlung der Verkehrswerte von Grundstücken - WertV).

800 Bielenberg in Ernst/Zinkahn/Bielenberg, BauGB, Vorb. §§ 1-13 Rn. 43.

801 Vgl. oben I.

802 So Obermayer, DVBl. 1965, S. 625 (632).

Normanwendung wird nur durch die Entscheidung des im Geltungsbereich der Norm obersten Gerichts gewährleistet, so daß eine Vorschaltung der Oberverwaltungsgerichte nicht sinnvoll wäre.

# G. Zusammenfassung der wesentlichen Ergebnisse

Zur Frage des Rechtsschutzes des Bürgers gegen unmittelbar wirkende Verordnungen des Bundes lassen sich folgende wesentliche Ergebnisse festhalten:

1. Es handelt sich nicht um ein lediglich „akademisches" Problem. Zum einen umfaßt die zurückliegende Verordnungspraxis des Bundes zahlreiche Verordnungen, die den Bürger unmittelbar ohne die Notwendigkeit eines Umsetzungsaktes in seinen Rechten berühren. Zum anderen sind die Handlungsformen von Rechtsnorm und Verwaltungsakt in der Praxis in beträchtlichem Umfang austauschbar geworden, wodurch der Rechtsschutz gegen Rechtsnormen größere Bedeutung erhalten hat. Dies gilt insbesondere unter dem Aspekt, daß die Verwaltung in manchen Fällen versucht sein könnte, die Regelung mittels einer Norm statt eines Verwaltungsakts aus dem Grund zu wählen, um eine (unmittelbare) gerichtliche Nachprüfung zu verhindern. Nur bei extremen Fallgestaltungen wird sich hier ein Formenmißbrauch nachweisen lassen.
2. Hinsichtlich möglicher Normenkontrollen ist vor allem zwischen der inzidenten und der prinzipalen Normenkontrolle zu unterscheiden. Die prinzipale Kontrolle von Bundesverordnungen ist nur auf Grund einer Rechtssatzverfassungsbeschwerde gemäß Art. 93 I Nr. 4 a GG i.V.m. §§ 13 Nr. 8 a, 90 ff. BVerfGG vorgesehen.
3. Der Begriff der „öffentlichen Gewalt" in Art. 19 IV GG umfaßt auch die Normsetzung durch die Verwaltung.
4. In der weitaus überwiegenden Zahl der Fälle erfordert Art. 19 IV GG keinen Rechtsschutz durch ein prinzipales Normenkontrollverfahren. Allerdings sind Ausnahmekonstellationen möglich, in denen der Rechtsschutzgarantie des Art. 19 IV GG nur durch die allgemeinverbindliche Nichtigerklärung der Norm genügt werden kann.
5. Die Verfassungsbeschwerde nimmt aufgrund ihrer wesensmäßigen Besonderheiten eine Ausnahmestellung innerhalb des Rechtsschutzsystems ein und stellt daher keinen Rechtsweg i.S.d. Art. 19 IV GG dar. Der durch sie gewährte Rechtsschutz braucht sich demnach nicht an Art. 19 IV GG messen zu lassen. Falls dem Bürger lediglich die Verfassungsbeschwerde zur Verfügung steht, können aufgrund der Besonderheiten der Verfassungsbeschwerde Rechtsschutzlücken entstehen. In den Fällen, in denen nur durch ein prinzipales Kontrollverfahren ein den Erfordernissen des Art. 19 IV GG genügender Rechtsschutz gewährleistet werden kann, reicht die Verfassungsbeschwerde daher möglicherweise nicht aus. Eine Lösung besteht in der Erweiterung des Anwendungsbereichs des § 47 VwGO auf Bundesnormen, was jedoch nur durch den Gesetzgeber erfolgen kann, oder in einer Klage sui generis auf Feststellung der Unwirksamkeit der Norm. Diese ist je-

doch nur dann zulässig, falls sie im Einzelfall zum Schließen einer Rechtsschutzlücke unabweisbar notwendig ist.

6. Sowohl bei der inzidenten als auch der prinzipalen Kontrolle von untergesetzlichen Normen handelt es sich um eine nichtverfassungsrechtliche Streitigkeit i.S.d. § 40 I S. 1 VwGO. Das entscheidende Kriterium zur Einordnung der prinzipalen Kontrolle bildet der Prüfungsgegenstand, nicht die Einstufung dieser gerichtlichen Tätigkeit als „materielle Verfassungsgerichtsbarkeit".
7. Innerhalb des bestehenden Rechtsschutzsystems erweist sich als zulässige verwaltungsgerichtliche Klageart für eine inzidente Kontrolle die allgemeine Feststellungsklage gemäß § 43 I VwGO. Sie ist gerichtet auf Feststellung des Bestehens oder Nichtbestehens des durch die Norm begründeten Rechtsverhältnisses. Das feststellungsfähige Rechtsverhältnis i.S.d. § 43 VwGO ergibt sich dabei aus den aufgrund der Norm zwischen der normanwendenden Behörde bzw. Körperschaft und dem Bürger bestehenden Rechten und Pflichten. Das Verfahren nach § 47 VwGO steht ohne eine Gesetzesänderung nicht für eine erweiternde Auslegung aufgrund von Art. 19 IV GG zur Verfügung.
8. Nach neuerer Rechtsprechung des Bundesverfassungsgerichts und der h.A. in der Literatur ist die Rechtssatzverfassungsbeschwerde gegenüber einer inzidenten Normenkontrolle subsidiär. Umstritten ist jedoch die Rechtsgrundlage dieser Subsidiarität: Das Bundesverfassungsgericht beruft sich auf den allgemeinen Subsidiaritätsgrundsatz, während eine neuere, auch hier vertretene Ansicht die inzidente Normenkontrolle als Rechtsweg i.S.d. § 90 II S. 1 BVerfGG betrachtet und § 90 II S. 1 BVerfGG unmittelbar anwendet.
9. Ausnahmen vom Gebot der Rechtswegerschöpfung ergeben sich - je nachdem, welcher Ansicht man folgt - aus einer analogen oder direkten Anwendung von § 90 II S. 2 BVerfGG. Daneben sind Ausnahmen im Rahmen der durch die Rechtsprechung des Bundesverfassungsgerichts entwickelten, über § 90 II S. 2 BVerfGG hinausgehenden Fallgruppen möglich.
10. Als „Rechtsweg" im Sinne der Fristvorschrift des § 93 III BVerfGG sind nur prinzipale Normenkontrollen zu betrachten. Nach vorzugswürdiger Ansicht ist § 93 III BVerfGG bei Bestehen eines Rechtswegs auch anwendbar.
11. Die Unzulässigkeit der Verfassungsbeschwerde wegen Subsidiarität kann zur Nichtannahme der Verfassungsbeschwerde führen.
12. Aus den im wesentlichen gleichen Gründen, die zur Einführung der verwaltungsgerichtlichen Normenkontrolle in § 47 VwGO geführt haben, ist die Erweiterung der verwaltungsgerichtlichen Normenkontrolle auf Bundesverordnungen de lege ferenda angezeigt. Die Gewährung von Rechtsschutz gegen unmittelbar wirkende Rechtsverordnungen des Bundes würde damit einer klaren und praktikablen Lösung zugeführt.

# Literaturverzeichnis

**Achterberg**, Norbert:
- Allgemeines Verwaltungsrecht, 2. Auflage, 1986

**Arndt**, Adolf:
- Umwelt und Recht, NJW 1965, S. 807

**Bachof**, Otto:
- Nachwort zu Karl August Bettermann, Zur Verfassungsbeschwerde gegen Gesetze und zum Rechtsschutz des Bürgers gegen Rechtssetzungsakte der öffentlichen Gewalt, AöR 86 (1961), S. 186

**Bartlsperger**, Richard:
- Die Bauleitplanung als Reservat des Verwaltungsstaates, DVBl. 1967, S. 360

**Benda**, Ernst / **Klein**, Eckart:
- Lehrbuch des Verfassungsprozeßrechts, 1991

**Bergmann**, Wolfgang:
- Zwischenbilanz zur verwaltungsgerichtlichen Normenkontrolle, VwArch 51 (1960), S. 36

**Besler**, Wolfgang:
- Die Probleme der verwaltungsgerichtlichen Normenkontrolle unter besonderer Berücksichtigung der Neufassung des § 47 der Verwaltungsgerichtsordnung, Dissertation Münster, 1981

**Bettermann**, Karl August:
- Zur Verfassungsbeschwerde gegen Gesetze und zum Rechtsschutz des Bürgers gegen Rechtsetzungsakte der öffentlichen Gewalt, AöR 86 (1961), S. 129
- Über richterliche Normenkontrolle, ZZP 72 (1969), S. 32
- Die Rechtsweggarantie des Art. 19 Abs. 4 GG in der Rechtsprechung des BVerfG, AöR 96 (1971), S. 528
- Richterliche Normenkontrolle als negative Gesetzgebung?, DVBl. 1982, S. 91

**Bickel**, Heribert:
- Erfahrungen mit der verwaltungsgerichtlichen Normenkontrolle – eine Zwischenbilanz, NJW 1985, S. 2441

**Blümel**, Willi:
- Raumplanung, Vollendete Tatsachen und Rechtsschutz, Festschrift für Ernst Forsthoff, 1967, S. 133 (zitiert FS für Forsthoff)
- Anmerkung zum Urteil des BVerwG vom 3.6.1971, DVBl. 1972, S. 122

**Boin**, Kai T.:
- Die Überprüfung einer Satzung durch verwaltungsgerichtliche Klage, JA 1994 (Übungsblätter), S. 306 ff.

**Brohm**, Winfried:
- Strukturen der Wirtschaftsverwaltung, 1969 (zitiert Wirtschaftsverwaltung)
- Die Dogmatik des Verwaltungsrechts, VVDStRL 30 (1972), S. 245 ff.

**Büsser**, Kurt:
- Die Zulässigkeit der Verfassungsbeschwerde gegen Gesetze, Dissertation Mainz, 1967

**Chung**, Tae Ho:
- Bedeutung des § 90 BVerfGG für die Zulässigkeit der Verfassungsbeschwerde unmittelbar gegen Gesetze, Dissertation Regensburg, 1993

**Czybulka**, Detlef / **Wandres**, Thomas:
- Rechtsschutz gegen zivilen Fluglärm bei der Festlegung von „Flugrouten", DÖV 1990, S. 1033

**Detterbeck**, Steffen:
- Der allgemeine Grundsatz der Subsidiarität der Rechtssatzverfassungsbeschwerde nach Art. 93 Abs. 1 Nr. 4 a GG, DÖV 1990, S. 558 ff.
- Streitgegenstand und Entscheidungswirkungen im Öffentlichen Recht, 1995

**Doemmling**, Klaus-Berto von / **Füsslein**, Rudolf Werner / **Matz**, Werner:
- Entstehungsgeschichte der Artikel des Grundgesetzes, JöR 1 n.F. (1951)

**Dreier**, Horst:
- Grundgesetz, Kommentar, Band 1, 1996 (zitiert Dreier/Bearbeiter)

**Engelhardt**, Olaf-Roman Baron von:
- Der Rechtsschutz gegen Rechtsnormen, Schriften zum Öffentlichen Recht, Band 166, 1971

**Erichsen**, Hans-Uwe:
- Der gerichtliche Geschäftsverteilungsplan – Rechtsnatur und Rechtsschutz – Normenkontrolle durch Feststellungsklage, VwArch 68 (1977). S. 179
- Die Verfassungsbeschwerde, JURA 1979, S. 335
- Die Zulässigkeit der Verfassungsbeschwerde, JURA 1991, S. 638

**Erichsen**, Hans-Uwe / **Martens**, Wolfgang:
- Allgemeines Verwaltungsrecht, 10. Auflage, 1995 (zitiert Bearbeiter in Erichsen/Martens)

**Ernst**, Werner / **Zinkahn**, Willy / **Bielenberg**, Walter:
- Baugesetzbuch, Kommentar, Stand: März 1998 (zitiert Bearbeiter in Ernst/Zinkahn/Bielenberg)

**Eyermann**, Erich:
- Kommentar zur Verwaltungsgerichtsordnung, 10. Auflage, 1998 (zitiert Eyermann/Bearbeiter)

**Frenz**, Walter:
- Der Rechtsschutz gegen unmittelbar beeinträchtigende Normen, BayVBl. 1993, S. 483 ff.

**Frowein**, Jochen / **Peukert**, Wolfgang:
- Kommentar zur Europäischen Menschenrechtskonvention, 1985

**Geiger**, Willi:
- Gesetz über das Bundesverfassungsgericht, Kommentar, 1952

**Gerontas**, Apostolos:
- Zur Subsidiarität der Verfassungsbeschwerde gegen Gesetze, DÖV 1982, S. 440 ff.

**Goerlich**, Helmut:
- Formenmißbrauch – Einzelfallgesetz – Gewaltenteilung, DÖV 1985, S. 945

**Golsong,** Heribert:
- Internationaler Kommentar zur Europäischen Menschenrechtskonvention, Stand: April 1992 (zitiert Golsong/Bearbeiter)

**Gröpl**, Christoph:
- Fristenkollisionen zwischen verwaltungsgerichtlichem Normenkontrollverfahren und Verfassungsbeschwerde?, NVwZ 1999, S. 967

**Gusy**, Christoph:
- Die Verfassungsbeschwerde, 1988

**Guthardt-Schulz**, Harald:
- Die Begrenzung der verwaltungsgerichtlichen Normenkontrolle durch die Verwaltungsgerichtsbarkeit, Dissertation Göttingen, 1969

**Henning**, Siegward:
- Die besonderen Zulässigkeitsvoraussetzungen der Rechtssatz-Verfassungsbeschwerde in der Rechtsprechung des Bundesverfassungsgerichts, Dissertation Göttingen, 1981

**Henschel**, Johann Friedrich:
- Zulässigkeit und Darlegungslast im Verfahren der Verfassungsbeschwerde, Festschrift für Helmut Simon, 1987, S. 95 (zitiert FS für Simon)

**Hesse**, Konrad:
- Grundzüge des Verfassungsrechts der Bundesrepublik Deutschland, 19. Auflage, 1993

**Hövel**, Markus van den:
- Zulässigkeits- und Zulassungsprobleme der Verfassungsbeschwerde gegen Gesetze, Schriften zum Öffentlichen Recht, Band 591, 1990, zugl. Dissertation Bochum, 1989 (zitiert Diss.)
- Die Urteilsverfassungsbeschwerde als einzig erforderliche Verfassungsbeschwerde in der Rechtspraxis?, NVwZ 1993, S. 549

**Holdegel**, Helmut:
- Sind Normenkontrollbeschlüsse revisionsfähig?, DÖV 1954, S. 209

**Holtkotten**, Johann:
- Zur Zulässigkeit der Verfassungsbeschwerde gegen Gesetze, NJW 1952, S. 528

**Hoppe**, Werner:
- Plädoyer für eine verwaltungsgerichtliche Normenkontrolle von Gebietsentwicklungsplänen in Nordrhein-Westfalen – Gegen die normenkontrollfeindliche Haltung des nordrhein-westfälischen Gesetzgebers, Festschrift für Redeker Konrad, 1993, S. 377 (zitiert FS für Redeker)

**Hufen**, Friedhelm:
- Verwaltungsprozeßrecht, 3. Auflage, 1998

**Jarass**, Hans D. / **Pieroth**, Bodo:
- Grundgesetz für die Bundesrepublik Deutschland, Kommentar, 4. Auflage, 1997 (zitiert Bearbeiter in Jarass/Pieroth)

**Kelsen**, Hans:
- Wesen und Entwicklung der Staatsgerichtsbarkeit, VVDStRL 5 (1928), S. 30

**Klein**, Eckart:
- Subsidiarität der Verfassungsgerichtsbarkeit und Subsidiarität der Verfassungsbeschwerde, Festschrift für Wolfgang Zeidler, Band 2, 1987, S. 1305 (zitiert FS für Zeidler)
- Konzentration durch Entlastung, NJW 1993, S. 2073

**Klein**, Friedrich:
- Tragweite der Generalklausel in Art. 19 Abs. 4 des Bonner Grundgesetzes, VVDStRL 8 (1950), S. 67

**Klein**, Harald:
- Funktionell- und verfahrensrechtliche Probleme der Rechtssatzverfassungsbeschwerde, Festschrift für Wolfgang Zeidler, 1987, S. 1325 (zitiert FS für Zeidler)

**Kleinmann**, Werner:
- Die Antragsberechtigung bei der Verfassungsbeschwerde gegen Gesetze, Dissertation Tübingen, 1963

**Köbler**, Gerhard:
- Juristisches Wörterbuch, 4. Auflage, 1986

**Kopp**, Ferdinand O.:
- Entwicklungstendenzen in der Verwaltungsgerichtsbarkeit, BayVBl. 1977, S. 513
- Kommentar zur Verwaltungsgerichtsordnung, 10. Auflage, 1994 (zitiert VwGO)
- Kommentar zum Verwaltungsverfahrensgesetz, 6. Auflage, 1996 (zitiert VwVfG)

**Kopp**, Ferdinand O. / **Schenke**, Wolf-Rüdiger:
- Kommentar zur Verwaltungsgerichtsordnung, 11. Auflage, 1998

**Kuffer**, Johann:
- Die Normsetzung als Ausübung öffentlicher Gewalt im Sinne von Art. 19 Abs. 4 GG, Dissertation Regensburg, 1976

**Kupsch**, Hans-Karl von:
- Die Bedeutung des § 40 VwGO für die verwaltungsgerichtliche Normenkontrolle, Dissertation Würzburg, 1965

**Lechner**, Hans:
- BVerfGG, Kommentar, 3. Auflage, 1973

**Lerche**, Peter:
- Aspekte verfassungsgerichtlicher Subsidiarität in Deutschland und Österreich, Festschrift zum 125jährigen Bestehen der Juristischen Gesellschaft zu Berlin, 1984, S. 369

**Lorenz**, Dieter:
- Der Rechtsschutz des Bürgers und die Rechtsweggarantie, 1978

**Mang**, Johann / **Obermayer**, Klaus / **Berg**, Wilfried / **Knemeyer**, Franz Ludwig:
- Staats- und Verwaltungsrecht in Bayern, 5. Auflage, 1988 (zitiert Bearbeiter in Mang/Obermayer/Berg/Knemeyer)

**Mangoldt**, Hermann von / **Klein**, Friedrich / **Starck**, Christian:
- Das Bonner Grundgesetz, Kommentar, Band 1, 4. Auflage, 1999

**Maurer**, Hartmut:
- Rechtsschutz gegen Rechtsnormen, Tübinger Festschrift für Eduard Kern, 1968, S. 275 (zitiert FS für Kern)
- Allgemeines Verwaltungsrecht, 12. Auflage, 1999
- Staatsrecht, 1999

**Maunz**, Theodor / **Dürig**, Günter:
- Grundgesetz, Kommentar, Stand: Juni 1998 (zitiert Bearbeiter in Maunz-Dürig)

**Maunz**, Theodor / **Schmidt-Bleibtreu**, Bruno / **Klein**, Franz / **Ulsamer**, Gerhard:
- Bundesverfassungsgerichtsgesetz, Kommentar, Stand: März 1998 (zitiert Bearbeiter in M/S/K/U)

**Maunz**, Theodor / **Zippelius**, Reinhold:
- Deutsches Staatsrecht, 29. Auflage, 1994

**Mayer**, Franz:
- Die verfassungsrechtliche Gewährleistung richterlicher Kontrolle gegenüber jeglicher Rechtssetzung, Festschrift für v. d. Heydte, 1977, S. 1067 (zitiert FS für Heydte)

**Menger**, Christian-Friedrich:
- System des verwaltungsgerichtlichen Rechtsschutzes, 1954

**Menger**, Christian-Friedrich / **Erichsen**, Hans-Uwe:
- Höchstrichterliche Rechtsprechung zum Verwaltungsrecht, VwArch 58 (1967), S. 70 und S. 375

**Meyer**, Klaus:
- Die Normenkontrolle in der Praxis und in rechtspolitischer Sicht, Schriftenreihe der Hochschule Speyer, Band 45 (1970), S. 161 (zitiert HS Speyer)

**Meyer**, Klaus / **Helbig**, Alfred:
- Ziele der Raumordnung und Landesplanung, BayVBl. 1975, S. 163

**Moench**, Christoph:
- Verfassungswidrige Gesetze und Normenkontrolle, 1977

**Mößle**, Wilhelm:
- Die Antragsbefugnis im Normenkontrollverfahren nach § 47 VwGO, BayVBl. 1976, S. 609

**Motzer**, Stephan:
- Der Grundsatz der Subsidiarität der Verfassungsbeschwerde, Dissertation Münster, 1978

**Müller**, Hanswerner:
- Zur Normenkontrolle durch die Oberverwaltungsgerichte, DÖV 1965, S. 759

**Münch**, Ingo von / **Kunig**, Philip:
- Grundgesetz-Kommentar, Band 1, 4. Auflage, 1992 (zitiert Bearbeiter in v.Münch/Kunig)

**Obermayer**, Klaus:
- Verfassungsrechtliche Aspekte der verwaltungsgerichtlichen Normenkontrolle, DVBl. 1965, S. 625
- Die verwaltungsgerichtliche Normenkontrolle, Schriftenreihe der Hochschule Speyer, Band 45 (1970), S. 142 (zitiert HS Speyer)

**Ossenbühl**, Fritz:
- Rechtsverordnung; in: Isensee, Josef / Kirchhof, Paul (Hrsg.), Handbuch des Staatsrechts der Bundesrepublik Deutschland, Band III, 1988, § 64 (zitiert Ossenbühl in HbdStR III)

**Paetow**, Stefan:
- Erfahrungen mit der verwaltungsgerichtlichen Normenkontrolle – eine Zwischenbilanz, NVwZ 1985, S. 309

**Papier**, Hans-Jürgen:
- Normenkontrolle (§ 47 VwGO), Festschrift für Friedrich-Christian Menger, 1985, S. 517 (zitiert FS für Menger)
- Die Rechtsschutzgarantie gegen die öffentliche Gewalt, in: Isensee, Josef / Kirchhof, Paul (Hrsg.), Handbuch des Staatsrechts, Band VI, 1989, § 154 (zitiert Papier in HbdStR VI)

**Peters**, Wilfried:
- Zur Zulässigkeit der Feststellungsklage (§ 43 VwGO) bei untergesetzlichen Normen, NVwZ 1999, S. 506

**Pestalozza**, Christian:
- „Formenmißbrauch" des Staates, 1973 (zitiert Formenmißbrauch)
- Die Verwaltungsgerichtsbarkeit im Grenzbereich zur Verfassungsgerichtsbarkeit, NJW 1978, S. 1782
- Verfassungsprozeßrecht, 3. Auflage, 1991 (zit. Verfassungsprozeßrecht)

**Pieroth**, Bodo / **Schlink**, Bernhard:
- Grundrechte, Staatsrecht II, 14. Auflage, 1998

**Pietzner**, Rainer / **Ronellenfitsch**, Michael:
- Das Assessorexamen im Öffentlichen Recht, 9. Auflage, 1996

**Posser**, Herbert:
- Die Subsidiarität der Verfassungsbeschwerde, Münsterische Beiträge zur Rechtswissenschaft, Band 77, 1993, zugl. Dissertation Münster 1992/93

**Redeker**, Konrad / **Oertzen**, Hans-Joachim von:
- Kommentar zur Verwaltungsgerichtsordnung, 12. Auflage, 1997

**Renck**, Ludwig:
- Bundesrecht als Maßstabsrecht im verwaltungsgerichtlichen Normenkontrollverfahren, DÖV 1964, S. 1
- Die verfahrensrechtlichen Möglichkeiten eines Rechtsschutzes bei Rechtsverletzungen unmittelbar durch Rechtsvorschriften, DÖV 1964, S. 651
- Verwaltungsgerichtlicher Rechtsschutz gegen Rechtsnormen, Entscheidungsrezension zu BVerwG, DÖV 1965, 169, JuS 1966, S. 273
- Zur Dogmatik der verwaltungsgerichtlichen Normenkontrolle, BayVBl. 1979, S. 262
- Probleme der verwaltungsgerichtlichen Normenkontrolle, NJW 1980, S. 1022
- Zur Dogmatik des Rechtsschutzes unmittelbar gegen Normen, BayVBl. 1994, S. 457
- Gesetzgebungsbefugnis und verwaltungsgerichtliche Normenkontrolle, DÖV 1996, S. 409

**Ronellenfitsch**, Michael:
- Maßnahmegesetze zur Beschleunigung von Verkehrsprojekten, DÖV 1991, S. 771

**Sachs**, Michael:
- Der zu alte Prüfingenieur, JURA 1986, S. 598
- Grundgesetz, Kommentar, 2. Auflage, 1999 (zitiert Sachs/Bearbeiter)

**Säcker**, Horst:
- Die Verfassungsgerichtsbarkeit im Konvent von Herrenchiemsee, Festschrift für Wolfgang Zeidler, Band 1, 1987, S. 265 (zitiert FS für Zeidler)

**Schenke**, Wolf-Rüdiger:
- Verwaltungsgerichtliche Normenkontrolle und Landesverfassungsgerichtsbarkeit, NJW 1978, S. 671
- Rechtsschutz bei normativem Unrecht, Schriften zum Öffentlichen Recht, Band 357, 1979 (zitiert Rechtsschutz)
- Rechtsschutz gegen Normen, JuS 1981, S. 81
- In: Kommentar zum Bonner Grundgesetz (Bonner Kommentar), Band 3, Zweitbearbeitung Dezember 1982 (zitiert Schenke in BK)
- Rechtsschutz durch eine einheitliche Verwaltungsprozeßordnung?, DÖV 1982, S. 709
- Die Subsidiarität der Verfassungsbeschwerde gegen Gesetze, NJW 1986, S. 1451
- Verfassungsgerichtsbarkeit und Fachgerichtsbarkeit, Schriftenreihe der Juristischen Studiengesellschaft Karlsruhe, Heft 175, 1987 (zitiert Fachgerichtsbarkeit)
- Rechtsprechungsübersicht zum Verwaltungsprozeßrecht – Teil 1, JZ 1996, S. 998
- Verwaltungsprozeßrecht, 6. Auflage, 1998
- Die Rechtsschutzgarantie des Art. 19 IV GG im Spiegel der Rechtsprechung des Bundesverfassungsgerichts, in: Einwirkungen der Grundrechte auf das Zivilrecht, Öffentliche Recht und Strafrecht, Mannheimer Fakultätstagung über 50 Jahre Grundgesetz, 1999, S. 153 (zitiert 50 Jahre Grundgesetz)

**Schenk**, Karlheinz / **Meyer-Ladewig**, Jens:
- Die verwaltungsgerichtliche Normenkontrolle, DVBl. 1976, S. 198

**Schlaich**, Klaus:
- Das Bundesverfassungsgericht, 4. Auflage, 1997

**Schmidt-Bleibtreu**, Bruno / **Klein**, Franz:
- Kommentar zum Grundgesetz, 8. Auflage, 1995 (zitiert Bearbeiter in Schmidt-Bleibtreu/Klein)

**Schmidt**, Jörg R.:
- Der Rechtscharakter der richterlichen Normenkontrolle, Dissertation Mannheim, 1968

**Schmitt-Glaeser**, Walter:
- Verwaltungsprozeßrecht, 14. Auflage, 1997

**Schnapp**, Friedrich E.:
- Zum Rechtsschutz der Ortskrankenkasse gegen Organisationsverordnungen im Gefolge kommunaler Neugliederung, VSSR 1974, S. 191

**Schoch**, Friedrich / **Schmidt-Aßmann**, Eberhard / **Pietzner**, Rainer:
- Verwaltungsgerichtsordnung, Kommentar, Stand: Sept. 1998 (zitiert Schoch/Bearbeiter)

**Schunck** Egon / **De Clerck**, Hans:
- Verwaltungsgerichtsordnung, Kommentar, 1. Auflage, 1961, 2. Auflage, 1967, 3. Auflage, 1977

**Seegmüller**, Robert:
- Praktische Probleme des Verfassungsbeschwerdeverfahrens, DVBl. 1999, S. 738

**Seewald**, Otfried:
- Kommunalrecht, in: Steiner, Udo (Hrsg.), Besonderes Verwaltungsrecht, 6. Auflage, 1999, S. 1 (zitiert Seewald in Steiner)

**Siemer**, Hermann:
- Normenkontrolle durch Feststellungsklage?, Schriften zum Prozeßrecht, Band 20, Berlin 1971 (zitiert Feststellungsklage)
- Rechtsschutz im Spannungsfeld zwischen Normenkontrolle und Feststellungsklage, Festschrift für Menger, 1985, S. 501 (zitiert FS für Menger)

**Sodan**, Helge / **Ziekow**, Ian (Hrsg.):
- Nomos-Kommentar zur Verwaltungsgerichtsordnung, Stand: Juli 1998 (zitiert Bearbeiter in NK)

**Steiner,** Udo:
- Baurecht, PdW, 2. Auflage, 1996 (zitiert Baurecht)
- Raumordnungs- und Landesplanungsrecht, in: Steiner, Udo (Hrsg.), Besonderes Verwaltungsrecht, 6. Auflage, 1999, S. 745 (zitiert Steiner in Steiner)
- Zum Entscheidungsausspruch und seinen Folgen bei der verfassungsgerichtlichen Normenkontrolle, Festschrift für Leisner, 1999, S. 569 (zitiert FS für Leisner)

**Stern**, Klaus:
- Öffentliches Recht: Umstrittene Maßnahmen der Bundesbank, JuS 1963, S. 68
- Zur verwaltungsgerichtlichen Normenkontrolle, Ein Plädoyer für ihre Ausweitung, Festschrift für Schäfer, 1975, S. 59 (zitiert FS für Schäfer)
- In: Kommentar zum Bonner Grundgesetz (Bonner Kommentar), Band 8, Zweitbearbeitung März 1982 (zitiert Stern in BK)

**Stüer**, Bernhard:
- Erfahrungen mit der verwaltungsgerichtlichen Normenkontrolle - eine Zwischenbilanz -, DVBl. 1985, S. 469

**Tilch**, Horst (Hrsg.):
- Deutsches Rechtslexikon, 2. Auflage, 1992

**Tschira**, Oskar / **Schmitt Glaeser**, Walter:
- Die besonderen Sachentscheidungsvoraussetzungen der „anderen Leistungsklage“, BayVBl. 1975, S. 492

**Ule**, Carl Hermann:
- Reversibilität von Normenkontrollentscheidungen?, AöR 82 (1957), S. 128
- Entwurf eines Verwaltungsgerichtsgesetzes zur Vereinheitlichung der Verwaltungsgerichtsordnung, der Finanzgerichtsordnung und des Sozialgerichtsgesetzes, Schriftenreihe der Hochschule Speyer, Band 40, 1968 (zitiert HS Speyer)
- Verwaltungsprozeßrecht, 9. Auflage, 1987

**Umbach**, Dieter C.:
- Urteilsanmerkung zu BVerfG, Beschluß v. 27.07.1971, DVBl. 1971, S. 741

**Umbach**, Dieter C. / **Clemens**, Thomas:
- Bundesverfassungsgerichtsgesetz, Mitarbeiterhandbuch und Kommentar, 1992 (zitiert Bearbeiter in Umbach/Clemens)

**Warmke**, Reinhard:
- Die Subsidiarität der Verfassungsbeschwerde (Teil 1), JA 1990, S. 106
- Die Subsidiarität der Verfassungsbeschwerde, 1993, zugl. Dissertation Passau, 1993 (zitiert Warmke, Diss.)

**Wahl**, Rainer / **Wieland**, Joachim:
- Verfassungsrechtsprechung als knappes Gut, JZ 1996, S. 1137

**Wertenbruch**, Wilhelm:
- Anmerkung zu BGH, Urt. v. 19.1.1959, DÖV 1959, S. 506

**Wilfinger**, Peter:
- Das Gebot effektiven Rechtsschutzes in Grundgesetz und Europäischer Menschenrechtskonvention, 1995

**Wilken**, Rainer:
- Der Prüfungsmaßstab im verwaltungsgerichtlichen Normenkontrollverfahren, Dissertation Kiel, 1967 (zitiert Diss.)
- Rechtsschutz gegen Rechtsnormen und verwaltungsgerichtliche Normenkontrolle, DVBl. 1969, S. 532

**Wolf**, Hans J. / **Bachof**, Otto/ **Stober**, Rolf:
- Verwaltungsrecht I, 10. Auflage, 1994

**Wolfram**, Klaus:

- Die verwaltungsgerichtliche Normenkontrolle nach § 47 VwGO, Dissertation Köln, 1967

**Wolfrum**, Rüdiger:

- Durchsetzung von Umweltbelangen im Verwaltungsverfahren am Beispiel der Bauleitplanung, DÖV 1981, S. 607

**Würtenberger**, Thomas:

- Anmerkung zu BayVGH, Beschluß v. 11.12.1979, BayVBl. 1980, S. 662
- Verwaltungsgerichtsbarkeit, PdW, 2. Auflage, 1995 (zitiert Verwaltungsgerichtsbarkeit)
- Die Normerlaßklage als funktionsgerechte Fortbildung verwaltungsprozessualen Rechtsschutzes, AöR 105 (1980), S. 370 (zitiert Normerlaßklage)

**Zuck**, Rüdiger:

- Anmerkung zum Beschluß des BVerfG v. 18.5.1985, JZ 1985, S. 1049
- Verfassungsbeschwerde, 2. Auflage, 1988 (zitiert Verfassungsbeschwerde)
- Die Subsidiarität der Verfassungsbeschwerde, Festschrift für Konrad Redeker, 1993, S. 213 (zitiert FS für Redeker)
- Der Zugang zum BVerfG: Was läßt das 5. Änderungsgesetz zum Gesetz über das BVerfG von der Verfassungsbeschwerde noch übrig?, NJW 1993, S. 2641

Peter Lang · Europäischer Verlag der Wissenschaften

Dieter Dörr

# Umfang und Grenzen der Rechtsaufsicht über die Deutsche Welle

Frankfurt/M., Berlin, Bern, Bruxelles, New York, Wien, 2000. 89 S.
Studien zum deutschen und europäischen Medienrecht.
Herausgegeben von Dieter Dörr. Bd. 2
ISBN 3-631-35669-2 · br. DM 32.–*

Die Untersuchung gibt eine Antwort auf die Frage nach Umfang und Grenzen der Rechtsaufsicht über die Bundesrundfunkanstalt Deutsche Welle. Dabei erläutert der Verfasser zunächst die Grundsätze der Staatsaufsicht und ihre verschiedenen Ausprägungen. Im Folgenden wird deren Anwendbarkeit auf Rundfunkanstalten im Allgemeinen überprüft. Weiterhin wird der Anwendungsbereich der Rundfunkfreiheit in Bezug auf die Deutsche Welle erörtert. Schließlich setzt sich der Verfasser mit den Grenzen der Rechtsaufsicht über die Deutsche Welle auseinander und geht insbesondere auf das Verhältnis der Rechtsaufsicht durch den Bund zu den anstaltsinternen Kontrollgremien ein. Abschließend wird festgestellt, welche Arten von Aufsichtsmitteln nach dem Deutsche Welle Gesetz überhaupt in Betracht kommen.
Der Verfasser kommt schließlich zu dem Ergebnis, daß bei verfassungsgemäßer Auslegung des DWG die Deutsche Welle nur einer beschränkten Rechtsaufsicht unterliegt.

*Aus dem Inhalt*: (Beschränkte) Rechtsaufsicht über Rundfunkanstalten · Rundfunkfreiheit · Deutsche Welle als Bundesrundfunkanstalt

Frankfurt/M · Berlin · Bern · Bruxelles · New York · Oxford · Wien
Auslieferung: Verlag Peter Lang AG
Jupiterstr. 15, CH-3000 Bern 15
Telefax (004131) 9402131
*inklusive Mehrwertsteuer
Preisänderungen vorbehalten

Kolibri 360 GmbH
Ferdinand-Jühlke-Straße 7
99095 Erfurt, Deutschland
produktsicherheit@kolibri360.de

Druck:
CPI Druckdienstleistungen GmbH
im Auftrag der
Kolibri 360 GmbH
Ferdinand-Jühlke-Str. 7
99095 Erfurt